JN441197

포스트휴머니즘 언어학 03

보이는 대화, 들리는 제스처

- 멀티모달 말뭉치 30년의 여정 -

이 저서는 2023년 대한민국 교육부와 한국연구재단의 지원을 받아 수행된 연구임
(NRF-2023S1A5C2A02095124).

포스트휴머니즘 언어학 03

Posthumanist Applied Linguistics

Posthumanist Applied Linguistics

보이는 대화, 들리는 제스처

- 멀티모달 말뭉치 30년의 여정 -

조용준·안희돈 지음

Posthumanist Applied Linguistics
Posthumanist Applied Linguistics

글로벌콘텐츠

차례

연구 분야별 말뭉치 특성 분석

기술 변화의 전망과 전략

Part 1. 기술변화의 전망

여는 글

'보이는 대화, 들리는 제스처' — 이 역설적인 표현은 멀티모달 커뮤니케이션의 본질을 담고 있습니다. 대화는 귀로만 듣는 것이 아니라 눈으로도 '보는' 것이며, 제스처는 눈으로만 보는 것이 아니라 그 의미로서 '듣는' 것입니다. 수어 사용자들에게 이는 전혀 역설이 아닌 일상적 진실이며, 청각 언어 사용자들 역시 알게 모르게 시각적 신호에 크게 의존하고 있습니다. 인간의 소통에서 언어와 비언어, 청각과 시각, 음성과 동작은 분리될 수 없는 하나의 통합된 메시지를 형성합니다. 이처럼 복합적인 소통 양식을 기록하고 분석하려는 노력이 바로 멀티모달 말뭉치 연구입니다.

인간의 대화는 단순히 말로만 이루어지지 않습니다. 우리는 말하면서 손짓을 하고, 표정을 짓고, 몸을 움직이며, 상대방과 시선을 주고받습니다. 때로는 침묵조차도 강력한 메시지가 되고, 미세한 눈썹의 움직임이 천 마디 말보다 더 많은 것을 전달하기도 합니다. 지난 30년간 멀티모달 말뭉치 연구는 이러한 인간 소통의 총체성을 포착하기 위해 노력해 왔으며, 초기의 실험적 시도에서 출발하여 오늘날 인공지능 시대의 핵심 인프라로 자리잡기까지 괄목할 만한 진화를 거듭해 왔습니다.

본서는 1990년대 후반 M2VTS와 같은 선구적 프로젝트에서 시작하여 2020년대 CANDOR, MISP에 이르기까지, 멀티모달 말뭉치가 걸어온 30년의 여정을 체계적으로 조망합니다. 제어된 실험실 환경에서의 초기 시도들이 어떻게 '현실 세계(In the wild)' 데이터로 확장되었는지, 단일 모달리티 분석이 어떻게 복잡한 멀티모달 상호작용 분석으로 발전했는지, 그리고 소규모 데이터셋이 어떻게 대규모 AI 학습용 말뭉치로 진화했는지를 5세대에 걸친 발전 과정을 통해 상세히 추적합니다.

특히 이 책은 전산학, 심리학, 언어학이라는 세 축을 중심으로 각 분야가 멀티모달 말뭉치에 접근해 온 고유한 관점과 방법론을 비교 분석합니다. AMI(Augmented Multi-party Interaction) 회의 말뭉치가 보여준 회의 상호작용 분석의 혁신, IEMOCAP이 구현한 감정 표현의 정밀 측정, FOLK와 CEJC가 추구한 일상대화의 자연성 포착 등 대표적 말뭉치들의 설계 철학과 구축 과정을 깊이 있게 다룹니다. 나아가 유럽의 CLARIN 인프라, 북미의 대규모 자동화 패러다임, 아시아의 문화적 맥락 반영 노력 등 지역별 접근법의 차이도 조명합니다.

그러나 이 책은 단순한 역사적 개관이나 기술적 성과의 나열에 그치지 않습니다. 제4장에서는 지난 30년간의 성과를 비판적으로 성찰하며, 자연성과 통제 사이의 딜레마, 기술적 품질의 근시안적 정의, 지속가능성의 실패, 그리고 윤리적 고려의 진화를 심도 있게 논의합니다. 특히 국립국어원과 AI Hub를 중심으로 한 한국어 멀티모달 말뭉치의 현주소를 진단하고, 언어 자원 보존과 AI 기술 개발이라는 두 패러다임 사이의 긴장과 조화를 탐색합니다.

미래를 향한 전망으로서, 이 책은 '이중 트랙 전략(Dual-Track Strategy)'을 세안합니다. 장기 보존을 위한 '보존용 마스터(Archival Master)'와 즉각적 활용을 위한 '분석용 프록시(Analysis Proxy)'를 병행 구축함으로써, 엄밀성과 효율성을 동시에 확보하는 패러다임입니다. 이는 한국어 멀티모달 일상대화 말뭉치 구축에 적용 가능한 실천적 방법론이자, 차세대 멀티모달 연구를 위한 지속가능한 프레임워크라 할 수 있습니다.

이 책이 완성되기까지 많은 분들의 도움이 있었습니다.

본서의 출간을 맡아 주신 (주)글로벌콘텐츠출판그룹의 홍정표 대표님과, 원고의 구성과 편집에 전문적인 조언을 제공해 주신 김미미 이사님께 감사드립니다. 책의 제작 과정에서 세심한 작업을 진행해 주신 출판사의 편집팀 여러분께도 감사의 마음을 전합니다.

원고의 교정과 최종 검토 과정에서 꼼꼼한 검토로 완성도를 높여 준 김지민 선생께도 특별한 감사를 표합니다.

마지막으로, 이 책이 멀티모달 말뭉치 연구에 기여하기를 바라며, 독자 여러분께 감사드립니다.

2025년 11월

저자 조용준·안희돈

제1장

서론

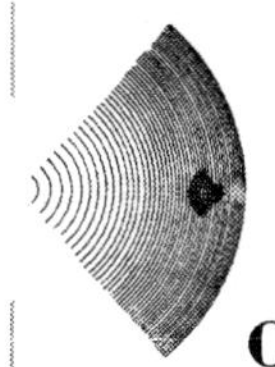

Chapter 01
서론

1.1. 연구 배경 및 문제 제기

인공지능 연구 분야에서 멀티모달 데이터에 대한 관심이 증가하고 있다. 인간은 시각, 청각, 언어 등 여러 감각을 동시에 활용하여 세상을 이해하며, 이에 따라 여러 종류의 데이터를 함께 처리하는 멀티모달 인공지능이 등장하고 있다. 멀티모달 인공지능은 이미지-텍스트, 음성-텍스트, 비디오-텍스트 등 둘 이상의 다른 형태의 정보를 결합하여 의미를 해석하고 추론하는 기술로서, 기존 단일 모달 접근의 한계를 보완하고 보다 인간에 가까운 이해 능력을 확보하는 데 목적이 있다. 이러한 배경에서 다양한 멀티모달 말뭉치(multimodal corpus)가 연구 커뮤니티에 공유되어 왔으며, 특히 영어를 비롯한 주요 언어에서는 대규모 멀티모달 데이터셋의 구축이 활발하게 이루어졌다. 예를 들어, 수백만 개의 이미지와 설명문을 포함한 MS COCO 데이터셋과, 이미지에 대한 질문-응답 쌍을 모은 VQA 데이터셋이 멀티모달 모델 연구를 견인해 왔다(Lin et al., 2014; Antol et al., 2015; Baltrušaitis, Ahuja, & Morency, 2019). 한편 한국어에 대한 멀티모달 데이터 리소스는 상대적으로 제한적이라는 지적이 있었으며, 이에 최근에는 한국어에 특화된 멀티모달 말뭉치를 구축하려는 시도가 점차 확대되고 있다.

특히 멀티모달 일상대화 말뭉치는 대화분석(Conversation Analysis) 연구에 있어 중요한 의미를 갖는다. 대화 분석이나 담화 분석은 전통적으로 전사를 통해 음성이나 비디오 데이터에 접근해왔으며, 문장이나 발화를 출발점으로 삼아 대화나 담화로 확장하거나 문장의 일부로 축소하는 방식을 취해왔다(Gu, 2006: 127). 그러나 실제 일상대화는 언어적 요소뿐만 아니라 표정, 제스처, 시선, 억양, 침묵, 말차례 취하기(turn-taking) 등 다양한 비언어적 신호가 복합적으로 작용하는 복잡한 상호작용 과정이다. 실제로 좋은 대화자는 더 빠른 발화 속도, 음량의 다양한 변화, 그리고 고개 끄덕임과 같은 비언어적 신호를 통한 적극적 경청 행동을 보인다는 연구 결과가 있다(Reece et al., 2023). 이러한 멀티모달 요소들은 대화의 구조와 의미 형성에 중요한 역할을 하며, 대화 참여자들의 상호이해 달성 과정을 밝히는 데 필수적이다. 언어는 본질적으로 멀티모달적이며, 화자들은 제스처, 운율, 시선, 표정을 단어에 표현된 의미를 보완하고 확장하는 신호로 사용한다(Paxton & Roche, 2022). 그럼에도 불구하고 기존의 한국어 대화 분석 연구들은 주로 언어적 전사에 의존해왔으며, 비언어적 행동의 체계적 기록과 분석은 상대적으로 부족했다. 이러한 맥락에서 한국어 멀티모달 일상대화 말뭉치의 구축은 온전한 대화 분석을 위한 필수적인 기반 구축 작업이라 할 수 있다.

기존 한국어 멀티모달 말뭉치의 현황을 살펴보면, 여러 기관에서 음성-텍스트, 이미지-텍스트, 비디오-텍스트 등 다양한 조합의 데이터를 구축하여 공개하고 있다. 우선 음성과 텍스트 분야에서는 한국어 음성 언어의 특성을 반영한 말뭉치들이 등장했다. Seoul Corpus로 알려진 한국어 자연발화 말뭉치(Yun et al., 2015)는 약 40명의 화자가 참여한 인터뷰 형식의 표준어권의 자연스러운 구어 말뭉치로, 초기의 한국어 음성-텍스트 병렬 자료로 활용되었다. 국립국어원은 이후 '서울말 낭독체 발화 말뭉치'를 구축하여 2021년에 공개하였는데(국립국어원, 2021b), 이는 서울 및 경기 지역 출신 화자 120명의 음성을 정해진 문장 스크립트로 녹음한 대규모 낭독체 말뭉치이다. 한편, 일상 대화와 같은 보다 자연스러운 구어 데이터를 확보하기 위해 국립국어원은 2020년부터 매년 일상대화 말뭉치 시리즈를 단계적으로 구축하였다(국립국어원, 2020; 2021a; 2022a; 2023; 2024; 2025). 특히 2020년에 수집된 일상대화 말뭉치는 일명 KsponSpeech로 불리며 약 969시간 분량, 2,000명 이상의 화자가 참여한 방대한 자유 대화 음성 데이터를 담고 있어 주목을 받았다(Bang et al., 2020). 이 말뭉치는 두 화자가 다양한 주제에 대해 자유롭게 대화한 내용을 녹음하고 이를 문자로 전사한 것으로, 한국어 자발적 대화 음성 인식 연구의 기반을 크게 확장시켰다. 요약하면, 음성-텍스트 분야에서 한국어 말뭉치는 낭독체부터 자유 대화체에 이르기까지 다양하게 마련되고 있지만, 데이터의 성격(읽기 말하기 vs. 자발적 대화)에 따라 그 구성과 목적이 상이하다.

다음으로 이미지와 텍스트를 결합한 말뭉치를 보면, 주로 시각적 질의응답(Visual Question Answering) 과제를 염두에 둔 데이터셋이 존재한다. 예를 들어 AI Hub[1]에서 공개한 시각정보 기반 질의응답 데이터(AI Hub, 2020)는 생활 이미지에 대한 자연어 질문과 그에 대응하는 정답으로 구성된 말뭉치로서, 컴퓨터 비전과 자연어 이해를 결합한 모델 학습에 활용되고 있다. 또한 2022년에는 AI Hub를 통해 외부 지식 기반 멀티모달 질의응답 데이터가 구축되었는데(AI Hub, 2022), 이 데이터는 이미지 자체의 정보뿐만 아니라 배경지식이나 상식에 기반해야만 답할 수 있는 질문-응답 쌍들로 이루어져 있다. 이는 단순한 이미지 캡셔닝을 넘어, 이미지와 연계된 텍스트 지식을 함께 처리하는 고차원 멀티모달 질의응답을 연구하기 위한 말뭉치라고 할 수 있다.

그래프와 텍스트를 연결한 특수한 형태의 말뭉치도 구축되었다. 국립국어원은 2022년에 '그래프 기반 문장 생성 말뭉치'를 발표하였는데(국립국어원, 2022b), 그래프 자료로부터 해당 내용을 표현하는 문단을 생성하도록 설계된 말뭉치이다. 이 데이터는 그래프 정보(예: 그래프의 수치·관계 등)를 한국어 문장으로 서술하는 과제를 학습시키는 데 사용될 수 있으며, 텍스트 생성 분야의 멀티모달 응용을 위한 기초적 자료로 평가된다.

비디오와 텍스트 영역에서도 말뭉치 구축이 이루어지고 있다. 대표적으로 국립국어원은 최근(2024년) '한국어 수어 말뭉치'를 공개하였다(국

1 과학기술정보통신부와 한국지능정보사회진흥원(NIA)이 운영하는 국가 AI 통합 플랫폼으로, AI 기술 및 제품·서비스 개발에 필요한 데이터, AI 모델, 컴퓨팅 자원 등을 원스톱으로 제공한다. 2017년 '지능정보산업 인프라 조성 사업'의 일환으로 구축되기 시작하여, 국내 연구자, 기업, 공공기관 등이 무료로 활용할 수 있는 개방형 플랫폼이다.

립국어원, 2024). 이 말뭉치는 영상 데이터(수어 동영상)와 그에 대응하는 한국어 텍스트 자막 혹은 해설로 구성되어, 청각 장애인을 위한 한국수어(KSL) 연구와 더불어 비디오-텍스트 변환 모델 개발에 활용될 수 있다. 수어 말뭉치는 음성 언어와 달리 비언어적 시각 채널을 통한 의사소통 데이터를 제공한다는 점에서 멀티모달 연구의 범위를 확장시키는 의미를 갖는다.

더 나아가 비디오, 음성, 텍스트의 세 가지 모달리티를 모두 결합한 말뭉치도 구축되었다. 2024년에 AI Hub가 공개한 '한국어 텍스트-비디오-사운드 데이터(AI Hub, 2024)'는 동영상 클립 각각에 대해 관련된 자막 텍스트와 음향 정보(배경 소리 등)를 포함한 멀티모달 자료이다. 이는 하나의 장면에 대한 시각 정보, 그 장면을 설명하거나 대화하는 텍스트, 그리고 환경음이나 발화 음성 등의 청각 정보를 동시에 포함함으로써, 장면 이해와 서술, 대화 생성 등의 복합 과제에 활용될 수 있는 기반 데이터를 제공한다. 이러한 삼중 모달 데이터는 멀티모달 딥러닝 연구의 최신 방향을 반영한 것으로, 단일 모달리티 간의 이중 결합을 넘어 종합적인 상황 이해를 위한 말뭉치로 평가된다.

이처럼 최근 몇 년간 다양한 한국어 멀티모달 말뭉치들이 구축되어 왔지만, 여전히 몇 가지 한계가 존재한다고 평가된다. 첫째, 대부분의 말뭉치가 자연적으로 발생한 대화나 행동을 포착한 것이 아니라 대본 기반 혹은 통제된 환경에서 생성된 데이터라는 한계가 있다. 예컨대, 일상대화 말뭉치의 경우 비교적 자유로운 대화를 수집하려 했으나, 대화 주제를 미리 제시하는 등 일정 부분 통제가 있었고, 서울말 낭독체나 시각정보 QA 데이터는 아예 준비된 문장이나 질문을 읽거나 답변하는 형태다. 이러한 비자연성은 실제 인간 간 상호작용의 복잡한 양상을 모두 반영하지 못할 수 있다. Bang et al.(2020)에 따르면 과거의 한국어 말뭉치들은 대부분 목적 지향 대화나 소규모 대화에 치중되어 있었으며, 진정한 자연스러운 일상 대화 자료는 매우 제한적이었다고 한다. 이는 모델이 현실 세계의 다양한 언어적 변이를 학습하는 데 제약으로 작용한다. 실제 인간 대화에는 빈번한 중단, 자기 수정, 중복 표현, 주저 표현 등의 현상이 나타나는데, 스크립트 위주의 말뭉치는 이런 자연스러운 발화 현상을 충분히 담지 못한다. 결국 현재의 말뭉치만으로 학습된 언어 모델은 예상치 못한 자유 대화 상황에서 성능 저하를 보일 우려가 있다.

둘째, 현재 공개된 멀티모달 데이터들의 주석 범위가 제한적이라는 한계도 있다. 다시 말해, 대다수 말뭉치는 특정 모달리티 간의 연관 정보만을 제공할 뿐, 포괄적인 멀티모달 주석을 포함하지 않는다. 예를 들어, 시각 정보 QA 말뭉치는 이미지와 질문 및 정답 텍스트만을 포함하며, 이미지 속 객체에 대한 위치 정보나 대화 맥락 등의 추가 주석은 없다. 마찬가지로, 그래프 기반 문장 말뭉치는 그래프와 해당 문장만이 연계되어 있을 뿐, 그래프의 의미 구조나 문장의 심층 분석 태그 같은 부가 정보는 부재하다. 수어 영상 말뭉치의 경우에도 영상과 이에 대응하는 문장 자막 정도만 주어지고, 손동작에 대한 세부 주석이나 표정 등의 비언어적 신호에 대한 정보는 제한적이다. 이러한 멀티모달 주석의 부족은 고차원적인 멀티모달 연구에 장애가 된다. 예컨대, 비디오-음성-텍스트를 모두 아우르는 이해를 위해서는 한 장면에 대해 시각 객체, 등장인물의 발화 내용, 배경음 등의 정보를 통합적으로 주석하고 연계시켜야 하나, 현재의 데이터는 각 모달 별로 개별 태스크 수행에 초점이 맞춰져 있어 종합적인 학습에 한계가 있다(Baltrušaitis et al., 2019). 요컨대, 현존 한국어 멀티모달 말뭉치들은 모달리티 간 융합 분석을 위한 충분한 표식을 제공하지 못하고 있으며, 이는 멀티모달 인공지능 모델이 한국어 환경에서 심층적이고 맥락적인 추론을 수행하는 데 제약으로 작용할 수 있다.

셋째, 현재의 멀티모달 데이터 자원 부족 상황은 단순한 데이터 격차를 넘어 한국 연구 공동체의 과학적 참여 기회 자체를 제약하는 구조적 문제일 수 있다. CANDOR나 CEJC와 같은 최신 멀티모달 말뭉치들은 단순한 데이터 저장소가 아니라, 심리학, 사회학, 언어학의 경계를 넘나드는 학제간 가설을 검증하기 위한 과학적 실험 도구로 기능하거나 그러한 잠재력을 갖고 있다. 예를 들어, CANDOR는 성격 특성과 대화 행동의 관계(외향성-발화량 상관관계 r=0.48), 언어적 동기화와 대화 만족도의 연관성(r=0.52) 등을 대규모로 검증할 수 있는 연구 인프라를 제공한다. 이러한 데이터 기반 인간 상호작용 과학이라는 새로운 연구 패러다임에서 한국어 자원의 부재는 국내 연구자들이 국제적 학술 담론에 참여하기 어렵게 만드는 제약으로 작용할 수도 있다. 결과적으로 한국어 멀티모달 일상대화 말뭉치의 부재는 한국어 화자들의 독특한 상호작용 패턴이 인간 의사소통의 보편성과 특수성에 대한 이론적 논의에 충분히 반영되지 못하는 결과를 초래하며, 이는 궁극적으로 언어 다양성에 기반한 인간 의사소통 연구의 균형 잡힌 발전을 제약하는 요인으로 작용할 수 있다.

무엇보다 이러한 문제점은 언어학, 특히 멀티모달 대화 분석이라는 관점에서도 중요한 시사점을 갖는다. 말소리뿐 아니라 시선, 몸짓, 표정, 공간 배치와 같은 다양한 비언어적 자원은 담화의 조직, 발화의 해석, 화행의 구별, 말차례 교대의 조절, 그리고 평가 반응 연속체 구성 등에서 핵심적인 역할을 한다(Goodwin, 2000; Mondada, 2018). 특히 한국어 대화에서는 종결 어미, 청자 지칭 표현, 명시적 공손성 전략 등이 다층적 층위에서 비언어적 자원과 교차함으로써 화용적 기능을 수행하며, 이는 멀티모달 자료 없이는 충실히 분석되기 어렵다. 따라서 언어 연구의 진전을 위해서도, 언어-비언어 상호작용이 실현되는 실제 대화 자료를 수집하고 이를 정교하게 태깅하는 멀티모달 말뭉치의 구축이 필요한 과제가 된다. 본 연구는 이러한 필요성을 바탕으로, 한국어 멀티모달 일상대화 말뭉치 구축을 위한 기술적·언어학적 토대를 체계적으로 점검하고자 한다.

1.2. 연구 목적 및 범위

본 연구의 목적은 한국어 일상 대화를 위한 멀티모달 말뭉치 구축 방법론을 모색하는 것이다. 이를 위해 국내외에서 지금까지 구축된 다양한 멀티모달 대화 말뭉치들의 구성 방식을 비교 분석하고, 기술적 측면에서 가장 효율적이고 효과적인 접근법을 도출하고자 한다. 궁극적으로는 한국어의 실제 일상 대화를 다중 모드로 수집·주석할 때 적용하기에 적합한 최적의 구축 프레임워크를 제안하는 것이 본 연구의 지향점이다. 이러한 총괄적 목적 아래, 본 연구는 다음의 세부 목표를 갖는다.

1. 멀티모달 말뭉치의 발전 양상과 현황 파악: 1990년대 초창기 멀티모달 말뭉치부터 2020년대의 최신 대규모 말뭉치에 이르기까지 해당 분야의 흐름을 조망한다. 특히 멀티모달 말뭉치 구축을 주도해 온 연

구 커뮤니티별 특화 경향을 분석함으로써, 생체인식[2] 1세대(1990년대 후반), 복잡한 상호작용을 다룬 2세대(2000년대 중반), 감성 분석이 심화된 3세대(2000년대 후반), 자연성을 추구한 4세대(2010년대), 그리고 대규모화 및 심리 분석이 결합된 5세대(2020년대 이후)로 이어지는 전환 과정을 살펴본다. 예를 들어 1990년대에는 얼굴·음성 기반 멀티모달 생체인증 데이터베이스(Messer et al., 1999) 등이 등장하여 음성-영상 동시 기록의 가능성을 열었고, 2000년대에는 다인 대화 말뭉치(Renals et al., 2007; Oertel et al., 2013)와 같이 실제 회의나 대화 장면을 녹화한 자료들이 구축되기 시작하였다. 2010년대 이후로는 인터넷 동영상과 자막 등의 방대한 데이터를 자동으로 수집·가공하는 시도가 활발해지면서, 수백 시간에서 수만 시간 규모의 멀티모달 말뭉치도 등장하였다(Miech et al., 2019). 이러한 역사적 발전 과정과 함께, 언어학·심리학, 컴퓨터비전, HCI, 청각장애 연구 커뮤니티 등 각 분야에서 추구해 온 말뭉치의 유형과 주안점의 차이도 고찰한다. 이를 통해 멀티모달 대화 말뭉치의 연구사적 맥락과 현재 위치를 명확히 파악한다.

2. 현재 기술 수준의 평가: 멀티모달 말뭉치를 구축하고 활용하기 위한

2 '생체 인식(biometrics)'은 개인의 고유한 생물학적 또는 행동적 특성을 측정하고 분석하여 신원을 자동으로 확인하거나 인증하는 기술을 의미한다. 특히 2.1.1절 '태동기'에서 다루는 초기 멀티모달 연구의 생체 인식은 음성(화자 인식), 정면 얼굴, 얼굴 측면 등 여러 모드(modality)의 정보를 결합하여 개인 인증 시스템의 정확성과 안정성을 높이는 데 중점을 두었다. 이는 음성이나 얼굴 특징 중 하나만 사용하는 단일모달(unimodal) 기술이 가진 한계를 극복하고, 건물 출입 통제나 원격 서비스 접근과 같은 보안 응용 분야에서 더 신뢰할 수 있는 인증 시스템을 개발하려는 공학적 목표를 반영한다.

최신 기술의 성숙도를 한국어 지원 관점에서 점검한다. 대화 음성의 자동 인식(STT)과 화자인식 기술, 영상에서의 사람 인식과 추적 기술, 제스처 및 안면 표정 인식 기술 등 멀티모달 데이터 처리에 필요한 개별 기술들의 현황을 살펴보고, 특히 이러한 기술들이 한국어 대화 환경에서 얼마나 유효한지 평가한다. 예컨대 영어 대화의 경우 화자 분할, 발화 자동 전사, 제스처 검출을 위한 상당한 성능의 도구들이 존재하지만, 한국어 대화에 동일 수준으로 적용할 때 어떤 오류나 한계가 있는지 분석한다. 또한 말뭉치 구축과 관련한 표준화 수준도 중요한 점검 항목이다. 전세계적으로 통용되는 멀티모달 주석 표준이나 포맷(예: ELAN 기반의 다중 층렬 주석 체계 등)이 존재하는지, 한국어 데이터에 특화된 주석 지침은 어떤 것이 마련되어 있는지를 검토한다. 이러한 기술적 성숙도와 표준화 현황을 종합적으로 고려함으로써, 현재 실용적인 구현 가능성이 어느 정도인지를 평가하고 현실적 제약 조건을 확인한다.

3. 참조할 만한 구축 방안 모색: 해외의 성공적인 멀티모달 말뭉치 구축 사례들을 분석하여 한국어 말뭉치에 적용 가능한 시사점을 도출한다. 다양한 규모와 환경에서 수행된 프로젝트들 - 예를 들어, 실험실 환경에서 다중 센서로 대화 데이터를 수집한 AMI 회의 말뭉치(Carletta, 2007)나 자연스러운 대화 영상을 광범위하게 크롤링하여 구축한 대화 영상 말뭉치 등 - 을 비교하여, 각각의 장단점과 성공 요인을 정리한다. 특히 한국어 자료 구축에 바로 응용할 수 있는 방법론을 중점적으로 살핀다. 문화적 차이나 대화 관습의 차이에 따라 필요한 조정이 있을 수 있으므로, 단순히 외국의 방식을 모방하기보다는

한국적 상황에 맞는 현지화된 적용 가능성을 평가한다. 아울러 최적의 결과를 얻기 위해 하이브리드 접근법의 활용을 제안한다. 하이브리드 접근이란 인간 전문가의 수작업과 인공지능 기반 자동화를 적절히 결합하는 것으로, 예컨대 핵심 구간의 정밀 주석에는 인간이 참여하되 대량의 데이터 수집·초기 가공에는 자동화 도구를 사용하는 방식이다. 이러한 접근을 통해 정확성과 효율성을 모두 확보할 수 있는 구축 전략의 최적화 방안을 모색한다.

4. AI 시대의 미래 전망과 새로운 구축 전략의 제안: AI 기술의 발전이 멀티모달 말뭉치 연구에 가져올 근본적인 변화를 전망하고, 이에 대응하기 위한 구체적인 실천 방법론을 제시한다. 포착 기술은 현실을 그대로 복제하는 '디지털 쌍둥이' 생성으로, 분석 기술은 '무엇'을 넘어 '왜'를 추론하는 단계로 진화하고 있으며, 확장현실(XR)과 인간-AI 상호작용의 등장은 우리가 수집하고 분석해야 할 데이터의 범위를 근본적으로 확장시킨다. 이러한 기술 변화 속에서 '현재의 실용성'과 '미래의 잠재력' 사이의 딜레마를 해결하기 위한 핵심 프레임워크로 '시간을 가로지르는 아카이브' 패러다임을 제안하고, 이를 구현하기 위한 구체적인 운영 원리로 '이중 트랙 전략'을 제시한다. 이 전략은 장기 보존을 위한 '보존용 마스터'와 현재 분석을 위한 '분석용 프록시'를 동시에 생산하고(이중 산출물의 원칙), 주석과 분석 결과를 원본 데이터와 분리된 '레이어'로 관리하며(분리 가능한 분석의 원칙), 미래의 예측 불가능한 분석을 위해 가능한 최고 수준의 해상도로 원본을 보존하는(최대 해상능의 원칙) 구체적인 방법론을 포함한다. 이러한 전략적 접근을 통해 기술 변화의 파도 속에서도 시간의 시험

을 견뎌내는 깊고 풍부한 연구 인프라를 구축하는 방안을 모색한다.

본 연구의 범위는 일상대화 중심의 멀티모달 말뭉치 구축 방법론으로 한정된다. 여기서 일상대화란 사적인 상황에서 이루어지는 자유 대화를 가리키며, 면대면 대화뿐 아니라 전화 통화, 화상 통화 등 매체를 통한 구어 상호작용도 포괄한다. 다만 공식 회의 담화나 토론, 강연 등은 제외하여, 일상적이고 자발적인 대화에 초점을 맞춘다. 멀티모달 말뭉치라 함은 음성 및 영상 기록과 그에 대응되는 텍스트 주석이 통합된 데이터를 의미하며, 필요에 따라 제스처나 시선, 표정 등의 주석 정보까지 포함한다. 본 연구에서는 말뭉치 구축 방법론에 초점을 두므로, 특정 대화 말뭉치의 언어학적 분석 결과보다는 다양한 구축 절차와 기술, 그리고 품질 평가 기준 등에 대해 논의하게 된다. 이상의 범위 내에서 본 연구를 수행함으로써, 향후 멀티모달 일상대화 말뭉치 구축을 위한 실질적 가이드라인과 모델을 제시하고자 한다. 이는 한국어 대화의 심층 연구와 멀티모달 인공지능 개발을 위한 기반을 마련하는 데 기여할 것으로 기대된다.

본서는 총 6개의 장으로 구성되어 있다. 제2장 '멀티모달 말뭉치의 발전 양상과 현황'에서는 1990년대 후반 기술적 가능성을 탐색하던 태동기부터 2020년대 대규모 데이터와 AI 기술이 결합된 최신 패러다임에 이르기까지, 지난 30년간의 멀티모달 말뭉치 발전사를 시대별로 추적한다. 또한 유럽, 북미, 아시아 등 각 지역의 연구 전통이 말뭉치 구축에 미친 영향을 분석하여 연구의 지정학적 맥락을 조망한다.

제3장 '연구 분야별 말뭉치 특성 분석'에서는 전산학, 심리학, 언어학 등 각 학문 분야가 어떻게 고유의 연구 목표와 방법론에 따라 서로 다른

설계 철학을 발전시켜 왔는지 심층적으로 분석한다. 각 분야가 이룬 성취와 그 인식론적 전제가 만들어낸 본질적인 한계를 비교함으로써, 단일 학문으로는 포착할 수 없는 일상대화의 복합성을 드러낸다.

제4장 '비판적 성찰'에서는 앞선 논의를 바탕으로 30년의 역사를 비판적으로 재검토한다. '대표성, 균형성, 자연성' 사이의 딜레마, '지속가능성의 실패' 문제, '목적과 윤리'의 재정립 등 핵심적인 쟁점들을 분석하고, 특히 국립국어원과 AI Hub를 중심으로 한 한국의 국가 주도 패러다임이 가진 성취와 과제를 평가한다.

제5장 '기술 변화의 전망과 전략'에서는 미래를 조망한다. 포착 기술, 분석 기술, 상호작용 양식의 미래를 전망하고, '현재의 실용성'과 '미래의 잠재력'이라는 딜레마를 해결하기 위한 '이중 트랙 전략'을 제안한다. 이는 장기 보존을 위한 '보존용 마스터'와 현재 분석을 위한 '분석용 프록시'를 분리하고, 미래의 불확실성에 대비하는 구체적인 실천 방법론을 포함한다.

제6장 '결론'에서는 전체 논의를 종합하여, 한국어 멀티모달 일상대화 말뭉치 구축을 위한 최종적인 제언을 제시하고, 본 연구가 인간 의사소통 연구와 AI 기술 발전에 갖는 학문적, 사회적 의의를 정리하며 마무리한다.

제2장

멀티모달 말뭉치의 발전 양상과 현황

Chapter 02

멀티모달 말뭉치의 발전 양상과 현황

2.1. 시대별 발전 과정

멀티모달 말뭉치의 발전사는 기술의 진보와 연구 패러다임의 전환을 명확하게 보여주는 궤적을 그린다. 1990년대 후반, 고도로 통제된 환경에서 멀티모달 융합의 가능성을 증명하려는 시도에서 출발한 연구는, 2000년대에 들어서며 복잡한 인간 상호작용과 감성 분석으로 그 영역을 확장했다. 2010년대에는 '현실 세계(in the wild)'에서의 자연스러운 데이터를 포착하려는 움직임이 주류를 이루었고, 2020년대 현재는 전례 없는 규모의 데이터와 심리학적 측면을 결합하거나, 극도로 어려운 현실 세계의 문제 해결을 목표로 하는 방향으로 나아가고 있다. 이 섹션에서는 이러한 시대적 흐름에 따라 주요 멀티모달 말뭉치의 구축 목표, 데이터 수집 방식, 그리고 기술적 기여를 심층적으로 분석하여 그 발전 과정을 체계적으로 조망한다.

이러한 발전 흐름은 기술적 기반, 수집·주석 방식, 분석 목적 등의 차이에 따라 단계적으로 구분될 수 있다. 본 연구에서는 멀티모달 말뭉치의 발전을 총 4세대로 구분하며, 각 세대는 단순히 시간 순서가 아니라 데이터 수집 환경, 기술 수준, 주석 범위, 분석 목적의 복합적 기준에 따라 정의된다. 이를 다음 〈표 2.1〉에 정리하였다.

〈표 2.1〉 멀티모달 말뭉치 세대 구분 기준 요약

세대	주요 시기	데이터 수집 환경	대표 기술 / 수단	주석 범위	대표 말뭉치 예시	분석 초점
1세대	1990년대 후반	통제된 실험실	정면 카메라, 스크립트 낭독	없음 또는 메타 수준	M2VTS, XM2VTSDB	생체인식·인증 정확도 향상
2세대	2000년대 중반	시나리오 기반 통제 대화	회의실 계측화[3], 멀티마이크, 다중 카메라	발화/화행, 제스처 주석	AMI	다자간 상호작용 및 회의 구조 분석
3세대	2000년대 후반-2010년대	연극 기반 2인 상호작용	고정밀 모션 캡처, 감정 유도 시나리오	감정(범주/차원), 표정, 제스처	IEMOCAP, SEMAINE	감성 표현 및 정량적 비언어 신호 분석

3 여기서 '계측화'는 단순히 도구(tool)를 갖췄다는 의미를 넘어, 과학적 '계측(計測, measure-

4세대	2010년대	자연 환경(in the wild)	휴대용 장비, 360도 카메라, 자율 녹화	다층 주석 (시선, 자세, 제스처 등)	CEJC, FOLK, HowTo100M, Multisimo	자연 대화의 구조, 언어변이, 사회적 맥락 해석
5세대	2020년대 이후	비대면/ 온라인· 노이즈 환경 확대	대규모 웹 기반 수집, 설문+행동 데이터 연동	발화, 감정, 성격, 동기화 등 복합적 주석	CANDOR, GEHM Zoom, MeMo, MISP	심리-행동 -언어 연계 분석, AI 학습 최적화

※ 주석 범위는 주요 분석 가능한 멀티모달 층위(음성, 표정, 시선, 제스처, 전사 등)를 의미함.

이 표를 통해 각 세대의 차이는 단지 시계열적 구분이 아닌, 기술 환경, 주석 범위, 수집 방식, 분석 목적이 총체적으로 구성된 연구 패러다임의 변동임을 알 수 있다. 특히 4세대는 기술의 고도화와 심리학적 변수 결합이 이루어지면서, 단순한 감정 인식이나 행동 분석을 넘어 주관적 경험, 정체성, 관계성까지 포함하는 복합적 대화 분석이 가능해지고 있다. 이러한 발전은 한국어 멀티모달 말뭉치 구축에도 중요한 시사점을 제공한다.

---

ment)'과 데이터 수집을 목적으로 정밀한 장비들이 체계적으로 설치되었음을 강조하는 용어이다. 즉, 복잡한 인간 상호작용을 다각도에서 포착하기 위해, 여러 종류의 녹음 및 녹화 장비를 동기화하여 유기적으로 통합한 특수 목적의 공간을 의미한다. 이는 단순한 회의 공간이 아니라, 인간의 의사소통을 멀티모달적으로 분석하기 위한 데이터를 생산하는 고도화 설계된 '과학적 실험 장치(scientific apparatus)'라 할 수 있다.

2.1.1. 제1세대: 태동기(1990년대 후반) – 제어된 환경에서의 멀티모달 융합 가능성 탐색

멀티모달 말뭉치 연구의 초기 단계는 단일모달(unimodal) 기술이 가진 명백한 한계를 극복하기 위한 대안으로서 멀티모달 정보 융합의 잠재력을 탐색하는 데 집중되었다. 이 시기의 연구자들은 하나의 명확하고 측정 가능한 목표, 즉 여러 센서로부터 얻은 정보를 결합하면 단일 센서에 의존할 때보다 더 정확하고 강건한 시스템을 만들 수 있다는 가설을 입증하고자 했다. 이러한 목표를 달성하기 위해 가장 이상적인 응용 분야는 바로 개인의 신원을 확인하는 생체 인식이었다. 따라서 이 시기에 구축된 말뭉치들은 변수를 정밀하게 통제하고 실험 결과를 명확하게 비교할 수 있도록 고도로 통제된 실험실 환경에서 제작되었다.

이러한 태동기를 대표하는 가장 상징적인 말뭉치는 유럽연합(EU)의 ACTS 프로그램 지원을 받아 진행된 M2VTS(Multi Modal Verification for Teleservices and Security Applications) 프로젝트와 그 확장판인 XM2VTSDB(Extended M2VTS Database)이다(Pigeon & Vandendorpe, 1997). M2VTS 프로젝트의 핵심 목표는 음성 인식, 얼굴 인식과 화자 인식 같은 단일모달 생체인식 기법 등 개별 생체 인식 기술의 성능 한계를 멀티모달적 접근, 즉 여러 정보를 융합함으로써 극복하는 것이었다. 이를 통해 보다 정확하고 사용자에게 편리한 보안 접근 시스템을 개발하고자 했다(Pigeon & Vandendorpe, 1997; Messer et al., 1999).

이 목표를 달성하기 위해 데이터 수집 과정은 철저한 통제하에 이루어졌다. 벨기에 루뱅 가톨릭 대학교(UCL)에서 촬영된 M2VTS 데이터베이스는 37명의 참가자를 대상으로 1주일 간격으로 총 5개의 세션에 걸쳐 녹화되었다(Pigeon & Vandendorpe, 1997). 각 세션에서 참가자들은 매우 제한적이고 표준화된 과업을 수행해야 했다. 구체적으로, 모국어로 숫자 '0'부터 '9'까지 세고, 정면을 응시한 상태에서 머리를 좌측으로 90도, 다시 정면, 우측으로 90도, 그리고 다시 정면으로 돌리는 정해진 순서의 행동을 반복했다(Pigeon & Vandendorpe, 1997). 이러한 인위적인 과업 설정은 자연스러운 인간 행동을 연구하기 위함이 아니었다. 오히려 배경, 조명, 발화 내용, 움직임과 같은 외적 변수들을 최대한 배제하여 오직 멀티모달 '융합 알고리즘' 자체의 성능을 순수하게 평가하기 위한 실험적 통제 장치였다. 데이터는 동기화된 음성과 영상으로 구성되었으며, 고품질 Hi8 비디오 카메라(576×720, 50Hz 인터레이스)와 D1 디지털 레코더로 촬영되었으나, 저장 공간의 한계로 인해 CIF(288×360, 25Hz 프로그레시브) 형식으로 변환되었다(Pigeon & Vandendorpe, 1997).

M2VTS를 통해 얻은 경험은 곧바로 XM2VTSDB의 구축으로 이어졌다. 이 확장된 데이터베이스는 참가자 수를 295명으로 대폭 늘렸는데, 이는 개인 인증 시스템의 성능 평가에서 매우 중요한 '비인가자(imposter)' 테스트의 신뢰도를 높이기 위함이었다(Messer et al., 1999). 더 큰 규모의 인구 집단 데이터는 시스템의 일반화 성능을 검증하는 데 필수적이었기 때문이다(Messer et al., 1999).

결론적으로 M2VTS와 같은 초기 말뭉치의 과학적 기여는 데이터 그 자체에 있기보다, 그 데이터가 무엇을 '가능하게 했는가'에 있다. 즉, 이 말뭉치들은 멀티모달 생체 인식이 공학적으로 실현 가능한 분야임을 증명하는 실험의 장을 제공했다. 이는 순수 공학적 관점의 접근이었으며, 언어학이나 사회과학적 탐구보다는 알고리즘의 유효성을 검증하는 데 초점이 맞춰져 있었다. 이 시기의 성공적인 개념 증명은 이후 더 복잡하고 자연스러운 상호작용을 분석하려는 후속 연구들의 단단한 발판이 되었다.

2.1.2. 제2세대: 확장기(2000년대 중반) - 복잡한 상호작용 분석으로의 전환

1990년대 후반의 연구를 통해 멀티모달 융합의 기본 원리가 성공적으로 입증되자, 2000년대 중반 연구 커뮤니티는 복합적 동인에 의해 근본적인 패러다임 전환을 경험했다. 이러한 전환은 다음과 같은 다차원적 요인들의 수렴에 의해 추동되었다. 기술적 동인으로는 저장 장치 비용의 기하급수적 하락과 컴퓨팅 성능의 향상이 100시간 이상의 멀티카메라 비디오 데이터 저장 및 분석을 현실적으로 가능하게 만들었다. 이론적 동인으로는 이미 1980년대 중반부터 독립된 분야로 발전해온 HCI(Human-Computer Interaction, 인간-컴퓨터 상호작용)와 CSCW(Computer-Supported Cooperative Work, 컴퓨터 지원 협력 작업)가 2000년대 중반에 집단 상호작용과 멀티모달 분석으로 연구 관심을 확장하면서 이론적 수요가 증가했다. 경제적, 정책적 동인으로는 EU Framework Programme 6(2002-2006)를 통해 Information Society Technologies 연구에 대한 지원이 확대되면서, AMI 프로젝트(FP6-506811)와 같은 대규모 협업 시스템 연구가 가능해졌다. 이제 관심사는 고립된 환경에서 한 개인의 신원을 확인하는 것을 넘어, 여러 사람이 참여하는 역동적이고 복잡한 상호작용의 본질을 이해하는 것으로 이동했다. 이는 단순히 더 많은 데이터를 수집하는 것을 넘어, 현실 세계의 사회적 이벤트를 충실히 모사하면서도 분석이 가능한 새로운 형태의 말뭉치를 필요로 했다. 이러한 패러다임의 전환을 상징하는 기념비적인 결과물이 바로 AMI Meeting Corpus(Carletta, 2007; Carletta et al., 2005)이다.

AMI 프로젝트의 명시적인 목표는 작업 그룹의 효율성을 향상시키는 "회의 브라우징 기술"을 개발하는 것이었다(Carletta et al., 2005). 이는 단순한 신호 처리를 넘어 화행(dialogue acts), 요약, 개체명(named entities), 그룹 동역학과 같은 고차원적인 현상을 모델링해야 함을 의미했다(Carletta et al., 2005). 따라서 AMI 말뭉치는 음성, 언어, 제스처, 정보 검색뿐만 아니라 팀의 협업 방식을 연구하는 조직 심리학자들에게까지 유용한 자원이 되도록 설계되었다(Carletta et al., 2005). 총 100시간 분량의 방대한 회의 녹화 데이터로 구성된 AMI 말뭉치는 통제와 자연성 사이의 균형을 잡기 위해 두 가지 유형의 회의를 모두 포함하는 독창적인 설계 방식을 채택했다(Carletta et al., 2005).

1. 유도된 시나리오 기반 회의(Elicited, Scenario-based Meetings): 데이터의 대부분은 이 유형에 속한다. 참가자들은 전자 회사의 직원 역할을 부여받아(예: 프로젝트 관리자, 마케팅 전문가, 인터페이스 디자이너 등) 새로운 TV 리모컨을 개발하는 설계팀의 일원으로 행동한다(Carletta et al., 2005). 이 시나리오는 참가자들에게 명확한 목표

를 부여하여 현실적인 목적 지향적 상호작용을 유도하면서도, 연구자들이 회의의 성과를 측정하고 분석할 수 있는 통제된 환경을 제공했다.
2. 자연 발생 회의(Naturally Occurring Meetings): 일부 데이터는 실제 기업 등에서 이루어지는, 아무런 제약 없이 진행된 회의를 녹화한 것이다(Carletta et al., 2005). 이 데이터는 시나리오 기반 회의에서 도출된 분석 결과나 모델이 얼마나 현실 세계에 잘 일반화되는지를 검증하는 데 사용되었다.

AMI 말뭉치는 멀티모달 데이터의 복잡성 측면에서 이전 시대와는 비교할 수 없는 비약적인 발전을 이루었다. 특수 제작된 '계측화된 회의실(instrumented meeting rooms)'에는 다음과 같은 다양한 장비가 설치되어 모든 데이터 스트림이 정밀하게 동기화되었다(Carletta et al., 2005).

- 오디오: 각 참가자의 발화를 선명하게 포착하기 위한 근거리(close-talking) 라펠 마이크 및 헤드셋 마이크와, 회의실 전체의 음향 환경을 담기 위한 원거리(far-field) 마이크 어레이가 동시에 사용되었다(Carletta et al., 2005).
- 비디오: 각 참가자를 개별적으로 촬영하는 클로즈업 카메라와 회의실 전체를 조망하는 여러 대의 룸뷰 카메라가 설치되었다(Carletta et al., 2005).
- 공유 저작물: 회의 중 사용된 데이터 프로젝터의 슬라이드 화면, 전자 화이트보드의 필기 내용, 그리고 참가자들이 메모한 디지털 펜의 기

록까지 모두 데이터로 수집되었다(Carletta et al., 2005).

- 동기화: 이처럼 복잡한 데이터 스트림의 시간적 정합성을 보장하기 위해 중앙 타임코드 생성기가 사용되었다. 이는 모든 오디오와 비디오 스트림이 프레임 단위까지 정확하게 일치하도록 만드는 핵심 기술이었다(Carletta et al., 2005).

AMI 말뭉치의 등장은 멀티모달 연구가 순수 공학 분야에서 언어학, 사회학, 심리학의 개념을 통합하는 학제간 과학으로 변화하고 있음을 보여준다. 연구의 질문이 "이 사람이 허가된 사용자인가?"에서 "이 대화에서 무슨 일이 일어나고 있는가? 이 회의의 목적은 무엇이며, 어떤 결정이 내려졌는가?"로 근본적으로 변화한 것이다. M2VTS 시대의 통제된 실험실과 예측 불가능한 현실 세계 사이의 간극을 메우기 위해 고안된 '시나리오 기반 유도' 방식은, 이후 복잡한 인간 상호작용을 연구하는 데 있어 중요한 방법론적 혁신으로 자리 잡았다. 이처럼 AMI 말뭉치는 현대 대화형 AI 연구의 초석을 다졌다고 평가할 수 있다.

2.1.3. 제3세대: 심화기(2000년대 후반) – 감성 및 비언어적 표현의 정밀 측정

복잡한 다자간 상호작용 분석으로 연구의 외연이 확장된 이후, 연구자들은 인간 의사소통의 가장 미묘하고 도전적인 영역인 '감성(emotion)'을 깊이 파고드는 새로운 방향으로 나아갔다. 감성과 같은 주관적인 상태를 객관적으로 포착하고 모델링하기 위해서는 다시 통제된 환경으로 돌아갈 필요가 있었지만, 이번에는 이전과 다른 새로운 목표를 가졌다. 바로 고해상도 데이터를 통해 비언어적 표현을 정량화하는 것이었다. 이러한 심화 단계를 대표하는 말뭉치가 IEMOCAP(Interactive Emotional Dyadic Motion Capture Database, Busso et al., 2008)이다.

IEMOCAP의 명확한 목표는 음성과 제스처의 통합적 분석을 통해 표현적 인간 의사소통(expressive human communication) 연구를 촉진하는 것이었다(Busso et al., 2008). 이는 기존의 감성 말뭉치들이 자연스러운 상호작용, 상세한 비언어적 데이터, 그리고 풍부한 문맥 정보가 부족하다는 문제의식에서 출발했다(Busso et al., 2008).

이 목표를 달성하기 위해 IEMOCAP은 정교한 데이터 수집 방법론을 채택했다. 약 12시간 분량의 이 말뭉치는 2인 상호작용으로 구성되며, 감정을 효과적으로 표현하는 데 능숙한 10명의 전문 배우(남성 5명, 여성 5명)를 참가자로 섭외했다(Busso et al., 2008). 배우들은 두 가지 방식으로 특정 감정을 표현하도록 유도되었다(Busso et al., 2008).

1. 대본 기반 세션(Scripted Sessions): 연구자들이 사전에 행복, 분노, 슬픔, 좌절 등 특정 감정을 유발하도록 엄선한 연극 대본을 배우들이 암기하고 연기했다. 이는 통제된 의미적, 감성적 맥락 안에서 감정 표현을 수집하기 위함이었다.
2. 즉흥 연기 세션(Spontaneous Sessions): 특정 감정을 유발하도록 설계된 가상의 시나리오(예: 친구를 잃은 슬픔) 안에서 배우들이 자유롭게 즉흥 연기를 펼쳤다. 이는 보다 진솔하고 자연스러운 감정 표현을 포착하기 위한 접근이었다.

IEMOCAP의 가장 핵심적인 기술적 혁신은 고정밀 모션 캡처 기술을 사용하여 미세한 비언어적 신호를 정량화한 데 있다(Busso et al., 2008). VICON 모션 캡처 시스템을 이용해 얼굴에 53개, 머리와 손에 추가적인 마커를 부착하여 초당 120 프레임의 속도로 얼굴 표정과 제스처의 3차원 움직임을 정밀하게 기록했다(Busso et al., 2008). 이렇게 수집된 데이터는 고품질 오디오 및 비디오 데이터와 완벽하게 동기화되었다(Busso et al., 2008). 또한, 수집된 데이터는 여러 평가자에 의해 분노, 행복, 슬픔과 같은 범주형 레이블과, 유인가[4](valence), 활성화(activation),[5] 지배성(dominance)과 같은 차원형 레이블로 상세하게 주석되었다(Busso et al., 2008).

IEMOCAP의 구축 과정은 말뭉치 설계에 있어 중요한 상충관계를 보여준다. 즉, 배우와 대본을 사용함으로써 완전한 자연성을 일부 희생하는 대신, 감성이라는 매우 주관적인 현상에 대해 비할 데 없이 높은 데이터 충실도와 정답(ground-truth) 품질을 확보한 것이다. 이는 '감성'과 같이 모호한 개념을 컴퓨터로 모델링하기 위해서는 명확하고 정량적인 입력 데이터가 필요하다는 원칙을 구현한 것이다. 배우의 연기는 특정 감정의 표현을 안정적으로 생성하는 수단이었고, 모션 캡처는 '찡그린 얼굴'

---

4 유인가(誘引價, valence)는 심리학에서 어떤 대상, 사건, 혹은 감정 상태가 지니는 긍정성(유쾌함, 쾌) 또는 부정성(불쾌함, 불쾌)의 정도를 나타내는 차원을 나타낸다. 정동 원환 모델(circumplex model of affect)에서는 감정을 기술하는 두 가지 핵심 축 중 하나로 '각성(arousal)'과 함께 사용된다.

5 IEMOCAP에서는 'activation'이라는 용어를 사용하는데, 이는 Russell(1980)의 정동 원환 모델에서 사용하는 'arousal'과 동일한 차원을 지칭한다. 두 용어 모두 정서 상태의 에너지 수준이나 강도를 나타내며, 문헌에 따라 혼용되거나 'arousal/activation'으로 병기되기도 한다.

이라는 주관적 시각 정보를 '특정 안면 마커들의 3차원 좌표 변화'라는 객관적 수학 측정치로 변환하는 역할을 했다. 이러한 방법론적 기여 덕분에 IEMOCAP은 오늘날까지도 멀티모달 감성 인식 분야에서 가장 널리 사용되는 벤치마크 중 하나로 자리 잡았으며, 미묘한 비언어적 신호를 최고 수준의 정밀도로 포착하는 것의 중요성을 학계에 각인시켰다.

2.1.4. 제4세대: 자연성 추구(2010년대) – '현실 세계' 데이터로의 회귀

2010년대에 들어서면서 멀티모달 말뭉치 연구는 '자연성(naturalness)'과 '생태학적 타당성(ecological validity)'을 최우선 가치로 두는 중요한 전환점을 맞이했다. 이전 시대의 통제된 환경에서 개발된 알고리즘과 분석 기술이 성숙하고, 휴대용 녹화 장비의 성능과 접근성이 향상되면서, 연구자들은 이제 실험실의 제약을 벗어나 실제 일상 환경에서 발생하는 예측 불가능하고 자발적인 상호작용을 포착하는 데 집중하기 시작했다. 이 시기에는 또한 영어 중심의 연구에서 벗어나 다양한 언어권의 데이터를 구축하려는 움직임이 두드러졌다.

독일어권의 FOLK(Forschungs- und Lehrkorpus Gesprochenes Deutsch) 말뭉치는 이러한 흐름을 보여주는 유럽의 대표적인 사례이다. 2008년에 시작된 이 프로젝트의 핵심 목표는 독일어의 자발적인 구어 상호작용을 포괄적으로 수집하여 대규모의 다각화된 말뭉치를 구축하는 것이었다(Schmidt, 2014; Schmidt, 2016). 기존 독일어 말뭉치들이 대부분 규모가 작거나, 오래되었거나, 특정 영역(예: 학술 담화)에 한정되어 있었다는 문제의식에서 출발하여, 사적, 공적, 제도적 환경을 아우르는 다양한 실제 언어 사용 모습을 담고자 했다(Schmidt, 2014; Schmidt, 2016). FOLK는 잘라낸 발화가 아닌 전체 상호작용을 기록하고 전사하는 것을 원칙으로 삼았다(Schmidt, 2016). FOLK는 잘라낸 발화가 아닌 전체 상호작용을 기록하고 전사하는 것을 원칙으로 삼았으며, 오디오와 비디오 녹화를 통해 언어적 요소뿐만 아니라 제스처, 얼굴 표정과 같은 비언어적 요소까지 포괄적으로 기록하고자 했다(Schmidt, 2014; Schmidt, 2016).

아시아권에서는 일본 국립국어연구소(NINJAL)가 주도한 CEJC (Corpus of Everyday Japanese Conversation)가 유사한 목표를 추구했다. 2016년에 시작된 이 프로젝트의 목표는 실제 사회적 행동의 다양성을 포착하는 균형 잡힌 대규모 일본어 일상대화 말뭉치를 구축하는 것이었다. CEJC 역시 기존 일본어 말뭉치들이 실험실 환경이나 인위적인 상황에 편중되어 있다는 한계를 극복하고자 '일상생활 속에서 자연스럽게 발생하는 활동'에 초점을 맞췄다(Koiso et al., 2018; Koiso et al., 2022). 자연성과 균형을 확보하기 위해 이 프로젝트는 두 가지 혁신적인 수집 방식을 병행했다(Koiso et al., 2018; Koiso et al., 2022).

1. 개인 기반 수집(Individual-based method): 모집된 일반인 정보제공자가 휴대용 녹화 장비(소형 액션 카메라와 IC 레코더)를 소지하고 약 2-3개월에 걸쳐 자신의 가정, 직장 등 실제 생활 공간에서 대화를 직접 녹화했다.
2. 상황 특정적 수집(Situation-specific method): 개인 기반 방식으로는 수집이 어려운 직장 내 회의와 같은 특정 상황의 데이터를 보완

하기 위해 연구진이 직접 해당 환경에 녹화 장비를 설치했다.

CEJC의 중요한 기술적 기여는 단순한 비디오 녹화를 넘어, 여러 방향에서 촬영된 비디오 데이터를 포함하여 실제 사회적 행동의 메커니즘을 정밀하게 이해할 수 있도록 했다는 점이다(Koiso et al., 2018; Koiso et al., 2022).

FOLK와 CEJC와 같은 말뭉치의 등장은 멀티모달 연구 분야의 성숙을 의미한다. 이는 두 가지 주요 흐름으로 요약할 수 있다. 첫째, 연구 방법론이 통제된 실험실 환경을 벗어나 '현실 세계' 데이터의 생태학적 타당성을 우선시하는 방향으로 전환되었다. 둘째, 연구 대상이 영어를 넘어 다양한 언어와 문화로 확장되었다. 이전 시대의 통제된 말뭉치 연구를 통해 개발된 음성 인식 및 특징 추출 기술들이 충분히 발전했기에, 이제는 더 복잡하고 노이즈가 많은 현실 세계의 데이터를 분석할 수 있는 기반이 마련된 것이다. 연구의 목표 또한 공학적 개념을 증명하는 것에서, 실제 인간 의사소통의 본질을 탐구하는 과학적 발견으로 이동했다. 이 시기 말뭉치에서 비디오 데이터는 단순히 융합을 위한 또 다른 정보 채널이 아니라, 상호작용 그 자체를 이해하기 위한 핵심적인 분석 대상으로 격상되었다.

이러한 '현실 세계' 기반 멀티모달 말뭉치 구축은 영어권뿐 아니라 아시아 지역에서도 확산되고 있다. 특히 한국어 말뭉치 분야에서는 최근 들어 몇 가지 의미 있는 멀티모달 말뭉치 구축 시도가 이루어지고 있다.

대표적인 사례로는 AI Hub 한국어 일상대화 멀티모달 말뭉치(2024)를 들 수 있다. 이 말뭉치는 약 1,000개의 한국어 대화 영상을 기반으로, 텍스트(자막), 음성, 환경음, 영상 정보를 연동하여 제공하며, 음성 인식,

문장 요약, 장면 인식 등 다중 태스크 학습을 지원할 수 있는 구조로 설계되었다. 그러나 영상 정보는 대부분 단일 고정 카메라 기반이며, 시선·제스처 주석은 포함되어 있지 않다는 점에서 다층 멀티모달 분석에는 일정한 한계가 있다.

이처럼 한국어 멀티모달 말뭉치 역시 '자연성'과 '다중 채널'이라는 측면에서 최근 글로벌 추세에 부응하고 있으며, 향후 주석 수준과 분석 가능 범위가 확장된다면 한국어 기반 멀티모달 연구의 국제적 확장 가능성도 함께 재고될 수 있다.

2.1.5. 제5세대: 대규모화 및 현실 세계 문제 해결(2020년대 초반) – 규모, 심리, 그리고 강건성

2020년대에 들어서면서 멀티모달 말뭉치 연구는 더욱 정교하고 전문화된 두 가지 상호보완적인 방향으로 발전하고 있다. 한 축은 전례 없는 규모의 자연스러운 대화 데이터에 심리학적 차원을 깊이 통합하여 인간 상호작용의 근본적인 원리를 탐구하는 것이고, 다른 한 축은 소음이 많고 비협조적인 현실 세계의 특정 시나리오를 설정하여 공학적 기술의 한계를 시험하고 강건성을 극대화하려는 실용적인 접근이다.

첫 번째 흐름, 즉 규모와 심리적 깊이의 추구를 대표하는 말뭉치는 CANDOR(Conversation: A Naturalistic Dataset of Online Recordings)이다. CANDOR 프로젝트의 목표는 인간 상호작용에 대한 학제간 연구를 촉진하기 위해 거대하고 자연스러운 대화 말뭉치를 구축하는 것이다(Reece et al., 2023). 이 말뭉치의 가장 독창적인 특징은 말차례 취하기(turn taking)와 같은 저수준의 행동 패턴을 참여자의 주관적인 심리 상태와 직접적으로 연결한다는 점이다(Reece et al., 2023). CANDOR는 낯선 사람들 간의 비대면 영상 채팅으로 이루어진 1,650개 이상의 비디오 대화로 구성되며, 이는 총 850시간, 7백만 단어 이상의 방대한 규모에 해당한다(Reece et al., 2023). 데이터가 수집된 2020년은 COVID-19 팬데믹과 같은 주요 사회적 이슈가 활발히 논의되던 시기여서, 시대적 담론의 변화까지 포착하고 있다(Reece et al., 2023). CANDOR는 원본 오디오, 비디오, 전사 텍스트를 포함하며, 가장 핵심적인 기여는 참여자들로부터 수집한 광범위한 설문 데이터에 있다. 여기에는 대화 전후의 기분 변화, 성격 특성, 그리고 대화와 상대방에 대한 상세한 평가(예: "상대방이 얼마나 마음에 들었는가?", "나는 얼마나 예의 바르게 행동했는가?") 등이 포함된다(Reece et al., 2023). 이를 통해 연구자들은 저수준(말차례 취하기 조직), 중간 수준(감정 표현), 고수준(주관적 판단)의 계층적 분석 프레임워크를 적용할 수 있다(Reece et al., 2023).

두 번째 흐름, 즉 공학적 강건성 추구를 상징하는 것은 MISP(Multi-modal Information based Speech Processing) 챌린지 말뭉치이다. MISP는 언어학적 분석보다는, 어렵고 도전적인 현실 세계 시나리오에서 음성 처리 기술의 성능을 한계까지 밀어붙이고 객관적인 벤치마크를 제공하기 위해 명시적으로 설계되었다(Wang et al., 2023). 챌린지의 주요 과제는 '화자 분할(Audio-Visual Speaker Diarization, AVSD - 누가 언제 말했는가)'과 '화자 분할 및 인식(Audio-Visual Diarization and Recognition, AVDR - 누가 언제 무엇을 말했는가)'이라는 명확한 공학적 문제 해결에 초점이 맞춰져 있다(Wang et al., 2023). 데이터 수집은 "가정 내 TV 시청 시나리오"로 이뤄졌으며, 이는 매우 도전적인 중국어 모사 환경이었다. 이 환경에서는 2명에서 6명의 사람들이 TV 소음이 상당한 배경에서 자유롭게 대화한다(Wang et al., 2023). 이는 원거리 마이크로 인한 반향, 여러 사람의 말 겹침, 낮은 조명이나 먼 거리로 인한 저품질 비디오(작은 얼굴 ROI 등)와 같은 문제들을 야기하며, 현재 기술로 해결하기 어려운 복합적인 문제 상황을 제공한다(Wang et al., 2023).

2020년대에 들어서면서 멀티모달 말뭉치 연구는 고도의 성숙에 도달하면서 동시에 두 개의 상호보완적이지만 인식론적으로 구별되는 연구 프로그램으로 분화하고 있다. 이러한 분화는 단순한 주제의 다양화가 아니라, 멀티모달 데이터를 활용하는 근본적인 목적과 방법론에서의 차이를 반영한다.

첫 번째 흐름인 전산 사회과학(Computational Social Science) 접근법은 CANDOR로 대표된다. 이 흐름의 핵심 목표는 대규모 자연스러운 대화 데이터를 인간 본성을 이해하기 위한 디지털 실험실로 활용하는 것이다. CANDOR가 추구하는 것은 "사람들은 왜 그렇게 말하며, 그것이 그들에게 어떤 의미인가?"라는 근본적인 과학적 질문에 대한 답이며, 그 최종 산물은 인간 상호작용에 대한 과학적 통찰이다. 여기서 멀티모달 데이터는 인간 행동의 복잡한 패턴을 발견하고 이론을 검증하기 위한 관찰 도구로 기능한다.

두 번째 흐름인 강건한 AI(Robust AI) 접근법은 MISP로 대표된다. 이 흐름의 핵심 목표는 도전적인 실제 환경 데이터를 강건한 알고리즘을 단련하기 위한 시금석으로 활용하는 것이다. MISP가 해결하려는 것은 "TV

가 켜져 있고 여러 사람이 동시에 말하는 환경에서 실제로 작동하는 스마트 비서를 어떻게 만들 것인가?"라는 구체적인 공학적 문제이며, 그 최종 산물은 벤치마크에서의 기술적 성능(engineering performance)이다. 여기서 멀티모달 데이터는 현실 세계의 복잡성을 모사하여 시스템의 한계를 시험하고 개선하기 위한 도전 과제로 기능한다.

이 두 경로는 서로 대립하는 것이 아니라 상호보완적 관계를 형성한다. CANDOR와 같은 전산적 사회과학 연구를 통해 얻은 인간 상호작용에 대한 과학적 통찰은 MISP 챌린지를 통해 개발되는 시스템의 궁극적인 목표(예: 단순 전사를 넘어 사용자의 의도나 만족도 추론)를 설정하는 데 기여할 수 있다. 반대로, MISP와 같은 챌린지를 통해 개발된 강건한 공학적 솔루션들은 CANDOR와 같은 거대하고 노이즈가 많은 데이터를 대규모로 분석하는 데 필요한 도구를 제공한다. 이처럼 과학적 탐구와 공학적 해결이라는 두 연구 프로그램의 동반 발전은 향후 멀티모달 연구 분야의 핵심적인 추동력이 될 것이다.

〈표 2.2〉 주요 멀티모달 말뭉치의 시대별 발전 및 특징 요약

말뭉치	발표 연대	주요 목표	수집 환경	핵심 양식	주요 기여 및 패러다임 전환
M2VTS / XM2VTS	1990년대 후반	생체 인식 기반 개인 인증	고도로 통제된 실험실	오디오, 2D 비디오	개념 증명: 단일모달의 한계를 극복하기 위한 멀티모달 융합의 유효성 입증
AMI	2000년대 중반	다자간 회의 동역학 (Dynamics) 이해 및 브라우징 기술 개발	시나리오 기반의 모의 회의실	다중 채널 오디오/비디오, 화이트보드, 슬라이드	패러다임 전환: 단일 개인 인증에서 복잡한 사회적 상호작용 분석으로의 전환
IEMOCAP	2000년대 후반	표현적/감성적 상호작용의 정밀 모델링	배우를 활용한 2인 대화	오디오, 비디오, 고정밀 모션 캡처	데이터 충실도: 감성과 같은 주관적 현상을 정량화하기 위해 모션 캡처를 도입
FOLK / CEJC	2010년대	자연스러운 일상 대화의 문서화 및 분석	'현실 세계'의 다양한 일상 환경	오디오, 비디오	자연성으로의 회귀: 통제된 환경에서 벗어나 실제 언어 사용의 생태학적 타당성 추구
CANDOR	2020년대 초반	대규모 자연 대화와 심리 상태 간의 관계 분석	온라인 비디오 채팅	오디오, 비디오, 심층 설문 데이터	규모와 깊이: 전례 없는 규모의 데이터와 심리학적 측정치를 결합
MISP	2020년대 초반	열악한 현실 환경에서의 음성 처리 기술 강건성 향상	소음이 많은 '홈 TV' 시나리오	원거리/다중 채널 오디오/비디오	강건성: 특정 공학적 문제 해결을 위한 챌린지 기반의 데이터셋 구축

2.2. 연구 분야별 진화 패턴

멀티모달 말뭉치 연구의 발전사를 추적해보면, 각 학문 분야가 고유한 인식론적 전제와 방법론적 전통에 기반하여 서로 다른 진화 궤적을 그려왔음을 알 수 있다. 본 절에서는 전산학, 심리학, 언어학, 그리고 융합 연구 분야가 1990년대부터 2020년대에 이르기까지 멀티모달 데이터를 개념화하고 수집하며 분석해온 방식의 변화를 체계적으로 분석한다. 이러한 분석을 통해 각 분야에서 멀티모달 현상에 접근하는 근본적인 차이점과, 최근 들어 나타나고 있는 수렴 현상의 동인을 규명하고자 한다.

2.2.1. 전산학 분야: 기술적 합리성과 측정 가능성의 추구

전산학 분야의 멀티모달 말뭉치는 명확한 공학적 목표, 즉 '인식 정확도의 향상'이라는 문제 해결을 위한 데이터 구축에서 출발하였다. 이후 30년간 전산학 분야에서 구축된 멀티모달 말뭉치들은 단순한 패턴 인식을 위한 통제된 데이터베이스에서 복잡한 인간 행동을 포착하는 상호작용 말뭉치로, 그리고 최근에는 인간 수준의 멀티모달 이해를 학습시키기 위한 대규모 데이터셋으로 진화해왔다.

▬ 생체인식 시대(1990년대 후반-2000년대 초)

전산학 분야의 멀티모달 말뭉치 구축은 1990년대 중반 유럽연합의 ACTS(Advanced Communications Technologies and Services) 프로그램의 일환으로 시작되었다. 당시 텔레커뮤니케이션과 전자상거래의 급속한 성장은 원격 신원 확인의 필요성을 증대시켰고, 단일 생체인식 방식의 한계를 극복하기 위한 멀티모달 접근법이 주목받기 시작했다.

M2VTS(Multi Modal Verification for Teleservices and Security Applications) 말뭉치는 이러한 배경에서 탄생한 최초의 체계적인 멀티모달 데이터베이스였다. Pigeon & Vandendorpe(1997)는 단일 모달리티에 의존하는 시스템의 근본적 한계를 지적하며, 음성과 얼굴 정보의 융합이 보안 시스템의 신뢰성을 획기적으로 향상시킬 수 있음을 주장했다. M2VTS 데이터베이스는 통제된 환경에서 동기화된 비디오와 음성 데이터를 제공했으며, 참가자들은 표준화된 프로토콜에 따라 정면, 좌측 및 우측 프로필 뷰를 포함한 다각도 얼굴 이미지와 함께 숫자를 세는 음성 과업을 수행했다.

M2VTS 프로젝트를 확장한 XM2VTSDB는 참가자 수를 295명으로 대폭 확대하면서 보다 현실적인 평가 시나리오를 도입했다. Messer et al.(1999)은 XM2VTSDB 데이터베이스를 통해 체계적인 평가 프로토콜의 중요성을 강조했다. 이들은 멀티모달 검증 시스템의 훈련과 테스트를 위해 5개월 간격으로 각 참가자를 촬영한 동기화된 비디오와 음성 데이터를 제공했으며, 이는 생체인식 시스템 평가를 위한 표준 프로토콜 개발에 기여했다.

이 시기 전산학 분야의 접근법은 다음과 같은 특징을 보였다. 첫째, 멀티모달 데이터는 순수하게 신호처리(signal processing)[6]의 대상으로

6 신호처리는 음성, 영상 등의 물리적 신호를 수학적·통계적으로 분석하고 변환하는 것을 의미한다. 여기서 '순수하게 신호처리의 대상'이라 함은 데이터의 의미나 맥락보다는 주파수, 진폭, 스펙트럼과 같은 물리적 특성에만 초점을 맞추었다는 뜻이다.

간주되었다. 음성은 MFCC(Mel-frequency cepstral coefficients)로, 얼굴은 고유얼굴(eigenface)이나 가버 필터(Gabor filter) 응답으로 변환되어 처리되었다. 둘째, 융합 전략은 주로 결정 수준(decision level) 또는 점수 수준(score level)에서 이루어졌으며, 베이지안 이론이나 서포트 벡터 머신(Support Vector Machine, SVM) 등의 통계적 방법이 활용되었다. 셋째, 평가 지표는 오인수락률(False Acceptance Rate, FAR), 오인거부율(False Rejection Rate, FRR), 동일오류율(Equal Error Rate, EER) 등 객관적이고 정량적인 측정에 집중되었다.

HCI와 집단 상호작용 시대(2000년대 중반-후반)

2000년대 중반, 전산학 분야는 단순한 개인 식별을 넘어 복잡한 인간 상호작용을 이해하고 지원하는 시스템 개발로 관심을 확장했다. 이러한 전환은 유비쿼터스 컴퓨팅과 스마트 환경에 대한 비전, 그리고 지식 노동자의 생산성 향상이라는 실용적 요구에 의해 추동되었다.

AMI 회의 말뭉치는 이러한 패러다임 전환을 대표하는 말뭉치로, AMI 프로젝트의 일환으로 구축되었다. 유럽연합의 제6차 Framework Programme (FP6-506811) 지원으로 진행된 이 프로젝트는 Edinburgh 대학, IDIAP, TNO 등 15개 기관이 참여한 대규모 협력 연구였다. Carletta(2007)는 AMI 프로젝트가 회의 참가자들의 상호작용을 자동으로 기록, 분석, 요약함으로써 의사결정의 질을 향상시키고 정보 접근성을 극대화하는 '스마트 미팅룸' 기술 개발을 목표로 했다고 설명했다.

AMI 회의 말뭉치는 100시간 분량의 방대한 회의 녹화 데이터로 구성되었으며, 에든버러, IDIAP(스위스), TNO(네덜란드)의 세 곳에 구축된

'계측화된 회의실(instrumented meeting rooms)'에서 수집되었다. AMI 말뭉치의 독창성은 '시나리오 기반 유도(scenario-based elicitation)' 방법론에 있었다. 참가자들은 가상의 전자제품 회사에서 새로운 TV 리모컨을 설계하는 팀의 구성원 역할을 부여받았다. 이러한 시나리오는 참가자들에게 명확한 목표를 부여하여 현실적인 목적 지향적 상호작용을 유도하면서도, 연구자들이 회의의 성과를 측정하고 분석할 수 있는 통제된 환경을 제공했다.

이 시기 전산학 분야는 단순한 신호 처리를 넘어 고차원적 의미 분석에 도전하기 시작했다. Renals et al.(2007)은 AMI 시스템이 다루어야 할 과제들을 다음과 같이 분류했다.

- 저수준 처리: 음성 인식, 화자 분할, 음향 이벤트 검출
- 중간 수준 분석: 화행 인식, 주제 분할, 참가자 역할 식별
- 고수준 이해: 의사결정 추출, 액션 아이템 식별, 회의 요약 생성

이러한 계층적 접근은 전산학이 언어학과 심리학의 개념을 적극적으로 수용하기 시작했음을 보여준다. 특히 '대화 행위(dialogue acts)', '수신자 감지(addressee detection)', '집단 역학(group dynamics)' 등의 개념은 순수 공학적 관점에서는 다루기 어려운 사회적, 언어학적 현상들이었다.

딥러닝 혁명과 감정 컴퓨팅 시대(2010년대)

2010년대는 전산학 분야에 딥러닝 혁명이 일어난 시기였다. 2012년 ImageNet 챌린지에서 AlexNet이 보여준 압도적 성능은 컴퓨터 비전

분야의 패러다임을 완전히 바꾸어 놓았으며(Krizhevsky et al., 2012), 이는 곧 멀티모달 연구에도 파급되었다. 동시에 이 시기는 감정 컴퓨팅(Affective Computing)이 독립적인 연구 분야로 확립된 시기이기도 했다.

IEMOCAP(Interactive Emotional Dyadic Motion Capture Database)은 공학적 정밀성과 감정이라는 주관적 현상을 결합하려는 야심찬 시도였다. Busso et al.(2008)은 기존 감정 데이터베이스의 한계를 지적하며, 자연스러운 상호작용 맥락과 멀티모달 신호의 동기화, 감정 레이블의 신뢰성 확보가 필요함을 강조했다. IEMOCAP은 앞에서 밝힌 바와 같이 그 방법론적 혁신은 '하이브리드 유도 전략'에 있었다(2.1.3절 참조).

IEMOCAP의 가장 핵심적인 기술적 혁신은 고정밀 모션 캡처 기술을 사용하여 미세한 비언어적 신호를 정량화한 데 있다. VICON 모션 캡처 시스템의 8개 카메라를 이용해 얼굴, 머리, 손에 부착된 마커들의 3차원 움직임을 정밀하게 기록했다. 이를 통해 얼굴 표정과 제스처의 미세한 변화를 포착할 수 있었다.

2010년대 중반 이후, 전산학 커뮤니티는 딥러닝의 성공에 힘입어 '종단간(end-to-end)' 학습 패러다임으로 전환했다. Tzirakis et al.(2017: 1301)은 IEMOCAP 데이터셋을 사용하여 음성과 비디오 정보를 결합하는 '종단간 멀티모달 감정 인식' 시스템을 제안했다. 이들의 시스템은 CNN을 사용하여 음성 스펙트로그램과 얼굴 이미지로부터 특징을 추출하고, LSTM을 통해 시간적 의존성(temporal dependency)[7]을 모델링했다.

▬ 파운데이션 모델과 실세계 응용 시대(2020년대)

2020년대에 들어서면서 전산학 커뮤니티는 두 가지 상호보완적인 방향으로 발전하고 있다. 한편으로는 GPT, CLIP, DALL-E 등으로 대표되는 대규모 파운데이션 모델이 멀티모달 이해의 새로운 가능성을 열고 있으며, 다른 한편으로는 실세계의 복잡하고 노이즈가 많은 환경에서 작동하는 강건한 시스템 개발에 대한 요구가 증가하고 있다.

MISP(Multimodal Information based Speech Processing) 챌린지 시리즈는 후자의 방향을 대표한다. MISP 챌린지는 기존의 음성 처리 연구가 대부분 조용한 환경이나 통제된 잡음 조건에서 수행되어 왔던 한계를 극복하고자 시작되었다. 실제 응용 환경, 특히 스마트 홈이나 로봇 시스템에서는 TV 소리, 여러 화자의 동시 발화, 원거리 마이크로 인한 반향 등 복잡한 음향 조건을 다루어야 한다.

MISP 데이터셋은 실제 중국 가정의 거실에서 수집되었으며, 2-6명의 가족 구성원 또는 친구들이 TV가 켜진 상태에서 자연스럽게 대화하는 장면을 포함한다. MISP 2025 에디션에서는 이전 챌린지의 홈 시나리오에서 미팅 시나리오로 초점을 옮겨 데이터 규모가 대폭 확장되었으며, 163개의 실제 보통화(普通話) 미팅을 기록한 125.15시간의 멀티모달 데이터가 제공된다(Chen et al., 2025; Gao et al., 2025). 이 데이터셋은 23개의 다양한 미팅룸에서 수집되었으며, 8채널 원거리 오디오, 근거리 오디오, 360도 파노라마 비디오를 포함한다. 주석으로는 문장 수준 전사와 요

7　시간적 의존성은 시간 순서상 앞선 정보가 뒤따르는 정보에 영향을 미치는 관계를 의미한다. 예를 들어, 대화에서 이전 발화의 감정 상태가 다음 발화의 감정 표현에 영향을 주는 것과 같은 순차적 패턴을 포착하는 것이다.

약(간략 및 상세)이 포함되어 실세계 멀티모달 음성처리 및 미팅 요약 연구의 새로운 벤치마크가 될 것으로 기대된다.

한편, 파운데이션 모델의 등장은 멀티모달 연구의 패러다임을 다시 한 번 변화시키고 있다. OpenAI의 CLIP(Contrastive Language-Image Pre-training)은 4억 개의 이미지-텍스트 쌍으로 학습되어 제로샷 이미지 분류(zero-shot)[8]에서 놀라운 성능을 보여주었다(Radford et al., 2021).

멀티모달 일상대화 말뭉치 구축의 관점에서의 비판적 분석

전산학 분야의 멀티모달 말뭉치 발전 과정은 일상대화 연구를 위한 중요한 기술적 토대를 마련했다는 점에서 의의가 크다. 그러나 멀티모달 일상대화 말뭉치 구축의 관점에서 비판적으로 분석하면, 이들 말뭉치가 일상대화의 자연성과 다양성을 충분히 반영하지 못한 한계를 드러낸다. 아래에서 각 말뭉치를 중심으로 긍정적 기여를 인정하면서도 비판점을 논의한다.

첫째, M2VTS와 XM2VTSDB는 비록 극도로 통제된 환경이었지만, 음성과 영상의 정밀한 동기화 기술을 확립했다. 이러한 기술적 기반은 이후 자연스러운 대화 상황에서도 멀티모달 데이터를 정확하게 수집할 수 있는 토대가 되었다. 특히 시간 정렬의 중요성을 인식하고 이를 구현한 것은 후속 연구에 중요한 기여를 한 것이다. 그러나 이들 데이터베이스는 생체인

8 제로샷 이미지 분류는 학습 단계에서 본 적 없는 범주의 이미지도 텍스트 설명만으로 분류할 수 있는 능력을 의미한다. 예를 들어, 특정 동물 이미지를 직접 학습하지 않았어도 "목이 긴 얼룩무늬 동물"이라는 설명을 통해 기린 이미지를 식별할 수 있다.

식과 보안 애플리케이션을 목적으로 설계되었기 때문에 일상대화와는 거리가 멀다. M2VTS는 37명의 참가자가 스크립트된 숫자 세기와 머리 회전 동작을 반복하는 내용으로 구성되어 대화의 자연스러운 흐름이나 사회적 맥락을 포착하지 못한다(Pigeon et al., 1997). XM2VTSDB도 참가자 수를 295명으로 확대했으나, 비인가자(impostor) 시뮬레이션[9] 중심으로 여전히 통제된 실험실 환경에 머물러 일상대화의 예측 불가능성과 다양성을 반영하지 못한다(Messer et al., 1999). 결과적으로 이들 말뭉치는 일상대화 말뭉치 구축에서 기술적 동기화만 제공할 뿐, 실제 대화의 맥락적 깊이를 무시한 채 과도하게 인공적이라는 비판을 받는다.

둘째, AMI 회의 말뭉치는 다자간 상호작용의 복잡성을 체계적으로 포착하는 방법론을 개발했다. '계측화된 회의실'이라는 개념은 이후 다양한 환경에서의 멀티모달 데이터 수집 설계에 모델이 되었으며, 다중 카메라와 마이크 어레이를 활용한 데이터 수집 프로토콜은 현재까지도 표준으로 활용되고 있다. 그러나 일상대화 수집의 관점에서 보면, AMI는 업무 회의 중심으로 설계되어 자연스러운 일상 대화의 특징(예: 비목적 지향적 주제 전환, 감정적 변동)을 제대로 반영하지 못한다. 데이터의 대부분이 시나리오 기반으로 참가자들이 역할 연기를 하도록 유도되기 때문에, 대화의 자연성이 떨어지고 분석 결과가 현실 세계로 일반화되기 어렵다(Carletta, 2007). 또한 영어권 참가자 중심으로 문화적·언어적 다양성이 부족하며, 회의라는 특정 상황에 국한되어 일상대화 말뭉치로서의 범용성이 제한적이다.

---

9 여기서 '비인가자 시뮬레이션'이란, 시스템에 등록된 '본인(genuine user)'이 아닌 '타인(impostor)'이 인증을 시도하는 상황을 모의실험하는 것을 의미한다.

셋째, IEMOCAP은 비언어적 신호의 정량화라는 중요한 과제를 해결했다. 모션 캡처 기술을 활용한 얼굴 표정과 제스처의 정밀한 측정은 주관적인 감정 표현을 객관적 데이터로 변환하는 방법을 제시했으며, 이는 멀티모달 대화 분석의 과학적 엄밀성을 크게 향상시켰다. 그러나 일상대화 구축 관점에서 IEMOCAP은 배우 10명이 대본 연기된 또는 즉흥 연기된 대화를 기반으로 하여 자연스러운 대화가 아닌 과장된 감정 표현을 중심으로 한다(Busso et al., 2008). 이로 인해 실제 일상대화의 미묘한 비언어적 신호가 왜곡되며, 참가자 수가 적어 인구통계학적 다양성(연령, 문화, 배경)이 부족하다. 많이 지적되듯이, 연기된 데이터는 감정 인식 모델의 과적합을 유발할 수 있으며, 진정한 일상대화 말뭉치로 활용되기에는 한계가 크다.

넷째, 전산학 분야의 가장 중요한 기여는 대규모 말뭉치 구축과 주석의 자동화 기술 개발이다. 자동 음성 인식(ASR), 화자 분할(speaker diarization), 감정 인식, 제스처 검출 등의 기술 발전은 수작업으로는 불가능했던 규모의 데이터 처리를 가능하게 했다. 예를 들어, CANDOR(§2.1.5)나 MISP와 같은 대규모 말뭉치의 전사 작업은 이러한 자동화 기술 없이는 불가능했을 것이다. 이러한 자동화는 대규모 데이터셋의 확장성을 높여, 통계적 모델링의 신뢰성을 재고했다.

다섯째, 딥러닝 기반 모델들은 기존에는 불가능했던 수준의 멀티모달 특징 추출과 분석을 가능하게 했다. 종단간 학습을 통해 모달리티 간 복잡한 상호작용을 자동으로 모델링할 수 있게 되었으며, 이는 대규모 멀티모달 데이터의 심층 분석을 위한 강력한 도구를 제공했다. 예를 들어, 트랜스포머 기반 아키텍처는 오디오와 비디오 신호의 교차 주의(cross-attention)[10]

를 통해 모달리티 융합을 효율적으로 처리한다.

그러나 이러한 성과에도 불구하고, '일상대화'라는 관점에서 보면 몇 가지 중요한 한계가 존재한다. 첫째, 기술적 목표에 치중한 나머지 일상대화의 본질적 특성인 자발성과 맥락 의존성이 충분히 고려되지 못했다. M2VTS의 숫자 세기나 AMI의 역할 놀이는 실제 일상대화에서 나타나는 주제의 자유로운 전환, 예측 불가능한 발화, 개인적 경험의 공유 등을 포착하지 못했다. 이는 대화가 미리 마련된 대본에 의존할 때 발생하는 구조적 편향을 초래한다(Clark, 1996).

둘째, 대부분의 말뭉치가 특정 과업이나 목적에 초점을 맞춰 설계되어, 일상대화의 주요 기능인 관계 형성, 정체성 표현, 사회적 유대 강화 등의 측면이 간과되었다. 대화는 단순히 정보 전달이나 문제 해결의 수단이 아니라 그 자체로 사회적 행위인데, 이러한 관점이 부족했다. 예를 들어, 사회언어학적 관점에서 대화는 참여자 간의 공동 지식 구축을 통해 사회적 결속을 형성하지만, 과업 중심 말뭉치에서는 이러한 과정이 생략된다(Clark, 1996).

셋째, 자동화 기술의 한계로 인해 미묘한 비언어적 신호나 문화적 뉘앙스가 충분히 포착되지 못했다. 현재의 자동 주석 기술은 명확한 제스처나 기본 감정은 인식할 수 있지만, 일상 대화에서 중요한 미세한 고개 끄덕임, 시선 회피, 침묵의 의미 등은 여전히 정확하게 분석하기 어렵다. 이는 IEMOCAP처럼 연기 기반 데이터에서 관찰되는 과장된 신호와 실제 일

10 교차 주의는 한 모달리티의 정보가 다른 모달리티의 정보에 선택적으로 집중하는 메커니즘이다. 예를 들어, 비디오의 특정 장면이 오디오의 어느 부분과 관련 있는지를 자동으로 파악하는 것이다.

상 신호 간의 불일치에서 기인한다(Busso et al., 2008).

넷째, 참가자의 사회적 배경, 관계, 상황적 맥락 등 대화 이해에 필수적인 메타데이터가 부족했다. 일상대화는 화자들의 나이, 성별, 친밀도, 사회적 지위 등에 따라 크게 달라지는데, 대부분의 전산학 말뭉치는 이러한 변수를 체계적으로 수집하지 않았다. 이는 모델의 일반화 능력을 저해하며, 문화적 편향을 유발할 수 있다.

2.2.2. 심리학 분야: 인간 행동의 과학적 측정에서 사회적 상호작용 이해로

심리학 분야의 멀티모달 말뭉치 연구는 인간의 내적 상태와 사회적 행동을 과학적으로 이해하려는 오랜 전통 위에 구축되었다. 전산학이 '기계가 어떻게 자동으로 인식할 것인가'에 초점을 맞췄다면, 심리학은 '무엇이 일어나고 있으며, 왜 그러한가'라는 보다 근본적인 질문을 추구해왔다.

기본 감정과 얼굴 표정 연구 시대(1990년대-2000년대 초)

심리학 분야의 멀티모달 연구는 인간의 기본 감정과 그 표현이 문화적 차이를 넘어 보편적이며, 생존을 위한 진화적 기원을 갖는다고 주장한 Darwin(1872)으로 거슬러 올라가는 긴 역사를 지닌다. 다윈은 얼굴 표정뿐만 아니라 자세, 소리, 신체적 반응(예: 얼굴 붉어짐) 등 다양한 모달리티가 감정을 전달한다고 기술했으며, 이는 멀티모달 감정 연구의 원형으로 볼 수 있다. 그러나 이러한 다윈의 핵심 가설을 체계적이고 실증적인 방법론으로 뒷받침하며 현대적 의미의 멀티모달 감정 연구를 본격화한 것은 Ekman & Friesen의 연구에서였다.

Ekman & Friesen(1978)이 개발한 FACS(Facial Action Coding System)는 해부학적 기반을 둔 포괄적인 얼굴 표정 기술 체계로, 44개의 행위단위(Action Unit, AU)를 통해 가능한 모든 얼굴 움직임을 코딩할 수 있게 한다. 2002년에 출판된 개정판(Ekman et al., 2002)은 보다 정밀한 강도 척도와 함께 머리 및 눈 움직임을 포함하도록 확장되었다. FACS의 중요성은 주관적인 감정 표현을 객관적이고 재현 가능한 과학적 측정으로 변환한 점에 있다. 이 시기 심리학 연구의 주요 전제는 다음과 같다.

- 기본 감정의 보편성: 문화를 초월하여 보편적으로 인식되는 6-7개의 기본 감정이 존재한다.
- 독특한 표정 패턴: 각 기본 감정은 고유한 얼굴 근육 활동 패턴과 연계된다.
- 진화적 기원: 감정 표현은 적응적 기능을 가지며 진화적으로 보존되어 왔다.

그러나 1990년대 후반부터 이러한 전제들에 대한 비판이 제기되었다. Russell(1994)은 맥락 없이 제시된 얼굴 표정의 인식률이 기존 연구에서 주장된 수준보다 낮음을 실증적으로 입증하였으며, Barrett(2006)은 감정 경험의 개인적 차이와 문화적 변이성을 강조하였다. 특히 실험실에서 유도된 표정과 자연 발생 표정 간의 차이는 방법론적 쟁점으로 부각되었다.

이러한 이론적 배경과 논쟁 속에서 구축된 초기 심리학 멀티모달 말뭉치들은 기본 감정 이론을 검증하고 FACS 체계를 적용하는 데 초점을 맞추었다. Cohn-Kanade Database(CK)(Kanade et al., 2000)[11]는 이 시기를 대표하는 말뭉치로, Carnegie Mellon University에서 개발되었다. 97명의 대학생이 참여하여 7가지 기본 감정을 표현한 486개의 이미지 시퀀스를 수집하였으며, 각 시퀀스는 중립 표정에서 시작하여 목표 감정의 정점에 이르는 과정을 담고 있다. 인증된 FACS 주석자가 정점 표정을 상세히 주석화하였으며, 이는 자동 표정 인식 연구의 표준 데이터셋으로 활용되었다.

MMI Facial Expression Database(Pantic et al., 2005)는 CK의 한계를 보완하고자 구축된 말뭉치로, 정면 및 측면 각도 촬영을 포함하고 표정의 시작-정점-소멸 전 과정을 기록한 점에서 혁신적이다. 75명의 참가자가 단일 AU부터 복합 감정까지 다양한 표정을 수행한 2,900개 이상의 영상은 표정의 동적 특성을 연구하는 데 핵심 자료가 되었다.

Japanese Female Facial Expression(JAFFE)(Lyons et al., 1998) 데이터베이스는 10명의 일본인 여성이 7가지 기본 감정을 표현한 213개의 정적 이미지로 구성된다. 규모는 작지만, 아시아인 감정 표현을 다룬 초기 시도로서 문화 간 비교 연구의 기반을 마련하였다.

이러한 초기 말뭉치들의 공통적 한계는 생태학적 타당성의 부족이다. Cohn & Schmidt(2004)는 포즈를 취한 표정이 자발적 표정과 시간적 역동성, 강도, 대칭성 면에서 차이를 보인다고 지적하였으며, 특히 진짜 미소와 사회적 미소가 지속 시간과 관련 근육 활성화에서 구별됨을 보여

11 http://www.jeffcohn.net/Resources

주었다.

자연적 감정과 사회적 맥락 시대(2000년대 중후반)

2000년대 중반부터 심리학 분야는 생태학적 타당성을 강조하는 방향으로 전환하였다. 이러한 전환은 실험실의 인위적 조건에서 벗어나 일상적 맥락에서 나타나는 감정과 사회적 행동을 포착하려는 시도였다.

Belfast Naturalistic Database(Sneddon et al., 2012)는 이러한 전환을 대표하는 초기 시도였다. 이 데이터베이스는 실험실 조건에서 자연스러운 감정 반응을 유도하는 혁신적 접근법을 채택하였다. Sneddon et al.(2012)이 개발한 감정 유도 과제들은 경도에서 중등도 수준의 감정을 유발하였으며, 동일한 자극에 대한 참가자들의 다양한 반응을 모두 유효한 데이터로 인정한 점이 중요하다. Douglas-Cowie et al.(2007)은 이를 감정의 개인차를 체계적으로 다룬 패러다임 전환으로 평가하였다.

SEMAINE Database(McKeown et al., 2012)는 2.1절에서 상세히 다룬 바와 같이 SAL 패러다임을 통해 자연스러운 감정 변화를 유도하였다. 심리학적 관점에서 주목할 점은 SEMAINE이 도입한 연속적 주석 방법이다. FEELTRACE 도구를 사용한 실시간 감정 차원 평가는 감정을 고정된 범주가 아닌 연속적으로 변화하는 과정으로 이해하는 중요한 전환이었다. Nicolle et al.(2012)은 이러한 접근이 혼합 감정과 감정 전이의 미묘한 과정을 포착할 수 있게 하였다고 평가하였다.

사회적 신호 처리와 대인관계 역동 시대(2010년대)

2010년대에 들어서면서 심리학 분야는 개인의 감정을 넘어 사회적 상호작용의 복잡한 역동(dynamics)을 연구하는 방향으로 확장되었다. Vinciarelli et al.(2009: 1744)이 정립한 사회적 신호 처리(Social Signal Processing) 개념은 태도, 정서 상태, 관계의 질, 성격 등에 대한 정보를 전달하는 비언어적 행동들을 체계적으로 연구하는 틀을 제공했다.

이 시기의 중요한 이론적 발전은 Brunswick의 렌즈 모델[12]을 멀티모달 연구에 적용한 것이었다. Schmid Mast(2010)는 성격이나 사회적 속성이 관찰 가능한 행동 단서를 통해 표현되고, 이러한 단서들이 지각자에 의해 통합되어 판단으로 이어진다는 모델을 제시했다. 이는 멀티모달 행동과 심리적 특성 간의 관계를 체계적으로 연구하는 이론적 기반이 되었다.

MAHNOB-HCI Database(Soleymani et al., 2012)는 감정과 생리 신호의 관계를 직접적으로 연구할 수 있게 한 중요한 말뭉치였다. 27명의 참가자로부터 얼굴 비디오, 오디오, 눈동자 추적, 그리고 EEG, ECG, GSR 등의 생리 신호를 동시에 수집했다. 이를 통해 주관적 감정 경험과 객관적 생리 반응 간의 관계를 체계적으로 분석할 수 있게 되었다.

RECOLA(Remote COLlaborative and Affective interactions) (Ringeval et al., 2013)는 46명의 프랑스어 화자가 온라인으로 협력 과제를 수행하는 동안의 감정적 상호작용을 기록했다. 참가자들은 겨울 생존 과제를 함께 해결하며 5분간 상호작용했고, 모든 데이터는 6명의 주석자들이 연속적으로 주석했다.

---

12 Brunswik 렌즈 모델(Brunswik, 1952)은 생물체가 확률적 환경에서 원거리 변수(distal variables)를 근거리 단서(proximal cues)를 통해 추론하는 과정을 설명하는 이론적 프레임워크이다. 환경의 모호성을 렌즈로 상징하며, 다중 단서의 대체적 활용(vicarious functioning)을 통해 판단과 적응을 달성한다. 생태적 타당성(ecological validity)과 기능적 타당성(functional validity)을 핵심 지표로 삼는다.

ELEA(Emergent LEAdership) corpus(Sanchez-Cortes et al., 2012)는 성격과 멀티모달 행동의 관계를 체계적으로 연구한 획기적인 말뭉치였다. 102명이 참여한 40개의 회의를 기록하며 Big Five 성격 검사[13] 결과와 비언어적 행동 패턴을 연결했다. Vinciarelli & Mohammadi (2014)의 서베이는 외향성이 발화 시간 증가, 제스처 빈도 증가, 시선 접촉 증가와 일관되게 연관됨을 확인했다. 그러나 이러한 연구들에 대해 Hall et al.(2019)은 실험실 환경에서의 단기 관찰이 실제 일상생활에서의 행동을 얼마나 대표하는지에 대한 의문을 제기했다.

팬데믹과 디지털 상호작용 시대(2020년대)

COVID-19 팬데믹은 인간 상호작용 연구에 예상치 못한 자연 실험의 기회를 제공했다. 2.1절에서 언급된 CANDOR Corpus(Reece et al., 2023)는 이러한 시대적 변화를 포착한 기념비적인 데이터셋으로, 심리측정 데이터의 통합이라는 중요한 혁신을 이루었다.

Reece et al.(2023)은 CANDOR의 독창성을 말차례 교대와 같은 미시적 행동부터 성격과 관계 형성 같은 거시적 현상까지를 하나의 데이터셋에서 연결했다는 점으로 설명했다. 연구진은 언어적 동기화와 대화 만족도 간에 강한 상관관계(r=0.52, p〈0.001)가 있음을 발견했으며, 외향성이 높은 참가자들이 더 많은 발화량을 보이는 등(r=0.48) 성격 특성에

13 Big Five 성격 검사(Big Five Personality Traits)는 인간 성격을 다섯 가지 주요 요인으로 분류하는 모델로, 개방성(Openness), 성실성(Conscientiousness), 외향성(Extraversion), 친화성(Agreeableness), 신경증(Neuroticism)을 포함한다. 이 모델은 어휘적 가설에 기반한 요인 분석 연구에서 도출되었으며, 성격 심리학의 표준 프레임워크로 활용된다(Costa & McCrae, 1992).

따른 체계적인 대화 패턴의 차이를 확인했다. 또한 팬데믹 관련 주제가 전체 대화의 23%를 차지한다는 발견은 시대적 맥락이 대화 내용에 미치는 영향을 보여주었다.

그러나 온라인 화상 대화의 특수성에 대한 우려도 제기되었다. Bailenson(2021)은 '줌 피로(zoom fatigue)'라는 개념을 제시하며, 온라인 화상 대화에서 지속적인 자기 모니터링, 제한된 비언어적 단서, 인지적 과부하가 대면 상호작용과는 질적으로 다른 경험을 만든다고 지적했다. 이는 팬데믹 시대의 말뭉치가 포착한 상호작용이 전통적인 대면 대화와 어떻게 다른지에 대한 중요한 방법론적 질문을 제기했다.

GEHM(Gesture, Emotion, Head Movement) Zoom 말뭉치(Paggio et al., 2024)는 바로 이러한 온라인 상호작용의 특수성을 정면으로 다룬다. 덴마크 University of Copenhagen 연구진은 Bailenson(2021)이 지적한 '지속적인 자기 모니터링' 문제를 자기 화면 효과(self-view effect)라는 변인으로, '제한된 비언어적 단서' 문제를 '제한된 시야각(field-of-view)'이라는 변인으로 설정하여, 이것이 참가자들의 비언어적 행동(제스처 사용, 시선 처리 등)을 어떻게 구체적으로 변화시키는지 실증적으로 분석하였다. 이러한 연구는 화상 회의 데이터의 한계를 지적하는 것을 넘어, 그 한계 자체가 만들어내는 디지털 시대의 새로운 의사소통 양식을 이해하는 데 기여한다.

멀티모달 일상대화 말뭉치 구축의 관점에서의 평가

심리학 분야의 멀티모달 말뭉치들은 인간 행동의 심층적 이해를 위한 중요한 이론적, 방법론적 기여를 해왔다. 특히 감정의 연속적 변화에 대한 추적, 개인차의 체계적 고려, 사회적 맥락의 중요성 인식 등은 일상대화 연구에 필수적인 관점을 제공한다. 우선, 심리학 말뭉치들은 감정 표현의 복잡성과 다양성을 인정하는 방향으로 발전해왔다. 초기의 '기본 감정' 중심 접근에서 벗어나, SEMAINE 계열에서 발전된 차원적 감정 모델과 연속적 주석 방식(예: FEELTRACE와 같은 실시간 주석 도구)은 대화 중 감정의 미묘하고 혼재된 상태를 시간축에 따라 추적할 수 있는 방법론적 틀을 제시하였다. 이는 대화의 감정적 흐름을 분석하는 데 핵심적인 기술적 기반이 되었다.

둘째, 개인차와 맥락의 중요성을 전면화하였다. Belfast 계열 말뭉치는 동일한 자극이나 유사한 상황에 대해서도 화자마다 상이한 정서적 반응이 '잡음'이 아니라 분석 대상 그 자체임을 전제로 수집·주석되었다. 실제 일상대화에서도 같은 발화나 상황에 대해 각 참여자가 다르게 반응하는 것은 자연스럽다. 이러한 다양성을 체계적으로 기록하고 분석 가능한 단위로 저장한 것은 일상대화 연구에 중요한 시사점을 제공한다.

셋째, CANDOR와 같은 대규모 말뭉치는 자기보고식 심리 특성(예: 성격 등)과 실제 대화 상호작용 데이터를 결합함으로써, 개인차 변인이 실제 상호작용 방식(말하기의 양상, 상호작용적 조율 등)과 어떻게 연결되는지를 대규모로 검토할 수 있는 기반을 마련하였다. 이는 일상대화의 개인차를 설명하는 실증적 근거를 강화한 시도로 평가할 수 있다.

넷째, 비언어적 행동의 체계적 측정과 분석 방법이 정교해졌다. MAHNOB-HCI가 도입한 다중 센서 기반 접근(음성, 얼굴 표정, 시선, 생리신호 등)이나 ELEA의 소규모 상호작용 상황에서 성향(예: 성격, 지각된 리더십 등)과 비언어적 행동 양상을 연결하려는 분석은, 일상대화에서 중요한 비언어적 신호들을 정량화하고 비교 가능하게 만드는 틀을 제시하였다. 이는 언어 중심의 대화 분석을 넘어 진정한 멀티모달 대화 분석으로의 전환 가능성을 열었다.

그러나 이러한 기여에도 불구하고, 심리학 기반 멀티모달 말뭉치들이 '진정한 일상대화'를 포착하는 데는 구조적 한계가 존재한다.

첫째, 목적 지향적 설계의 문제다. 다수의 말뭉치는 특정 심리적 구인(감정, 성격, 리더십 등)을 측정·유도하기 위해 인위적으로 구성된 상호작용을 녹화하였다. 예컨대 SEMAINE의 감정 유발형 가상 에이전트(SAL 등)와의 상호작용은 감정 유도에는 효과적이지만, 친구나 가족 사이의 일상적 잡담과는 거리가 있다. Belfast의 감정 유도 상황 역시 특정 정서를 이끌어내기 위한 설정이었다. 그 결과, 이러한 자료들은 실제 일상대화의 핵심적 특성인 목적 없는 상호작용, 주제의 자유로운 전환, 예측 불가능한 전개를 온전히 반영하지 못한다.

둘째, 실험실 효과와 관찰자 효과다. 참여자들은 자신이 녹화되고 있다는 사실, 그리고 지금 이 상황이 '연구 참여'라는 사실을 알고 있다. 이는 감정 표현이나 자기 노출과 같은 민감한 행위를 억제하거나, 반대로 과장시키는 방식으로 행동을 왜곡할 수 있다. CANDOR가 비교적 자연스러운 화상 대화를 수집했다고 하더라도, 여전히 연구 설계 하에서 낯선 사람과 대화하는 조건이라는 점에서 일상적 맥락과는 차이가 있다.

셋째, 관계적, 시간적 맥락의 결여의 문제다. 현재의 말뭉치들은 SEMAINE의 5분, RECOLA의 15분, CANDOR의 30분 대화처럼 대부분 낯선 사람 간의 단발성 상호작용에 기반한다. 그러나 실제 일상대화의 많은 부분은 가족, 친구, 연인 등 지속적인 관계 속에서 이루어지며, 공유된 역사(shared history), 내부 농담(inside jokes), 암묵적 이해 등이 중요한 역할을 한다. 이러한 관계적 깊이와 시간적 연속성은 현재의 심리학적 말뭉치에서는 부족해 보인다.

넷째, 문화적 편향의 문제다. 기존 대규모 멀티모달 말뭉치 상당수는 서구(주로 북미·서유럽) 화자를 대상으로 구축되었으며, 이는 WEIRD (Western, Educated, Industrialized, Rich, Democratic) 표본 편향 문제와 직결된다(Henrich et al., 2010). 한국어 일상대화에서 핵심적인 상호작용 자원들, 예컨대 높임 표현의 미세한 선택, 간접적 거절 관행, 침묵의 상호작용적 의미, 정(情)과 눈치와 같은 문화 특수적 실천은 이들 말뭉치에서 거의 반영되지 않는다. 일본인 여성 화자의 표정을 체계적으로 기록한 JAFFE와 같은 자료가 존재하기는 하나, 이는 통제된 조건에서 표정만을 촬영한 이미지 위주 데이터로서 실제 대화 상호작용이나 문화적 맥락의 사회적 사용을 포착하지는 못한다.

다섯째, 생태학적 맥락의 부재다. 실제 일상대화는 구체적인 물리·사회 환경 속에서 벌어진다. 가정 내 가족 대화, 카페에서의 친구 간 잡담, 직장에서의 동료 간 일상적 말교대는 각각 다른 규범과 기대, 권력관계를 전제한다. 그러나 다수의 심리학적 말뭉치는 실험실, 통제된 회의 상황, 혹은 연구 설계된 온라인 대화 환경에서 수집된다. ELEA의 소규모 회의 상황이나 RECOLA의 협력 과제는 특정 맥락을 제공하지만, 여전히 인위적으로 설정된 상호작용이라는 점에서 생활 세계의 맥락과는 간극이 존재한다.

여섯째, 일상대화의 핵심 기능에 대한 축소다. 심리학 말뭉치들은 주로 정보 교환, 과제 해결, 감정 표현과 같이 비교적 '측정 가능한' 기능에 초점을 맞춘다. 그러나 Malinowski(1923)가 '교감적 대화(phatic communion)'라고 부른, 관계 유지와 유대 강화를 위한 상호작용("밥은 먹었어?", "오늘 날씨 좋네요"와 같은 예)은 일상적 상호작용의 중요한 기능임에도, 이러한 기능은 대부분의 기존 말뭉치에서 거의 포착되지 않는다.

일곱째, 멀티모달 행동의 문화적 변이 문제다. 시선 지속, 고개 끄덕임의 빈도와 타이밍, 침묵의 길이와 해석 가능성, 신체 접촉의 허용 범위 등은 문화마다 크게 다르다. 예를 들어 직접적인 시선 맞춤은 어떤 문화에서는 성실성과 개방성의 신호로 간주되지만, 다른 문화에서는 무례하거나 도전적인 제스처로 받아들여질 수 있다. 그러나 현재까지 구축된 다수의 심리학 기반 멀티모달 말뭉치는 이러한 문화적 변이를 다루지 못한다.

이러한 분석은 심리학 분야가 제공한 이론적 틀과 도구(연속적 감정 주석, 개인차-행동 연계 분석, 비언어 신호의 정량화)가 일상대화 연구에 결정적인 출발점을 제공했음을 인정하면서도, 실제 생활 세계에서의 장기적 관계, 문화특수적 상호작용 자원, 교감적 대화 기능까지 포괄하는 '일상대화 말뭉치'는 여전히 별도의 설계 관점을 요구한다는 점을 시사한다.

2.2.3. 언어학 분야: 언어 현상의 정밀한 기술에서 상호작용 이론으로

언어학 분야는 멀티모달 현상을 인간 의사소통의 본질적 특성으로 이해해왔다. 다른 분야가 멀티모달 데이터를 기술적 도전이나 심리적 현상으로 본 반면, 언어학은 이를 언어와 다른 기호 자원이 통합되어 의미를 생성하는 과정으로 접근했다(Tan, O'Halloran, & Wignell, 2020). 이러한 관점은 정밀한 전사 체계, 이론적으로 동기화된 주석 스키마, 그리고 문화적 맥락에 대한 깊은 고려로 이어졌다.

▬ 제스처 연구와 멀티모달 전사의 확립(1990년대-2000년대 초)

언어학 분야의 체계적인 멀티모달 연구는 제스처 연구에서 시작되었다. 1970년대부터 현장조사를 통해 제스처를 연구해온 결과물로서의 Adam Kendon(2004)은 제스처를 언어 연구의 정당한 대상으로 확립했다. Kendon의 핵심 주장은 제스처가 단순한 장식이나 부수적 현상이 아니라 발화의 필수적 구성 요소라는 것이었다.

Kendon이 제시한 켄돈의 연속체(Kendon's continuum)는 손 제스처와 언어의 관계를 연속체로 파악했다.

1. Gesticulation(발화제스처): 말과 함께 나타나는 자발적인 손동작.
2. Pantomimes(팬터마임): 말없이 특정 행동이나 이야기를 묘사하는 제스처.
3. Emblems(엠블럼): 특정 문화권 내에서 약속된 의미를 가지며, 직접적인 언어 번역이 가능한 제스처로서, 예를 들면 '최고'를 의미하는 엄지척이 엠블럼이다.
4. Sign Languages(수어): 독립적이고 완전한 문법 체계를 갖춘 언어.

이러한 연속체 개념은 언어와 손 제스처를 이분법적으로 구분하는 기존 관점을 넘어서, 멀티모달 의사소통의 통합적 이해를 가능하게 했다.

David McNeill의 성장점 이론(Growth Point Theory)은 제스처와 말의 통합에 대한 심리언어학적 설명을 제공했다. McNeill(1992, 2005)

은 사고의 최소 단위인 성장점(growth point)이 심상적(imagistic) 요소와 언어적(linguistic) 요소를 동시에 포함한다고 주장했다. 이 이론에 따르면 제스처와 말은 동일한 기저 표상에서 발생하며, 제스처는 말이 표현하지 못하는 공간적, 운동적 정보를 전달한다. 제스처와 말의 동기화는 의미 생성 과정의 창을 제공한다는 것이다.

이 시기 언어학자들은 멀티모달 데이터의 정밀한 전사 방법을 개발하는 데 주력했다. McNeill(1992)은 제스처구(gesture phrase)를 '준비(preparation), 핵심(stroke), 유지(hold), 복귀(retraction)'의 단계로 분석하는 체계를 확립했다. 특히 제스처 핵심 단계가 관련 어휘와 정확히 일치하는 말과 제스처의 동기화(speech-gesture synchrony)와 제스처와 말의 의미적 일관성(semantic coherence)을 분석하는 방법론을 제시했다.

말뭉치 언어학과 멀티모달 주석의 체계화(2000년대)

2000년대에 들어서면서 언어학계는 대규모 말뭉치 구축과 체계적 주석 방법론 개발에 집중했다. 이는 디지털 기술의 발전과 함께 가능해진 것으로, 특히 Max Planck Institute for Psycholinguistics가 개발한 ELAN(EUDICO Linguistic Annotator) 도구는 멀티모달 언어학 연구의 표준 도구가 되었다.

CID(Corpus of Interactional Data)(Bertrand et al., 2008)는 프랑스 언어학계의 멀티모달 연구 역량을 보여주는 대표적 사례다. Aix-Marseille 대학의 Laboratoire Parole et Langage에서 구축한 이 말뭉치는 8시간 분량의 프랑스어 자연적 대화를 포함한다. Bertrand et al.(2008: 106)은 CID의 목표를 "프랑스어의 자연적 대화에서 나타나는 운율, 통사, 담화, 제스처 간의 복잡한 관계를 규명하는 것"으로 설정했다.

CID의 주석 체계는 언어학적 정밀성을 보여준다. 음성학적 층위에서는 SAMPA를 사용한 음소 전사, 음절 경계, 억양구와 강세구 등의 운율구 경계, 피치 악센트와 경계 톤을 표시했다. 형태통사적 층위에서는 품사 태깅, 의존 문법 기반 통사 구조, 구문 단위와 절 경계를 분석했다. 담화-화용적 층위에서는 화행 분류, 주제-평언과 초점 등의 정보 구조, 담화 표지와 담화 관계를 주석했다. 비언어적 층위에서는 제스처 단위와 구, 표정 변화, 시선 방향과 상호 응시, 자세 변화를 기록했다.

CID의 혁신성은 이러한 다층적 주석이 단순히 병렬적으로 존재하는 것이 아니라, 상호 참조와 제약 관계를 통해 연결되어 있다는 점이다. 예를 들어, 운율구 경계는 통사 구조와 체계적 관계를 맺으며, 제스처 구는 정보 구조와 정렬된다.

이 시기 언어학계의 또 다른 중요한 기여는 대화 분석 전통과 멀티모달 분석의 결합이었다. Mondada(2007)는 멀티모달 자원이 순서 교대에서 하는 역할을 분석했으며, 특히 Jefferson 전사 체계를 멀티모달로 확장하여, 말차례 취하기에서 시선과 제스처의 역할, 수정 연속체(repair sequence)에서 나타나는 멀티모달 패턴을 체계적으로 분석했다. 이러한 접근법은 언어 중심의 대화 분석을 넘어서서 신체와 언어가 통합된 상호작용 분석으로 발전하는 계기가 되었다.

사회언어학적 다양성과 자연 데이터 수집(2010년대)

2010년대는 언어학계가 실험실을 벗어나 실제 언어 사용의 다양성을 대규모로 수집하기 시작한 시기다. 이는 사회언어학적 관심사와 말뭉치 언어학적 방법론이 결합된 결과였다.

FOLK(Forschungs- und Lehrkorpus Gesprochenes Deutsch)(Schmidt, 2014; 2016)는 이러한 흐름을 대표하는 프로젝트다. 2.1절에서 언급된 바와 같이 독일 IDS Mannheim의 Thomas Schmidt가 주도한 이 프로젝트는 독일어 구어의 모든 변이형을 포괄적으로 기록하는 참조 말뭉치를 목표로 했다. FOLK의 데이터 수집 전략은 상황적 다양성(사적 영역, 제도적 영역, 공적 영역), 지역적 다양성(북부, 중부, 남부 독일어), 사회적 다양성(연령, 교육 수준, 직업)을 체계적으로 추구했다.

Schmidt(2016)는 FOLK 구축에서 자연스러운 데이터 수집과 체계적인 말뭉치 설계 사이의 균형을 강조했다. FOLK의 멀티모달 확장은 점진적으로 이루어졌는데, 초기의 오디오 중심 수집에서 점차 비디오를 포함하게 되었다. 이는 제스처, 시선, 공간 배치 등이 독일어 대화 구조에 체계적으로 기여한다는 증거가 축적되면서 이루어진 변화였다.

CEJC(Koiso et al., 2018; 2022)는 아시아 언어권에서의 대규모 멀티모달 말뭉치 구축 사례다. 2.1절에서 언급된 바와 같이 일본 국립국어연구소(NINJAL)가 2016년부터 진행한 이 프로젝트는 일본어 일상대화의 균형잡힌 수집을 목표로 했다. CEJC의 혁신적인 수집 방법론은 개인 기반 수집과 특정 장면 수집을 결합했다.

Koiso et al.(2022)에 따르면, CEJC는 성별과 연령 면에서 균형 잡힌 성인 대화자들을 포함하고 있으며, 대화 형태, 장소, 활동, 대화 참여자 수 면에서 다양한 대화를 포함한다. CEJC의 멀티모달 분석은 향후 일본어 대화 구조와 비언어적 요소 간의 복잡한 관계를 밝히는 데 기여할 것으로 기대된다.

특히, 2023년에 Universal Dependencies(UD) 주석을 추가한 것은 언어학 패러다임의 핵심을 보여주는 예이다(Omura et al., 2023). 즉, 단순한 전사 텍스트에 만족하지 않고, 그 위에 이론 기반의 심층적인 통사 구조 분석을 층층이 쌓아올려 연구 잠재력을 극대화하는 것이다.

▬ 전산 사회언어학과 디지털 전환(2020년대)

2020년대 언어학계는 전통적 방법론과 전산 기법을 결합한 새로운 패러다임을 발전시키고 있다. Nguyen et al.(2016)이 "Computational Sociolinguistics: A Survey"에서 정립한 이 분야는 대규모 디지털 데이터를 활용하여 언어 변이와 변화를 연구한다.

GUM(Georgetown University Multilayer) corpus(Zeldes, 2017)는 교육과 연구를 결합한 혁신적 모델을 제시한다. Georgetown 대학의 Amir Zeldes가 2017년부터 주도한 이 프로젝트는 학부생과 대학원생이 직접 데이터 수집과 주석 작업에 참여하는 'corpus-building in the classroom' 접근법을 채택했다. GUM의 다층적 주석 체계는 현대 언어학 이론의 통합을 보여준다. Universal Dependencies 체계의 형태통사 층위, PropBank 스타일의 의미역, RST(Rhetorical Structure Theory)의 담화 관계, 주제성, 초점, 주어짐성 등의 정보구조, 명사구 유형과 참조 사슬의 개체 및 상호참조, 그리고 비디오 데이터가 있는 경우 제스처와 표정의 멀티모달 층위를 포함한다.

RUPEX(Russian Pear Chats and Stories)(Kibrik & Fedorova, 2018)는 러시아어 멀티모달 담화 연구의 새로운 지평을 열었다.

Moscow State University의 연구진은 'Pear Story' 재화(retelling) 과제를 사용하여 담화를 수집했다. 특히 주목할 점은 시선 추적 장비를 사용하여 화자와 청자의 시선 패턴을 정밀하게 기록했다는 것이다. 연구진은 러시아어에서 시선과 제스처가 지시 표현(referential expressions)의 선택과 체계적으로 연관된다는 점을 밝혀냈다.

▬ 멀티모달 일상대화 말뭉치 관점에서의 평가

언어학 분야의 멀티모달 말뭉치들은 의사소통의 다층적 특성을 이해하는 데 중요한 이론적, 방법론적 기여를 했다. 특히 정밀한 전사 체계의 개발, 다층적 주석 방법론의 확립, 언어특수적 멀티모달 패턴의 발견 등은 일상대화 연구에 필수적인 도구를 제공했다.

첫째, 언어학적 말뭉치들은 멀티모달 현상을 언어 체계의 일부로 통합하는 이론적 틀을 제공했다. Kendon(1982)이 정의하고 McNeill(1992)이 켄돈의 연속체로 명명한 연속체 개념과 McNeill의 성장점 이론은 제스처와 언어가 별개의 채널이 아니라 통합된 의미 생성 체계임을 보여주었다. 이는 일상대화에서 나타나는 복잡한 멀티모달 현상을 이해하는 기반이 되었다.

둘째, 정밀한 전사와 주석 방법론을 개발했다. CID의 다층적 주석 체계나 Max Planck Institute for Psycholinguistics에서 개발한 ELAN 도구의 개발은 멀티모달 데이터의 체계적 분석을 가능하게 했다. 특히 시간 정렬을 중심으로 한 주석 방법은 말과 비언어적 행동의 미세한 조율을 포착할 수 있게 했다.

셋째, 언어와 문화의 관계를 멀티모달 차원에서 탐구할 수 있는 가능성을 시사한다. CEJC와 RUPEX는 멀티모달 행위가 개별언어적 특수성을 밝힐 수 있을 것으로 기대된다. 이는 한국어 멀티모달 말뭉치 구축에 중요한 시사점을 제공한다.

넷째, 자연성과 체계성의 균형을 추구했다. FOLK나 CEJC는 실제 일상 상황에서의 데이터 수집을 추구하면서도 비교 가능한 체계적 구조를 유지했다. 이는 생태학적 타당성과 과학적 엄밀성을 동시에 추구하는 모델을 제시했다.

이러한 언어학 말뭉치들의 성과는 한국어 멀티모달 일상대화 말뭉치 구축에 중요한 방향성을 제시한다. 먼저 한국어의 언어문화적 특수성을 반영한 체계적인 데이터 수집 설계가 필요하다. 한국어는 경어법과 호칭 체계가 발달하여 화자 간의 사회적 관계가 언어 사용에 영향을 미친다. 따라서 FOLK가 다양한 상황별 수집을 설계한 것처럼, 한국어 말뭉치는 화자 간의 나이 차이, 사회적 지위, 친밀도, 성별 등을 체계적으로 변인화하여 수집해야 한다.

둘째, CID의 다층적 주석 체계를 참고하되, 한국어 특유의 현상을 포착할 수 있는 주석 층위를 추가해야 한다. 특히 한국어는 문장 종결 형태가 다양하고 화자의 태도와 청자에 대한 배려를 나타내는 언어적 장치가 풍부하다. 이러한 언어적 특징이 시선, 고개 움직임, 몸의 방향 등 비언어적 행동과 어떻게 조응하는지를 체계적으로 주석할 수 있는 체계가 필요하다.

셋째, CEJC가 일본 사회의 일상을 포괄적으로 수집한 것처럼, 한국 사회의 특수한 상호작용 맥락을 반영해야 한다. 한국은 회식 문화, 카페 문화, 온라인 커뮤니티 문화 등 독특한 사회적 상호작용 공간이 있다. 또한 최근의 비대면 소통 증가를 고려하여, 화상 회의나 라이브 스트리밍 같은 디지털 상호작용도 포함하는 것이 현대 한국어 사용의 실제를 반영하는 데 필수적이다.

마지막으로, RUPEX의 실험적 접근과 FOLK의 자연적 수집을 결합하는 혼합 방법론도 고려해볼 만하다. 예를 들어, 특정 과제를 통해 유도된 대화와 완전히 자발적인 대화를 모두 수집함으로써, 한국어 멀티모달 행동의 체계적 패턴과 자연스러운 변이를 모두 포착할 수 있을 것이다. 특히 한국어의 높임법 전환, 코드 전환, 외래어 사용 등이 일어나는 맥락과 그에 수반되는 비언어적 행동을 체계적으로 연구할 수 있는 가능성도 존재한다.

2.2.4. 융합 연구: 단일 학문 → 학제간 협력 → 통합 플랫폼

멀티모달 말뭉치 연구의 발전 과정에서 가장 주목할 만한 현상 중 하나는 분야 간 경계의 점진적 해체와 진정한 학제간 연구의 출현이다. 이러한 융합은 단순한 협력을 넘어 새로운 연구 분야와 방법론의 창출로 이어지고 있다.

▬ 병렬적 연구 시대(1990년대-2000년대 초)

초기 멀티모달 연구는 각 분야가 독립적으로 수행하되 필요시 다른 분야의 성과를 참조하는 수준에 머물렀다. 이 시기의 특징적 패턴은 다음과 같았다.

전산학자들은 기술 개발에 집중한 후 심리학 문헌에서 이론적 정당화를 찾았다. 예를 들어, BANCA Database(Bailly-Baillière et al., 2003)의 개발자들은 생체인식 시스템 구축 후 Ekman & Friesen(1978)의 FACS와 관련 감정이론을 인용하여 감정 분류 체계를 정당화했다. 그러나 실제 시스템 설계는 기술적 제약과 계산 효율성에 의해 주도되었으며, 심리학적 타당성은 사후적 고려사항이었다.

심리학자들은 실험을 설계하고 수행한 후 데이터 분석을 위해 전산 도구를 활용했다. RU-FACS Database는 Frank, Movellan, Bartlett, Littleworth가 UC San Diego에서 개발한 자발적 표정 데이터베이스로, 심리학자들이 FACS 코딩을 수행한 후 전산학자들이 자동화 알고리즘을 개발하는 순차적 협력의 예였다(Bartlett et al., 2006). 두 분야 간 실질적 통합보다는 도구적 활용에 머물렀다.

언어학자들은 이론적 분석을 수행한 후 검증을 위해 말뭉치를 구축했다. MUMIN Nordic Gesture Coding Scheme(Allwood et al., 2007)은 북유럽 언어학자들이 제스처 분류 체계를 먼저 확립한 후, 이를 실제 데이터에 적용하는 방식으로 개발되었다. 기술적 도구는 주로 데이터 관리를 위해 사용되었을 뿐, 분석의 핵심은 여전히 인간 연구자의 해석에 의존했다.

이러한 병렬적 접근의 한계는 D64 Corpus(Oertel et al., 2013)의 사례에서 드러났다. 이 말뭉치는 언어학자가 설계하고, 공학자가 수집 시스템을 구축하고, 심리학자가 감정 주석을 수행하는 방식으로 진행되었으나, 각 분야의 관점이 통합되지 못해 일관성 있는 분석 틀을 만들어내지 못했다. 멀티모달 현상의 통합적 이해를 위해서는 분야 간 경계를 넘는 진정한 융합이 필요했다.

학제간 협력의 태동(2000년대 후반-2010년대)

2000년대 후반부터 실질적인 학제간 협력이 시작되었다. 이는 단순히 다른 분야의 도구나 이론을 차용하는 것을 넘어, 프로젝트 설계 단계부터 여러 분야의 전문가가 함께 참여하는 형태로 발전했다.

SSPNet(Social Signal Processing Network)(2009-2014)은 이러한 변화를 대표하는 프로젝트였다. EU FP7 프로그램의 지원을 받은 이 네트워크는 11개국의 컴퓨터 과학자, 심리학자, 사회학자, 언어학자들을 연결했다. SSPNet의 핵심 혁신은 분야 간 공통 언어와 개념 체계를 확립하려는 시도였으며, 사회적 신호 처리(Social Signal Processing)라는 새로운 연구 분야를 정립하는 데 기여했다(Pantic et al., 2011).

학제간 협력의 성과는 각 분야의 핵심 개념과 방법론을 유기적으로 통합하는 형태로 나타났다. Hung & Gatica-Perez(2010)는 소규모 집단에서 응집력(cohesion)을 추정하기 위해 시청각적 비언어 행동을 분석하는 연구를 수행했으며, 심리학적 개념과 전산학적 방법론을 결합했다. Jayagopi et al.(2009)의 지배성(dominance) 모델링 연구 역시 비언어적 활동 단서를 통해 그룹 대화에서의 사회적 역학을 자동으로 분석하는 학제간 접근을 보여주었다.

AVEC(Audio-Visual Emotion Challenge) 시리즈(2011-현재)는 학제간 협력의 또 다른 성공 사례다. Schuller et al.(2012)은 AVEC 2012에서 "연속적인 시청각 감정 챌린지"를 통해 기술적 성능 경쟁을 넘어 실제 임상적 문제 해결을 목표로 설정했다. 각 연도별 챌린지는 점차 복잡한 문제를 다루었다.

- AVEC 2013-2014: Depression Recognition Sub-Challenge는 임상 심리학자들과 협력하여 Beck Depression Inventory를 기반으로 한 우울증 심각도 평가 과제를 설계했다. Valstar et al.(2014)은 이 챌린지를 통해 자동 분석 시스템이 임상적으로 의미 있는 수준의 성능에 도달할 수 있음을 보여주었다.
- AVEC 2016-2017: 우울증과 정서 인식에 초점을 맞춘 연구가 계속되었으며, Ringeval et al.(2017)은 실생활 우울증 감지와 정서 인식을 위한 통합적 접근을 제시했다.

▬ 통합 플랫폼과 새로운 분야의 출현(2020년대)

2020년대에 들어서면서 학제간 연구는 단순한 협력을 넘어 새로운 통합 분야의 창출로 이어지고 있다. 이는 방법론적 통합, 이론적 융합, 그리고 공동의 연구 인프라 구축을 통해 실현되고 있다.

OpenFace(Baltrusaitis et al., 2018)와 OpenPose(Cao et al., 2017; 2019) 같은 오픈소스 도구의 등장은 학제간 연구의 기술적 장벽을 크게 낮췄다. 이러한 도구들은 심리학의 FACS 이론, 컴퓨터 비전의 딥러닝 기술, 언어학의 비언어 행동 분류 체계를 통합하여 구현되었다.

Multimodal Sentiment Analysis Challenge(MuSe) 2020-2024는 감정 컴퓨팅 분야의 성숙을 보여준다. Stappen et al.(2021)이 조직한 이 챌린지는 MuSe-CaR Dataset을 통해 자동차 내 감정 인식이라는 실용적 문제를 다뤘다. 이 데이터셋은 다음과 같은 학제간 통합을 보여준다.

- 자동차 공학자들이 정의한 운전자 상태 분류 체계

- 심리학자들이 설계한 연속적 감정 주석 프로토콜
- 언어학자들이 분석한 운전 중 발화 특성
- 전산학자들이 개발한 실시간 처리 알고리즘

CANDOR 말뭉치는 대규모 통합 연구의 정점을 보여준다. 2.1절에서 상세히 다룬 이 말뭉치는 처음부터 "대화의 학제적 과학(interdisciplinary science of conversation)"을 표방했다. 연구진에는 데이터 과학, 사회심리학, 전산 사회과학 등 다양한 배경의 연구자들이 참여했다.

CANDOR의 연구 설계는 각 분야의 핵심 질문들을 통합했다. 언어학적 질문(대화의 구조는 어떻게 조직되는가?), 심리학적 질문(대화가 참여자의 기분과 인상 형성에 어떤 영향을 미치는가?), 사회학적 질문(사회적 정체성이 대화 패턴에 어떻게 반영되는가?), 전산학적 질문(대화의 품질과 결과를 자동으로 예측할 수 있는가?)을 하나의 데이터셋에서 동시에 탐구할 수 있도록 설계되었다.

새로운 융합 분야의 출현도 주목할 만하다. 감정 컴퓨팅(Affective Computing)은 MIT Media Lab의 Rosalind Picard가 개척한 이후 독립적인 학회(ACII)와 저널을 가진 성숙한 분야로 발전했다.

전산 사회과학(Computational Social Science)의 발전도 중요한 사례다. Lazer et al.(2020)이 Science에 발표한 리뷰는 이 분야가 어떻게 사회과학 이론과 계산 방법론을 통합하여 새로운 연구 패러다임을 창출했는지 보여준다.

방법론적 혁신도 융합 연구의 중요한 성과다. Adolphs & Carter(2013)의 Spoken Corpus Linguistics: From Monomodal to Multimodal은

질적-양적 방법론을 통합하는 체계적 접근을 제시했다. 이들은 Nottingham Multi-Modal Corpus(NMMC)를 통해 대규모 정량 분석과 심층 질적 분석을 순환적으로 결합하는 방법을 시연했다.

▬ 멀티모달 일상대화 말뭉치 관점에서의 평가

융합 연구의 발전은 멀티모달 일상대화 연구에 중요한 기여를 했다. 특히 단일 분야의 한계를 극복하고 현상의 복잡성을 포착할 수 있는 통합적 접근법을 제공했다. 첫째, 다층적 분석 틀의 개발이다. SSPNet과 AVEC의 사례는 기술적 성능과 이론적 타당성을 동시에 추구하는 평가 체계를 확립했다. 이는 일상대화의 복잡성을 단일 차원으로 환원하지 않고 다각도로 이해할 수 있게 했다.

둘째, 실용적 문제 해결과 이론적 탐구의 결합이다. MuSe-CaR 같은 프로젝트들은 실제 사회적 필요에 대응하면서도 학술적 엄밀성을 유지했다. 이는 일상대화 연구가 단순한 학술 활동을 넘어 사회적 가치를 창출할 수 있음을 보여주었다.

셋째, 기술적 민주화다. OpenFace, OpenPose 같은 오픈소스 도구들은 고급 분석 기법을 모든 연구자가 활용할 수 있게 했다. 이는 대규모 일상대화 말뭉치 구축과 분석의 가능성을 크게 확대했다.

그러나 융합 연구도 일상대화 말뭉치 구축에 있어 몇 가지 한계를 보인다. 첫째, 학제간 균형의 문제다. 많은 융합 프로젝트에서 여전히 전산학적 관점이 지배적이며, 인문사회과학적 관점이 충분히 통합되지 못하는 경우가 많다.

둘째, 복잡성과 해석가능성의 딜레마다. 융합 연구가 만들어내는 복잡한 모델과 분석 결과는 때로 해석하기 어려워, 일상대화의 직관적 이해를 오히려 방해할 수 있다. 특히 기계학습 모델의 경우, 높은 예측 성능에도 불구하고 그 내부 작동 원리나 예측 근거를 명확히 설명하기 어려운 '블랙박스' 문제가 지속적으로 제기되고 있다.

2.2.5. 한국어 멀티모달 말뭉치 구축을 위한 시사점

지금까지 살펴본 각 연구 분야의 진화 과정과 융합 연구의 발전은 한국어 멀티모달 일상대화 말뭉치 구축에 중요한 시사점을 제공한다.

첫째, 각 분야의 강점을 선택적으로 수용해야 한다. 전산학의 대규모 자동화 기술은 한국어 음성 인식과 화자 분할에서 이미 상당한 성과를 보이고 있다. 심리학의 생태학적 타당성 추구는 실험실 환경을 벗어난 자연스러운 대화 수집의 중요성을 일깨워준다. 언어학의 정밀한 주석 체계는 한국어의 특수한 현상들, 예를 들어 높임법의 미묘한 변이나 종결어미의 다양성을 체계적으로 포착하는 데 필수적이다.

둘째, 현실적으로는 단계적 접근이 불가피하다. 처음부터 모든 분야를 아우르는 대규모 프로젝트를 추진하기보다는, 핵심 분야를 중심으로 시작하여 점진적으로 확장하는 전략이 효과적이다. FOLK가 초기에는 오디오 중심으로 시작하여 나중에 비디오를 추가한 사례나, CEJC가 현재는 언어학적 전사에 집중하고 있지만 향후 멀티모달 전사로 확장할 수 있는 기반을 갖추고 있는 사례는 특히 주목할 만하다. Koiso et al.(2022)은 CEJC의 비디오 데이터가 이미 수집되어 있어, 향후 제스처, 시선, 자세 등의 비언어적 요소를 주석하는 확장이 가능한 점을 지적했다. GUM이 학생 참여를 통해 지속가능한 구축 모델을 만든 사례도 참고할 만하다. 특히 대학 연구실 수준에서 시작할 수 있는 소규모 파일럿 프로젝트를 통해 방법론을 검증하고, 이를 바탕으로 점차 규모를 확대하는 것이 현실적이다.

셋째, 기존 인프라와 도구의 적극적 활용이 필요하다. OpenPose, MediaPose, MMPose 같은 오픈소스 도구들은 이미 상당한 수준의 멀티모달 분석 기능을 제공한다. 이러한 도구들을 한국어 데이터에 맞게 파인튜닝하는 작업과 아울러, ELAN과 같은 주석 도구도 이미 한국어를 지원하므로, 처음부터 새로운 도구를 개발하기보다는 기존 도구를 활용하고 필요한 부분만 확장하는 것이 효율적이다.

넷째, 데이터 수집의 법적·윤리적 제약을 고려해야 한다. 개인정보보호법을 감안할 때 얼굴이 나오는 영상 데이터의 수집과 공개에 많은 제약이 있다. CANDOR처럼 온라인 환경에서 수집하는 것도 하나의 대안이 될 수 있으나, 이 경우 대면 상호작용의 중요한 특성들을 놓칠 수 있다. 현실적으로는 CEJC에서처럼 참가자의 명시적 동의를 받아 제한적으로 공개하거나, 얼굴 부분을 자동으로 블러 처리하는 등의 기술적 해결책을 모색해야 한다.

다섯째, 지속가능성을 위한 제도적 기반이 필요하다. 대규모 말뭉치 구축은 일회성 프로젝트로 끝날 수 없으며, 지속적인 유지보수와 확장이 필요하다. 국립국어원이 구축한 말뭉치들이 꾸준히 업데이트되고 있는 것은 좋은 사례이지만, 멀티모달 데이터의 경우 더 많은 저장 공간과 처리 능력이 필요하다. 장기적인 인프라 투자가 필요하며, 이를 위한 안정적인 재원 확보 방안을 모색해야 한다.

여섯째, 한국어의 특수성을 반영하는 주석 체계 개발이 시급하다. 기존의 서구 중심 주석 체계를 그대로 적용하기보다는, 한국어 대화에서 중요한 요소들을 포착할 수 있는 확장이 필요하다. 예를 들어, 한글 처리와 멀티모달 범주 사용 등은 별도의 주석 카테고리가 필요할 수 있다.

일곱째, 국제적 호환성과 한국적 특수성의 균형을 추구해야 한다. CLARIN이나 ISO 표준을 따르되, 한국어 특유의 현상을 추가로 기록할 수 있는 확장 가능한 구조를 설계해야 한다. 이는 향후 국제적 비교 연구를 가능하게 하면서도 한국어 연구의 특수성을 보장할 것이다. 예를 들어, MUMIN 코딩 체계가 북유럽 언어의 특성을 반영하여 확장된 것처럼, 한국어를 위한 확장 모듈을 개발할 수 있다.

마지막으로, 작은 성공 사례의 축적이 중요하다. 점진적 확장 전략(progressive expansion strategy)으로 거대한 프로젝트를 한 번에 추진하기보다는, 특정 상황(예: 가족 식사 대화, 친구 간 전화 통화 등)에 초점을 맞춘 소규모 말뭉치를 여러 개 구축하여 방법론을 검증하고 개선해 나가는 것이 현실적이다. 이러한 소규모 말뭉치들이 축적되면 결국 통합하여 대규모 말뭉치를 구성할 수 있을 것이다.

2.3. 지역적 연구 동향

멀티모달 말뭉치 연구는 각 지역의 언어적, 문화적, 기술적 특성과 연구 전통을 반영하며 차별화된 발전 양상을 보여왔다. 본 절에서는 유럽, 북미, 아시아, 그리고 한국의 연구 동향을 분석하여 각 지역이 추구하는 가치와 접근 방식의 차이를 규명하고, 이를 통해 한국어 멀티모달 말뭉치 구축에 대한 시사점을 도출하고자 한다.

2.3.1. 유럽: CLARIN 인프라 중심의 표준화와 보존 전략

유럽의 멀티모달 말뭉치 연구는 무엇보다 언어 자원의 장기 보존과 표준화를 중시하는 특징을 보인다. 이는 유럽연합의 다언어 정책과 디지털 인문학에 대한 강한 정책적 의지가 반영된 결과이다.

▬ CLARIN 인프라와 표준화 노력

2008년 시작된 CLARIN(Common Language Resources and Technology Infrastructure) 프로젝트는 유럽 멀티모달 말뭉치 연구의 근간을 이룬다. Hinrichs & Krauwer(2014)는 CLARIN의 핵심 철학을 '언어 자원의 지속가능한 개발과 접근성 보장'으로 설명한다. 이 프로젝트는 단순한 데이터 수집을 넘어 메타데이터 표준화, 상호운용성, 장기 보존이라는 세 가지 핵심 원칙을 확립했다.

CLARIN의 Component MetaData Infrastructure(CMDI)는 멀티모달 자원을 위한 유연하고 확장 가능한 메타데이터 프레임워크를 제공한다. Broeder et al.(2012)은 'CMDI가 서로 다른 연구 커뮤니티의 요구를 수용하면서도 상호운용성을 보장하는 핵심 역할을 한다'고 평가했다. 이러한 표준화 노력은 현재 20개국 이상이 참여하는 범유럽 네트워크로 발전했으며, 수백 개의 언어 자원이 통합된 플랫폼을 통해 접근 가능하다.

다언어성과 문화적 다양성 추구

유럽에서 구축한 멀티모달 말뭉치의 또 다른 특징은 소수 언어와 방언에 대한 적극적 관심이다. 독일의 FOLK나 Nordic Dialect Corpus(스칸디나비아 언어)처럼 각국이 자국 언어의 다양성을 체계적으로 기록하려는 노력이 두드러진다.

Multi-CAST 프로젝트는 이러한 접근의 정점을 보여준다. 이 프로젝트는 아르메니아어, 일본어 등 언어학적으로 다양한 언어들의 멀티모달 현상을 비교 연구했다. Seifart et al.(2018)은 이 프로젝트가 언어 보편성과 특수성을 동시에 탐구하는 패러다임을 제시했다고 평가한다. 각 언어의 제스처 체계, 상호작용 패턴, 문화적 소통 방식을 정밀하게 기록함으로써, 언어적 다양성이 멀티모달 의사소통에 미치는 영향을 체계적으로 분석했다.

윤리적 프레임워크와 개인정보 보호

EU의 GDPR(General Data Protection Regulation) 시행 이후, 유럽의 멀티모달 말뭉치 연구는 개인정보 보호와 연구 윤리에 특별한 주의를 기울이고 있다. GDPR은 2018년부터 적용되어 개인 데이터 처리에 대한 엄격한 규제를 도입했으며, 이는 언어 자원 수집에서 동의, 최소화, 투명성 같은 원칙을 강조한다. CLARIN의 Legal and Ethical Issues Committee(CLIC)는 이러한 맥락에서 언어 자원의 법적 및 윤리적 기준을 개발하고 있으며, 데이터 처리 원칙에서 명시적 동의를 핵심으로 제시한다. Kamocki et al.(2018)은 GDPR 체제 하에서 언어 데이터를 위한 데이터 관리 계획의 필요성을 제시하며, 개인정보 보호와 연구 목적 간의 균형을 모색한다. 이러한 접근은 익명화 기술, 제한적 접근 정책, 명시적 동의 절차 등을 통해 구현되고 있다. Kelli et al.(2018)은 CLARIN의 오픈 사이언스 정책 이행 맥락에서 언어 자원 관리 체계의 변화 필요성을 분석한다.

━ 일상대화 말뭉치 관점에서의 평가

유럽의 접근법은 일상대화 말뭉치 구축에 중요한 시사점을 제공한다. CLARIN의 표준화 노력은 장기 보존과 상호운용성을 보장하지만, 동시에 엄격한 메타데이터 요구사항과 윤리적 제약으로 인해 자연스러운 일상대화 수집에 제약을 가할 수 있다. FOLK나 CID 같은 말뭉치가 보여주는 것처럼, 유럽은 통제된 자연성(controlled naturalness)을 추구하는 경향이 있어, 진정한 일상적 상호작용과는 거리가 있을 수 있다. 예를 들어, 윤리적 동의 절차로 인해 참여자 행동이 영향을 받을 수 있다. 이러한 제약은 멀티모달 데이터의 문화적 맥락을 포착하는 데 문제를 제기하지만, 장기적으로 데이터의 신뢰성을 높인다.

2.3.2. 북미: 대규모 데이터와 자동화 기술 선도

북미, 특히 미국의 멀티모달 말뭉치 연구는 규모의 확장성과 기술적 혁신을 추구하는 특징을 보인다. 이는 실리콘밸리의 기술 기업들과 대학 연구소 간의 긴밀한 협력, 그리고 국방부와 NSF의 대규모 연구비 지원이 만들어낸 독특한 생태계의 결과이다.

▬ 기술 기업과 학계의 협력 생태계

구글, 메타, 아마존과 같은 기술 기업들은 자사의 AI 서비스 개발을 위해 대규모 멀티모달 데이터를 필요로 했고, 이는 학계와의 새로운 협력 모델을 만들어냈다. Google의 AudioSet(Gemmeke et al., 2017)은 이러한 협력의 대표 사례다. YouTube 비디오로부터 추출한 200만 개의 10초 클립으로 구성된 이 데이터셋은 전통적인 학술 연구로는 불가능한 규모를 달성했다. Gemmeke et al.(2017)은 AudioSet이 오디오 이벤트 인식 분야를 근본적으로 바꾸었다고 평가한다. 특히 웹 크롤링과 자동 레이블링을 통한 대규모 약지도 학습(weakly supervised learning) 접근법은 이후 멀티모달 연구의 중요한 방법론이 되었다.

CANDOR 말뭉치도 이러한 기업-학계 협력의 산물이다. BetterUp이라는 기업의 플랫폼을 활용하여 1,656개의 비디오 대화를 수집한 이 프로젝트는 전통적인 대학 연구실로는 달성하기 어려운 규모와 자동화 수준을 보여준다.

▬ 국방 및 보안 분야의 영향

미국 국방부의 DARPA(Defense Advanced Research Projects Agency)는 멀티모달 말뭉치 연구에 중요한 영향을 미쳤다. 특히 1990년대부터 추진된 다양한 음성 인식과 기계 번역 프로젝트들은 대규모 데이터 수집과 평가 방법론의 기초를 마련했다. 예를 들어, 1990년대 초반의 Spoken Language Systems(SLS) 프로그램은 대규모 음성 코퍼스를 활용한 통계적 모델링을 촉진했으며, TIMIT 코퍼스(Juang & Rabiner, 2006)는 음성-음소 연속 말뭉치로서 음향 모델 훈련의 표준 데이터셋으로 자리 잡았다. 이러한 초기 노력은 멀티모달 데이터의 자동 처리 기술 발전에 핵심적인 역할을 했다.

GALE(Global Autonomous Language Exploitation) 프로그램(2005-2010)은 아랍어, 중국어 등의 멀티모달 방송 뉴스 데이터를 대규모로 수집했다. 이 프로그램은 Phase 1부터 Phase 5까지 점진적으로 발진하며 자동 음성 인식, 기계 번역, 정보 증류(distillation)를 통합한 시스템을 개발했다. Olive et al.(2011)은 GALE이 실시간 다언어 정보 처리의 가능성을 입증했다고 평가한다. 이 프로그램에서 개발된 자동 음성 인식, 기계 번역, 화자 분할 기술들은 이후 상용 서비스의 기반이 되었으며, 특히 정보 증류 컴포넌트는 복잡한 멀티모달 소스에서 의미 있는 지식을 추출하는 방법론을 정립했다.

최근의 IARPA(Intelligence Advanced Research Projects Activity) BETTER 프로그램은 정보 추출을 위한 멀티모달 이해 기술 개발을 목표로 한다. 이는 다언어 소스에서 복잡한 정보를 자동으로 추출하는 시스템 개발을 추구하며, 세밀한 의미 추출(fine-grained semantic extraction)을 통해 분석가의 정보 발견 주기를 단축한다. 이러한 접근은 텍스트 중심이지만, 음성 및 시각 요소를 통합한 확장 가능성을 제시하며, 보안 분야에서의 실시간 멀티모달 분석에 기여한다.

▬ 오픈소스 문화와 도구 생태계

북미의 또 다른 특징은 강력한 오픈소스 문화다. OpenPose(Cao et al., 2019), MediaPipe(Lugaresi et al., 2019), Whisper(Radford et al., 2023) 등 현재 멀티모달 연구에서 표준적으로 사용되는 도구들 대부

분이 북미에서 개발되었다. 예를 들어, OpenPose는 부분 친화 필드(Part Affinity Fields)를 활용한 실시간 다인 2D 자세 추정으로 컴퓨터 비전 분야의 멀티모달 분석을 혁신했으며, MediaPipe는 인식 파이프라인 구축 프레임워크로서 모바일 기기에서의 실시간 처리 효율성을 높였다. Whisper는 대규모 약지도 학습(weakly supervised learning)을 통해 강건한 음성 인식을 달성하여 음성-텍스트 통합에 기여했다.

Hugging Face는 이러한 오픈소스 문화의 정점을 보여준다. 프랑스에서 시작되었지만 현재는 미국에 본사를 둔 이 회사는 'AI 민주화'를 표방하며 수만 개의 멀티모달 모델과 데이터셋을 무료로 제공한다. Wolf et al.(2020)은 Hugging Face가 NLP와 멀티모달 연구의 진입 장벽을 낮췄다고 평가한다. 이 플랫폼은 Transformers 라이브러리를 통해 사전 훈련된 모델의 공유와 미세 조정을 용이하게 하며, 최근 멀티모달 영역으로 확장되어 비전-언어 모델의 접근성을 높이고 있다.

평가 중심 문화와 챌린지 시스템

북미 연구 문화의 독특한 특징 중 하나는 경쟁적 평가(competitive evaluation)를 통한 기술 발전 추구다. NIST의 Speaker Recognition Evaluation, TRECVID Video Retrieval Evaluation 등은 수십 년간 지속되어 왔다. NIST SRE는 화자 인식 시스템의 성능을 벤치마킹하며 데이터셋과 평가 지표의 표준화를 이끌었고, TRECVID는 비디오 검색 및 콘텐츠 이해 기술의 발전을 촉진했다.

멀티모달 분야에서는 AVEC(Audio-Visual Emotion Challenge), ActivityNet Challenge, VQA Challenge 등이 대표적이다. 이러한 챌

린지들은 표준화된 데이터셋과 평가 지표를 제공함으로써 전 세계 연구자들의 참여를 유도하고, 기술 발전을 가속화하는 역할을 한다. 예를 들어, AVEC은 음성-시각 감정 인식을 위한 멀티모달 데이터셋을 통해 우울증 탐지와 같은 응용을 탐구하며(Ringeval et al., 2019), ActivityNet은 대규모 비디오 벤치마크로 인간 행동 이해를 위한 시간적 행동 로컬라이제이션을 강조한다(Caba Heilbron et al., 2015). VQA는 시각 질문 응답을 통해 이미지와 언어의 통합 이해를 평가하며, 컴퓨터 비전과 자연어 처리의 융합을 촉진한다(Antol et al., 2015). 이러한 시스템은 연구 커뮤니티의 협력을 강화하고, 멀티모달 모델의 견고성을 높이는 데 기여한다.

▬ 일상대화 말뭉치 관점에서의 평가

북미의 대규모 자동화 접근법은 일상대화 말뭉치 구축에 양면적 의미를 갖는다. CANDOR나 AudioSet 같은 대규모 데이터셋은 일상대화의 통계적 패턴을 파악하는 데 유리하지만, 자동화 과정에서 미묘한 상호작용의 뉘앙스가 손실될 위험이 있다. 예를 들어, CANDOR는 수백만 개의 말차례 경계를 포함하지만 수동 코딩의 비현실성으로 인해 자동 알고리즘에 의존하며, 이는 세밀한 대화 구조를 놓칠 수 있다. AudioSet 역시 YouTube 기반 클립으로 대규모 약지도 학습을 활용하지만, 자연스러운 대화의 맥락적 깊이를 충분히 포착하지 못한다.

특히 온라인 환경에서 수집된 데이터는 면대면 일상대화의 핵심적 특성들(공간적 배치, 물리적 접촉, 공유된 물리적 환경 등)을 놓칠 수 밖에 없다. 이러한 한계는 멀티모달 코퍼스의 주석 과정에서 해석적 전사와 주석 깊이의 변동성으로 인해 더욱 두드러지며, 대규모 코퍼스 구축 시 노동 집약적인 작업을 요구한다(Knight, 2011).

또한 챌린지 중심 문화는 기술적 성능 향상에는 기여하지만, 일상대화의 복잡한 사회적 맥락을 단순화할 위험이 있다. 경쟁적 평가 시스템은 벤치마킹과 표준화를 통해 모델 성능의 객관적 측정을 가능케 하지만, 최근의 멀티모달 대화 벤치마크 연구들은 현재의 평가 방식이 실제 대화의 복잡성을 충분히 반영하지 못한다는 한계를 지적한다(Li et al., 2024). 특히 대화의 상호의존성, 다중 채널 정보 전달, 맥락적 역할 협상과 같은 미세한 대화 구조를 포착하는 데 어려움이 있으며(Chang et al., 2025; Sirdeshmukh et al., 2025), 이는 멀티모달 분석의 실증적 접근을 제한할 수 있다. 이러한 접근은 기술 발전을 가속화하나, 자연스러운 대화의 전체적 복잡성을 포괄적으로 반영하지 못할 가능성이 있다.

2.3.3. 아시아: 언어적 다양성과 문화적 맥락 반영

아시아 지역의 멀티모달 말뭉치 연구는 언어적 다양성과 문화적 특수성을 강조하는 독특한 발전 양상을 보인다. 특히 중국어, 일본어, 한국어 등 비인도유럽어족 언어들의 특성을 반영한 접근법이 두드러진다.

▬ 일본: 정밀한 상호작용 분석 전통

일본의 멀티모달 말뭉치 연구는 인간-기계 상호작용(HCI)과 로봇 공학의 오랜 전통을 기반으로 발전해왔다. 특히 미세한 비언어적 신호에 대한 정밀한 분석이 특징적이다.

ATR(Advanced Telecommunications Research Institute)은 1980년대부터 일본어 대화의 멀티모달 특성을 연구해왔다. CHATR

(CHATtering Robot) 프로젝트(Nishida, 2007)는 일본어 대화에서 나타나는 고개 끄덕임(相槌), 시선 처리, 침묵의 의미 등을 체계적으로 분석했다. Nishida(2007)는 일본어 대화의 미묘한 비언어적 신호들이 서구 이론으로는 충분히 설명되지 않는다고 지적했다. 이러한 분석은 HCI 시스템에서 문화적 적합성을 높이는 데 기여하며, 로봇의 대화 모델링에서 비언어적 단서의 통합을 강조한다.

CEJC 말뭉치는 이러한 전통의 최신 결과물이다. 2.1절에서 언급된 바와 같이, 이 말뭉치는 일본어 대화의 문화적 특수성을 포착하는 데 중점을 둔다. 200시간의 녹음, 577개 대화, 약 240만 단어로 구성된 이 코퍼스는 비디오 데이터를 포함하여 자연스러운 사회적 행동을 분석한다. Koiso et al.(2022)은 일본어의 청자 지향적 화법과 간접적 의사소통 방식이 제스처와 시선 패턴에 반영된다고 보았다. Maynard(1993)은 이러한 청자 지향성이 일본어 담화의 주관성과 감정 표현에 핵심적이라고 분석하며, 멀티모달 연구에서 문화적 맥락의 중요성을 강조하였다.

■ 중국: 대규모 산업 응용과 실용성 추구

중국의 멀티모달 말뭉치 연구는 대규모 산업 응용과 실용적 문제 해결에 중점을 둔다. 특히 중국어의 성조 언어적 특성과 한자 문화권의 시각적 소통 패턴을 고려한 접근법이 특징적이다. MISP 챌린지는 중국이 주도하는 대표적인 멀티모달 연구 플랫폼이다. 2.1절에서 언급된 바와 같이, 이 챌린지는 실제 가정 환경에서의 복잡한 다화자 상황을 다룬다. Wu et al.(2023)은 MISP가 실세계 시나리오에서 전단(front-end) 음성 처리와 시각 단서를 결합하여 후단(back-end) 작업의 정확성을 높이는 적응형 접근을 추구한다고 설명한다. 2023 버전은 오디오-비주얼 타겟 스피커 추출(AVTSE)에 초점을 맞추며, 강한 배경 소음과 높은 중첩 비율 같은 현실적 도전을 다루는 데이터셋을 제공한다.

중국의 또 다른 특징은 거대 기술 기업들의 적극적 참여다. 바이두의 PaddlePaddle 플랫폼, 알리바바의 DAMO Academy, 텐센트의 AI Lab 등은 각각 대규모 중국어 멀티모달 데이터셋을 구축하고 있다. 이들은 주로 전자상거래, 소셜 미디어, 교육 등 실제 서비스 환경에서 수집된 데이터를 활용한다. 예를 들어, 바이두의 ERNIE 4.5는 10개의 멀티모달 모델 변형을 포함하며 텍스트와 시각 데이터를 공동 훈련한다. 알리바바의 multimodal textbook 데이터셋(Zhang et al., 2025)은 6.5백만 이미지와 0.8십억 텍스트를 교육 비디오에서 추출하여 비전-언어 사전 훈련에 활용한다. 텐센트 AI Lab은 MM-LLMs를 통해 멀티모달 대형 언어 모델을 개발하며, 중국어 다중 채널 데이터셋을 활용한 음성 처리 프레임워크를 제안한다.

특히 주목할 만한 것은 중국어 수어(Chinese Sign Language, CSL) 연구의 발전이다. Huang et al.(2018)은 중국어 수어의 독특한 공간적 문법 구조가 서구 수어와 현저히 다르다고 지적하며, 문화특수적 접근의 필요성을 강조했다. CSL-Daily 데이터셋(Zhou et al., 2021)은 연속 수어 인식을 위한 멀티모달 벤치마크로, 구어 번역과 글로스 주석[14]을 포함하여 현실적 응용을 지원한다. 이러한 노력은 중국어 수어의 시각적·공간적 요소를 포착하여 의료나 교육 분야의 접근성을 높이는 데 기여한다.

---

14 글로스(gloss)는 수어의 각 동작을 단어나 형태소 단위로 텍스트화한 표기를 의미한다. 예를 들어, "사람-보다-책"처럼 수어 동작의 순서와 의미를 기호로 나타낸다.

▬ 동남아시아: 다언어 환경과 코드 전환

동남아시아 지역은 극도로 복잡한 다언어 환경이 특징이며, 이는 멀티모달 말뭉치 연구에도 독특한 도전과 기회를 제공한다. SEACrowd (Lovenia et al., 2024)는 동남아시아 언어들을 위한 다국어 멀티모달 데이터 허브로, 텍스트, 음성, 이미지, 비디오를 통합한 벤치마크 스위트를 제공한다. 이 허브는 싱가포르, 태국, 인도네시아 등 지역의 코드 전환 현상을 반영하여, 제스처와 표정이 언어 전환에 미치는 영향을 분석하는 데 적합하다. 이러한 접근은 다언어 모델의 문화적 적응성을 높이는 데 기여하며, 현실적 상호작용 데이터의 희소성을 해결한다.

▬ 인도: 고전어와 현대어의 융합

인도의 멀티모달 연구는 풍부한 언어적 다양성과 고전 문화 전통을 기반으로 한다. 인도에는 22개의 공식 언어와 수백 개의 지역 언어가 존재하며, 이는 독특한 연구 환경을 조성한다. DRISHTIKON(Maji et al., 2025)은 인도 15개 언어에 대한 멀티모달 다국어 벤치마크로, 이미지와 텍스트를 결합한 문화적 추론 작업을 평가한다. 이는 고전 산스크리트 전통이 현대 구어에 미치는 영향을 멀티모달 차원에서 탐구하며, 시각적 요소가 언어 이해에 미치는 역할을 강조한다. 또한 타밀어 멀티모달 감정 분석 데이터셋(Muthu et al., 2023)은 영화 리뷰에서 음성, 텍스트, 시각을 통합하여 감정 분류를 수행하며, 타밀어의 고전적 문학 유산이 현대적 표현과 제스처 패턴에 반영되는 방식을 분석한다. 이러한 노력은 인도 언어의 문화적 깊이를 포착하는 데 기여한다.

▬ 일상대화 말뭉치 관점에서의 평가

아시아 지역의 접근법은 일상대화 말뭉치 구축에 중요한 통찰을 제공한다. 특히 CEJC가 보여주는 생활 맥락 중심 수집 방식이나, 일본의 미세한 비언어적 신호 분석은 진정한 일상성 포착에 유리하다. CEJC는 일상 활동 내 자연 발생 대화를 대상으로 하며, 외부 개입 없이 생활 환경을 반영한다(Koiso et al., 2018). 일본의 분석 전통은 JNV 코퍼스처럼 비언어적 발성(예: 감정 표현과 발화 간 상호작용)을 통해 미묘한 사회적 단서를 탐구하며, 서구 중심 이론의 한계를 보완한다(Xin et al., 2024).

중국의 MISP가 추구하는 실제 가정 환경에서의 데이터 수집 역시 생태학적 타당성 측면에서 의미가 크다. 이 챌린지는 멀티마이크와 시각 단서를 활용한 실생활 시나리오를 강조하여, 일상 대화의 복잡한 배경 소음과 중첩을 처리하는 데 기여한다.

2.3.4. 한국: AI 우선 구축 패러다임과 그 한계 분석

한국의 멀티모달 말뭉치 연구는 상당한 양적 성과에도 불구하고 특정한 구축 패러다임의 지배로 인해 일상대화 연구에는 구조적 한계를 보이고 있다. 이러한 현상을 이해하기 위해서는 개별 말뭉치의 결함보다는 한국의 말뭉치 개발을 지배해온 'AI 우선, 목적 지향적 구축 패러다임(AI-First, Purpose-Built Paradigm)'에 대한 체계적 분석이 필요하다.

▬ AI 우선 구축 패러다임의 특성과 합리성

국립국어원과 AI Hub를 중심으로 구축된 기존 말뭉치들의 특성은 우연한 결함이 아니라 명확한 설계 목표의 산물이다. 이러한 패러다임은 다음과 같은 구조적 특성을 갖는다. 첫째, 기술적 성능 최적화를 위해 깨끗한 음질, 명확한 화자 분리, 일관된 데이터 형식 등을 추구한다. 둘째, 과업 특화 설계를 통해 특정 AI 응용(음성 인식, 기계 번역, 질의응답 등)에 직접 활용 가능한 형태로 데이터를 구조화한다. 셋째, 효율성과 확장성을 중시하여 대규모 자동 처리가 가능하도록 표준화된 형식을 선호한다.

예를 들어, KsponSpeech의 경우 연구진은 의도적으로 깨끗한 환경에서 녹음하여 음성 인식 모델 훈련에 최적화된 데이터를 구축했다. 이 말뭉치는 969시간 분량의 약 2,000명 한국어 화자의 자발적 대화를 포함하며, 철자 전사와 발음 전사의 이중 전사 체계를 제공한다(Bang et al., 2020). 이러한 선택들은 자동 음성 인식(ASR) 모델 훈련이라는 특정 목적에 최적화된 합리적인 설계 결정이었다. 마찬가지로 AI Hub의 시각정보 기반 질의응답 데이터는 질의응답 시스템 개발이라는 명확한 목표를, 국립국어원 한국어 수어 말뭉치는 수어 번역 기술 개발이라는 특수 목적을 각각 효과적으로 달성하기 위해 설계되었다. 이들 말뭉치의 주된 배포처인 국립국어원과 AI Hub는 AI 산업 육성이라는 국가적 목표를 가진 기관들로, 이들의 일차적 목표는 사회언어학적 분석이 아니라 기계학습용 데이터 제공에 있다.

목적 지향적 패러다임이 야기한 구조적 제약

이이러한 AI 우선 패러다임 하에서 구축된 말뭉치들이 일상대화 연구에 한계를 보이는 것은 그것이 '잘못' 만들어졌기 때문이 아니라, 애초에 다른 목적을 위해 설계되었기 때문이다. 이는 다음과 같은 구체적 제약으로 나타난다.

- 수집 환경의 제약: 한국의 기존 말뭉치들은 대부분 스튜디오나 실험실 환경에서 수집되었다. 이는 음질과 화질 확보에는 유리하지만, 일상대화의 핵심인 자연스러운 물리적, 사회적 맥락을 배제한다. 실제 일상대화는 집, 카페, 직장, 길거리 등 다양한 환경에서 이루어지며, 이러한 환경적 요소들이 대화의 내용과 방식에 직접적 영향을 미친다. 또한 대부분의 말뭉치가 이차적 관계(초면이거나 업무적 관계) 중심으로 구성되어 있어, 가족, 친구, 연인 등 일차적 관계에서 나타나는 친밀한 언어 사용 패턴과 상호작용 방식은 거의 다루어지지 않았다.
- 말뭉치 구조의 제약: KsponSpeech를 비롯한 많은 음성 말뭉치들이 발화 단위로 분절화되어 저장되는 구조는 자동 음성 인식 모델 학습에는 효율적이지만, 대화의 연속적 흐름, 말차례 교대, 말겹침 등 상호작용적 현상을 분석하기 어렵게 만든다. AI Hub의 시각정보 기반 질의응답 데이터들은 VQA(Visual Question Answering) 모델 개발이라는 특정 과업에 특화되어, 일상대화에서 나타나는 자유로운 주제 전환, 협력적 의미 구성, 관계적 상호작용 등을 포착하지 못한다. 국립국어원 한국수어 말뭉치는 한국어와 한국수어 간 번역 기술 개발이라는 특수 목적에 특화되어 있어, 실제 농인 공동체에서 이루어지는 자연스러운 일상적 수어 대화와는 다른 성격을 갖는다.

한국어 대화의 문화적 특수성과 기존 패러다임의 한계

더 근본적인 문제는 한국어 일상대화의 독특한 특성이 AI 우선 패러다임으로는 포착되기 어렵다는 점이다. 나이와 사회적 지위에 따른 복잡한 높임법 체계는 단순히 어휘나 어미의 문제가 아니라, 앉는 위치, 시선 처리, 제스처 사용에까지 영향을 미치는 멀티모달 공손성 체계를 구성한다. 연장자와 대화할 때 한국인이 보이는 직접적 시선 접촉 회피, 몸의 각도 조절, 손 동작 자제 등은 기존의 서구 이론으로는 설명되지 않는 현상이다.

간접적 의사소통과 맥락 의존성 역시 중요한 특징이다. "밥 먹었어?"가 안부 인사로, "힘들겠다"가 거절의 의미로 사용되는 등 표면적 언어와 실제 의도 사이의 간극이 크며, 이는 표정, 어조, 몸짓 등 비언어적 신호를 통해 해석된다. 현재까지 이러한 현상을 체계적으로 분석한 멀티모달 말뭉치는 거의 없다.

▬ 대화분석 분야의 취약성과 전산학적 편향

한국의 멀티모달 말뭉치 구축에서 가장 심각한 문제는 대화분석 분야의 취약성이다. 국립국어원의 "모두의 말뭉치"와 AI Hub 모두 기본적으로 인공지능 학습용 데이터 구축을 목표로 하며, 이는 본질적으로 전산학적 관점에 기반한다. 진정한 대화분석을 위해서는 제퍼슨 전사 체계와 유사한 연속적 전사와 미세한 시간 정보가 필요하지만, 현재 한국어 말뭉치들은 이러한 요구를 충족하지 못한다. 대화분석 연구 전통이 약한 한국 학계의 특성상, 말뭉치 설계 단계부터 상호작용적 관점이 간과되어 왔다

현실적 제약: 개인정보보호와 연구 윤리의 딜레마

개인정보보호법은 멀티모달 일상대화 말뭉치 구축에 실질적 장애가 되고 있다. 얼굴이 식별되는 영상 데이터의 수집, 저장, 공유에 대한 법적 제약이 강화되면서, 연구자들은 익명화 처리나 제한적 공개 방식을 택할 수밖에 없다. 그러나 과도한 익명화는 멀티모달 분석의 정밀도를 떨어뜨리고, 제한적 공개는 연구의 재현성과 확장성을 저해한다. 더 근본적으로는 진정한 일상대화 수집의 윤리적 딜레마가 있다. 완전히 자연스러운 대화는 참가자가 녹화 사실을 모르는 상태에서만 가능하지만, 이는 동의 없는 녹화로 윤리적 문제를 야기한다.

패러다임 전환의 필요성: 생태학적 일상성을 향하여

결과적으로 한국어 일상대화 연구를 위해서는 단순한 기존 말뭉치의 '개선'이 아니라 '언어학 및 상호작용 우선 패러다임(Linguistics and Interaction-First Paradigm)'으로의 근본적 전환이 필요하다. 이는 기술적 효율성보다는 언어 현상의 자연성과 완전성을, 특정 응용보다는 인간 의사소통의 본질적 특성을, 표준화된 처리보다는 맥락적 풍부함을 우선시하는 새로운 구축 철학을 의미한다.

구체적으로는 생태학적 일상성(Ecological Everydayness)을 추구하는 접근이 필요하다. '생태학적 일상성'이란, 연구를 위해 인위적으로 조작된 환경이 아닌 실제 삶이 이루어지는 자연스러운 맥락 속에서 나타나는 평범하고 반복적인 상호작용을 연구의 핵심 대상으로 삼아야 한다는 원칙을 의미한다. 이는 기존의 통제된 환경에서 벗어나 실제 생활 맥락에서 발생하는 자연스러운 상호작용을 포착하고, 일상 환경에서의 장기

관찰, 평상적 만남의 맥락 유지, 다양한 관계 유형 포괄을 통해 한국어 대화의 문화적 특수성을 체계적으로 반영하는 것을 의미한다. 이러한 패러다임 전환을 통해서만 한국어 일상대화의 독특한 특성을 온전히 포착하고, 인간 의사소통의 보편성과 특수성에 대한 이론적 논의에 의미 있는 기여를 할 수 있을 것이다.

제3장

연구 분야별 말뭉치 특성 분석

Chapter 03
연구 분야별 말뭉치 특성 분석

앞서 2장에서 멀티모달 말뭉치의 시대별 발전 과정과 지역별 연구 동향을 살펴보았다면, 본 장에서는 연구 커뮤니티별로 구축된 말뭉치들의 고유한 특성과 접근 방식을 심층 분석한다. 각 학문 분야는 고유한 연구 목표와 방법론적 전통에 따라 서로 다른 설계 철학과 구축 전략을 발전시켜 왔으며, 이러한 차이는 말뭉치의 데이터 수집 환경, 주석 체계, 기술적 파이프라인에 직접적으로 반영되어 있다.

전산학 분야는 기술적 성능 향상과 시스템 구현을 목표로 하며, 따라서 표준화된 평가 지표와 자동화 가능한 특징에 중점을 둔다. 심리학 분야는 인간 행동과 내적 상태의 과학적 이해를 추구하여 통제된 실험 환경과 신뢰할 수 있는 측정에 집중한다. 언어학 분야는 언어 현상의 기술과 이론적 설명을 지향하며, 정밀한 전사와 언어학적 주석을 중시한다. 융합 연구는 이러한 단일 분야의 한계를 극복하고 학제간 통합을 추구한다.

이러한 분야별 접근법의 차이를 이해하는 것은 한국어 멀티모달 일상대화 말뭉치 구축에 있어 매우 중요하다. 각 분야의 강점과 한계를 파악함으로써, 일상대화라는 복합적 현상을 포착하기에 가장 적합한 접근 방식을 선택하거나 여러 접근법을 효과적으로 결합할 수 있기 때문이다.

3.1. 전산학 분야 말뭉치: 기술적 도전에서 실용적 응용으로

전산학 분야의 멀티모달 말뭉치는 명확한 기술적 목표와 정량적 평가를 특징으로 한다. 1990년대 후반 생체인식 기술 개발에서 시작된 이 분야는 점차 복잡한 인간-기계 상호작용과 대규모 AI 시스템 구축으로 진화해왔다. 본 절에서는 M2VTS, AMI 회의 말뭉치, CANDOR, MISP 등 주요 말뭉치를 통해 전산학적 접근법의 발전 과정과 특징을 분석한다.

3.1.1. M2VTS(1997): 멀티모달 융합 패러다임의 확립

M2VTS(Multi Modal Verification for Teleservices and Security Applications)는 전산학 분야 멀티모달 말뭉치의 출발점이 되는 프로젝트다. 1997년에 발표된 이 프로젝트는 단일 모달리티의 한계를 극복하기 위한 융합 기술의 유효성을 입증하는 것이 주된 목표였다(Pigeon & Vandendorpe, 1997).

M2VTS의 핵심 가정은 서로 다른 생체인식 모달리티가 독립적인 정보를 제공하며, 이들의 적절한 결합이 개별 모달리티의 약점을 상호 보완할

수 있다는 점이다. 이는 순수하게 공학적 관점에서 출발한 것으로, 인간의 자연스러운 의사소통보다는 시스템의 인식 정확도 향상에 초점을 맞췄다. 프로젝트의 구체적 목표는 음성 인식과 얼굴 인식을 결합하여 기존 단일 모달리티 시스템보다 높은 정확도를 달성하는 것이었다. 이를 위해 연구진은 오인수락률(False Acceptance Rate, FAR)과 오인거부율(False Rejection Rate, FRR)이라는 명확한 정량적 지표를 설정했으며, 동일오류율(Equal Error Rate, EER)을 통해 시스템 성능을 평가했다.

M2VTS의 데이터 수집은 벨기에 루뱅 가톨릭 대학교(UCL) 실험실에서 변수 통제를 극대화하는 방향으로 설계되었다. 데이터베이스는 동기화된 비디오와 음성 데이터를 제공하며, 정면 및 프로파일 얼굴 분석과 3D 분석을 가능하게 했다(Pigeon & Vandendorpe, 1997). 이러한 통제는 자연스러운 인간 행동을 포착하기 위함이 아니었다. 목적은 알고리즘 성능을 순수하게 평가할 수 있는 깨끗한 데이터 확보였다. 배경, 조명, 발화 내용 등의 외적 변수를 배제함으로써 오직 융합 알고리즘 자체의 효과를 측정하고자 했다.

M2VTS는 멀티모달 데이터 처리를 위한 기본적인 기술적 파이프라인을 확립했다. 음성 신호는 MFCC(Mel-frequency cepstral coefficients)로 변환되어 Hidden Markov Model로 처리되었고, 얼굴 이미지는 고유얼굴(eigenface)[15] 기법을 통해 특징 벡터로 추출되었

15 고유얼굴은 주성분 분석(PCA)을 얼굴 인식에 적용하여 얼굴 이미지를 고유벡터로 표현하는 기법이다.

다. 두 모달리티의 융합은 주로 점수 수준(score level)에서 이루어졌으며, 가중 평균이나 베이지안 결합 등의 방법이 사용되었다. 중요한 것은 이 시기에 동기화의 중요성이 인식되기 시작했다는 점이다. 비록 정적인 얼굴 이미지와 짧은 음성 발화를 다루는 수준이었지만, 멀티모달 데이터의 시간적 정렬에 대한 기술적 기준이 마련되었다. 이는 후속 연구들에서 더욱 정교하게 발전하게 된다.

M2VTS는 일상대화와는 거리가 먼 극도로 인위적인 환경에서 구축되었지만, 멀티모달 말뭉치 구축의 기술적 토대를 마련했다는 점에서 의의가 있다. 특히 정밀한 동기화 기술, 다중 센서 데이터 통합, 정량적 평가 체계 등은 이후 모든 멀티모달 말뭉치 연구의 기반이 되었다. 그러나 일상대화 포착이라는 관점에서는 근본적인 한계가 있다. 스크립트 기반 발화, 단일 화자 중심 설계, 상호작용 부재 등은 실제 대화의 핵심 특성들을 완전히 배제한다. 또한 기술적 성능에만 집중하여 의사소통의 사회적, 문화적 맥락을 간과했다.

이러한 한계에도 불구하고 M2VTS는 후속 멀티모달 말뭉치 연구의 방법론적 기준을 확립했다는 점에서 중요한 의의를 갖는다. 특히 정밀한 동기화 기술, 다중 센서 데이터 통합 방법론, 그리고 정량적 평가 체계는 이후 모든 멀티모달 말뭉치 연구의 기술적 토대가 되었다.

3.1.2. AMI 회의 말뭉치(2006): 복잡한 상호작용으로의 확장

2000년대 중반, 전산학 분야는 단순한 개인 인식을 넘어 복잡한 다자간 상호작용을 다루기 시작했다. AMI 회의 말뭉치(AMI Meeting

Corpus)는 이러한 패러다임 전환을 대표하는 프로젝트로, 실용적 응용을 목표로 한 체계적 상호작용 분석의 가능성을 보여주었다. AMI 프로젝트는 회의 브라우징 기술을 개발하여 작업 그룹의 효율성을 향상시키는 것을 목표로 했다(Carletta, 2007). 이는 M2VTS의 추상적인 기술 검증과 달리, 구체적인 실용적 가치를 지향했다.

연구진이 설정한 기술적 과제들은 저수준 처리(음성 인식, 화자 분할, 음향 이벤트 검출), 중간 수준 분석(화행 인식, 주제 분할, 참가자 역할 식별), 고수준 이해(의사결정 추출, 액션 아이템 식별, 회의 요약 생성)의 계층 구조를 이뤘다. 이러한 계층적 접근은 전산학이 단순한 신호 처리를 넘어 언어학과 심리학의 개념을 적극적으로 수용하기 시작했음을 보여준다.

AMI의 가장 혁신적인 기여는 시나리오 기반 유도(scenario-based elicitation) 방법론이다. 참가자들은 가상의 전자제품 회사에서 TV 리모컨을 설계하는 팀원 역할을 부여받았다. 이는 완전히 자유로운 대화도, 완전히 통제된 스크립트도 아닌 구조화된 자연성을 추구한 것이다(Carletta et al., 2005). 동시에 AMI는 완전히 자연스러운 회의도 포함했다. 말뭉치는 시나리오 기반 회의와 자연 발생 회의를 모두 포함하여, 통제와 자연성 사이의 균형을 찾으려는 중요한 시도였다.

AMI는 멀티모달 데이터 수집의 기술적 표준을 한 단계 끌어올렸다. 에든버러, IDIAP, TNO 세 곳에 구축된 '계측화된 회의실(instrumented meeting rooms)'은 정교한 장비를 갖췄다. 다중 마이크 시스템(각 참가자의 근거리 라펠 마이크와 회의실 전체를 위한 원거리 마이크 어레이), 다각도 비디오(각 참가자를 개별 촬영하는 클로즈업 카메라와 전체 회의

실을 조망하는 룸뷰 카메라), 공유 작업물 기록(데이터 프로젝터 슬라이드, 전자 화이트보드 필기, 디지털 펜 메모), 그리고 모든 스트림을 프레임 단위까지 정확하게 동기화하는 중앙 타임코드 시스템이 구축되었다. 이러한 인프라는 단순히 더 많은 데이터를 수집하는 것이 아니라, 다각도 분석이 가능한 풍부한 맥락 정보를 제공했다.

AMI는 전산학이 저수준 신호 처리를 넘어 의미적, 화용적 분석에 도전한 첫 번째 대규모 시도였다. AMI 프로젝트에서 수행된 분석 과제들은 화행 분류(Dielmann & Renals, 2008), 주제 분할(Hsueh & Moore, 2006), 역할 인식, 의사결정 추출(Hsueh & Moore, 2007), 액션 아이템 식별(Purver et al., 2007) 등 당시로서는 매우 야심적이었다. 이러한 과제들은 단순한 패턴 인식을 넘어 언어학적 지식과 화용론적 이해를 요구했으며, 전산학이 다른 분야와의 학제간 협력 없이는 해결할 수 없는 영역임을 보여주었다.

평가 방법론에서도 AMI는 새로운 기준을 제시했다. Post et al.(2004)이 제시한 연구 환경에서는 회의의 효율성과 참가자 만족도를 측정하여, 단순한 정확도 측정을 넘어 실용적 지표들을 도입했다. 또한 다층적 평가 체계를 확립하여 음성 인식, 화자 분할, 화행 분류 등 각 구성 요소의 개별 성능과 함께 전체 시스템의 통합 성능을 별도로 평가했다. 이는 복잡한 멀티모달 시스템에서 어느 부분이 전체 성능의 병목이 되는지 파악할 수 있게 해주었다.

일상대화 말뭉치 관점에서 AMI 회의 말뭉치는 여러 중요한 기여를 했다. 다자간 상호작용의 체계적 포착, 정교한 동기화 기술, 멀티모달 주석 체계 등은 이후 모든 대화 말뭉치 연구의 표준이 되었다. 특히 프레임 단위의 정밀한 동기화는 말차례 교대, 겹치는 발화, 비언어적 신호의 타이밍 등 대화의 미시적 현상을 분석할 수 있게 했다. 그러나 여전히 일상대화와는 거리가 있다. 회의라는 특수한 상황, 과업 지향적 성격, 공식적 관계 등은 일상적 상호작용과 다른 특성을 갖는다. 또한 시나리오의 인위성은 참가자들의 자연스러운 행동을 제약할 수 있으며, 무엇보다 가족이나 친구 간의 친밀한 대화와는 완전히 다른 맥락이다.

3.1.3. CANDOR(2023, 2025): 대규모 자연 대화와 자동화 패러다임

CANDOR는 2020년대 전산학 분야가 직면한 두 가지 중요한 변화, 즉 팬데믹으로 인한 사회적 상호작용의 디지털 전환과 딥러닝 기반 자동화 기술의 성숙을 동시에 반영하는 말뭉치다. Reece et al.(2023)은 CANDOR의 이론적 배경을 '대화의 학제간 과학(interdisciplinary science of conversation)'이라는 새로운 연구 패러다임으로 제시한다. 이는 Pentland(2007)의 사회적 신호 처리(social signal processing) 이론과 Lazer et al.(2009)의 전산 사회과학(computational social science) 접근법을 결합한 것으로, 대화를 단순한 언어적 현상이 아닌 복합적인 사회적 신호의 집합체로 이해하고자 한다.

CANDOR 프로젝트의 핵심 가설은 Mehrabian(1971)의 비언어적 의사소통 이론에서 출발한다. Mehrabian은 대면 의사소통에서 언어적 내용이 차지하는 비중을 7%에 불과하다고 주장하며, 나머지 93%는 음성적 요소(38%)와 시각적 요소(55%)가 담당한다고 봤다. 비록 이 수치 자체는 특정 실험 조건에서 도출된 것으로 일반화에 한계가 있지만,

CANDOR 연구진은 이를 근거로 "멀티모달 분석 없이는 대화의 본질적 특성을 파악할 수 없다"는 기본 전제를 설정했다.

이러한 이론적 배경 하에서 CANDOR는 Bronfenbrenner(1977)의 생태학적 체계 이론을 현대적으로 재해석한다. 전통적인 면대면 상호작용이 물리적 환경과 사회적 맥락에 내포(embedded)되어 있듯이, 온라인 화상 대화 역시 디지털 환경의 고유한 특성을 갖는 새로운 생태학적 맥락을 구성한다는 것이다. Reece et al.(2023: 3)은 "팬데믹으로 인한 사회적 거리두기가 역설적으로 대규모 원격 상호작용 데이터 수집의 기회를 제공했다"고 설명하며, 이를 통해 기존에는 윤리적, 물리적 제약으로 불가능했던 규모의 자연스러운 대화 데이터 수집이 가능해졌다고 주장한다.

CANDOR는 완전히 낯선 사람들 간의 상호작용을 기록한 대규모 말뭉치로, 1,656개의 25분 이상 비디오 대화로 구성되어 있다(Reece et al., 2023). 이는 Berger & Calabrese(1975)의 불확실성 감소 이론(uncertainty reduction theory)을 검증하기 위한 의도적 설계다. 해당 이론에 따르면, 초면 관계에서 사람들은 상대방에 대한 불확실성을 줄이기 위해 특정한 의사소통 전략을 사용하며, 이 과정에서 점진적인 자기 노출과 라포 형성이 이루어진다. CANDOR는 이러한 과정을 850시간, 7백만 단어라는 전례 없는 규모로 포착함으로써 초면 관계 형성의 미시적 메커니즘을 정량적으로 분석할 수 있게 했다.

특히 주목할 만한 것은 CANDOR가 도입한 완전 자동화된 멀티모달 분석 파이프라인이다. 이는 Bengio et al.(2013)이 제시한 표상 학습(representation learning) 이론에 기반한 것으로, 인간의 명시적 주석 없이도 데이터로부터 의미 있는 패턴을 추출할 수 있다는 딥러닝의 핵심 가정을 멀티모달 대화 분석에 적용한 것이다. 음성 처리를 위해서는 Radford et al.(2023)의 Whisper ASR 모델과 Bredin et al.(2020)의 pyannote.audio를 사용했고, 영상 처리를 위해서는 Lugaresi et al.(2019)의 MediaPipe를 통한 얼굴 랜드마크 추출과 Baltrusaitis et al.(2018)의 OpenFace를 활용한 표정 인식을 수행했다.

이러한 자동화 접근의 이론적 근거는 Krippendorff(2004)의 내용분석 이론에서 찾을 수 있다. Krippendorff는 대규모 텍스트 분석에서 인간 주석자 간 일치도(inter-annotator agreement)의 한계를 지적하며, 일관된 기준의 적용을 위해서는 자동화된 방법론이 필요하다고 주장했다. CANDOR 연구진은 이를 멀티모달 데이터로 확장하여, Reece et al.(2023: 6)이 표현한 바와 같이 "자동화된 분석이 인간 주석자의 주관적 편향을 배제하고 일관된 기준을 적용할 수 있게 한다"는 입장을 취했다.

CANDOR의 가장 혁신적인 기여는 대화 행동 데이터와 심리측정 데이터의 대규모 통합이다. 이는 Allport(1937)의 특성 이론(trait theory)[16]과 Fleeson(2001)의 상태 이론(state theory)[17]을 결합한 접근으로 볼

---

16 특성 이론은 성격을 시간과 상황에 걸쳐 일관되게 나타나는 안정적인 개인차로 보는 관점이다. Allport(1937)는 성격 특성을 개인의 행동을 예측할 수 있는 지속적이고 일반적인 성향으로 정의했다. 예를 들어, 외향적인 사람은 다양한 상황에서 일관되게 사교적 행동을 보인다고 가정한다.

17 상태 이론은 성격을 상황과 시간에 따라 변동하는 일시적 상태의 분포로 보는 관점이다. Fleeson(2001)은 개인의 행동이 특성 평균값 주위에서 상당한 변산성을 보이며, 이러한 상태 변동 패턴 자체가 개인의 성격을 특징짓는다고 주장했다. 즉, 외향적인 사람도 상황에 따라 내향적 행동을 보일 수 있으며, 이러한 변동성의 범위와 빈도가 그 사람의 성격을 구성한다는 것이다.

수 있다. 모든 참가자는 Costa & McCrae(1992)의 Big Five 성격 검사를 통해 안정적인 개인차를 측정받았고, 동시에 대화 전후의 기분 변화, 상대방에 대한 인상, 대화 품질 평가 등 상황 특수적 변인들도 측정되었다. 이를 통해 연구진은 미시적 행동 패턴(말차례 교대, 언어적 동기화)과 거시적 심리 현상(성격, 관계 형성) 간의 연결을 체계적으로 분석할 수 있었다.

실제로 CANDOR는 기존 사회심리학 연구 결과들을 대규모로 검증하는 성과를 거두었다. 연구진은 참가자들의 성격 특성과 대화 행동 간의 체계적 관계를 발견했는데, 특히 외향성이 높은 참가자들이 더 많은 발화량을 보이는 패턴이 확인되어 Eysenck(1967)의 외향성 이론을 지지했다. 또한 대화 참가자들 간의 언어적 동기화 현상이 대화 만족도와 긍정적으로 연관되어 있음을 보여주어, Chartrand & Bargh(1999)의 카멜레온 효과(chameleon effect)[18] 연구를 대규모 자연 대화 맥락으로 확장했다. 특히 2020년이라는 시기적 특성상 팬데믹 관련 주제가 전체 대화의 상당 부분을 차지한다는 발견은 Pennebaker & Stone(2003)의 사회적 관심사가 언어 사용에 미치는 영향에 대한 연구를 현실적으로 입증한다.

그러나 CANDOR는 일상대화 말뭉치 구축 관점에서 중요한 한계를

---

18 카멜레온 효과는 사람들이 대화 상대방의 행동, 자세, 제스처, 말투 등을 무의식적으로 모방하는 현상을 말한다. Chartrand & Bargh(1999)는 실험을 통해 이러한 무의식적 모방이 사회적 유대감을 증진시키고 상호작용을 원활하게 만든다는 것을 입증했다. 예를 들어, 대화 상대가 다리를 꼬면 자신도 모르게 다리를 꼬거나, 상대방이 얼굴을 만지면 자신도 비슷한 행동을 하게 되는 것이다. 이 효과는 '행동 전염(behavioral contagion)' 또는 '자동 모방(automatic mimicry)'이라고도 불린다.

갖는다. 가장 근본적인 문제는 Goffman(1963)이 제시한 '집중된 상호작용(focused interaction)'과 '비집중된 상호작용(unfocused interaction)'의 구분에서 드러난다. CANDOR의 30분간 구조화된 대화는 집중된 상호작용의 특성을 갖지만, 실제 일상대화의 상당 부분은 다른 활동과 병행되거나 우연히 발생하는 비집중된 상호작용의 성격을 갖는다. 또한 Bailenson(2021: 3)이 지적한 '줌 피로(zoom fatigue)' 현상은 온라인 화상 통화 환경에서의 상호작용이 면대면 일상대화와 질적으로 다른 특성을 갖는다는 것을 보여준다.

더 나아가 Hall(1966)의 근접학(proxemics) 이론에 따르면, 물리적 거리와 공간적 배치는 의사소통의 핵심 요소다. 화상 통화 환경에서는 이러한 공간적 차원이 2차원 화면으로 축소되며, 이는 Kendon(1990)이 분석한 F-formation(사람들이 대화할 때 형성하는 공간적 배치)이나 McNeill(1992)이 강조한 제스처 공간(gesture space)의 활용을 제한한다. CANDOR의 참가자들은 각자의 물리적 공간에 고립된 채 상호작용하므로, Goffman(1956)이 분석한 공동 참여(co-presence)의 풍부한 맥락을 경험할 수 없다.

초면 관계의 한계도 중요하다. Knapp & Vangelisti(2005)의 관계 발전 모델에 따르면, 일상대화의 상당 부분은 이미 확립된 관계에서 이루어지며, 이 경우 공유된 역사, 내부 농담, 암묵적 이해 등이 중요한 역할을 한다. CANDOR의 25분 이상제약은 Altman & Taylor(1973)의 사회적 침투 이론(social penetration theory)에서 말하는 깊이 있는 자기노출이나 친밀감 형성까지는 포착하기 어렵다.

참가자 구성의 편향 문제도 있다. CANDOR 참가자들은 대부분 영어

모어화자이고 교육 수준이 높으며 온라인 화상 채팅에 익숙한 사람들이다. 이는 Rogers(2003)의 혁신 확산 이론에서 말하는 '얼리어답터' 집단의 특성을 보이며, 디지털 격차에 따른 선택 편향을 반영할 수 있다. 또한 자발적 참여자들은 Rosenthal & Rosnow(1975)가 지적한 자원자 편향(volunteer bias)의 영향을 받을 가능성이 있다.

자동화된 분석의 정확도 문제도 간과할 수 없다. Ekman & Friesen(1969)이 구분한 미세 표정(micro-expressions)이나 Kendon(2004)이 분석한 문화 특수적 제스처들은 현재의 자동화 기술로는 완전히 포착하기 어렵다. 특히 Russell(1980)의 정동 원환 모델(circumplex model of affect)에서 제시하는 복합적이고 미묘한 감정 상태들은 기본 감정 범주 기반의 자동 분류 시스템으로는 정확하게 분석되지 않을 수 있다.

그럼에도 불구하고 CANDOR는 일상대화 말뭉치 구축에 있어 중요한 방법론적 진전을 이루었다. 첫째, 앞서 언급한 850시간이라는 전례 없는 규모는 Zipf(1949)의 법칙이나 Heaps(1978)의 법칙과 같은 언어적 통계 법칙을 검증하고, 희귀한 현상들의 분포를 분석할 수 있는 충분한 표본을 제공한다. 둘째, 완전 자동화된 처리 파이프라인은 향후 대규모 말뭉치 구축의 실용적 모델을 제시한다. 셋째, 심리측정 데이터와의 통합은 단순한 언어적 행동 기록을 넘어 그 행동의 심리적 동인과 결과를 함께 분석할 수 있는 새로운 연구 가능성을 열었다.

따라서 CANDOR는 기술적 확장성과 자동화 효율성 측면에서 중요한 기여를 했지만, 진정한 일상성의 포착이라는 관점에서는 여전히 한계를 갖는다고 평가할 수 있다. 이는 대규모 자동화 접근법의 장점을 활용하면서도 일상대화의 본질적 특성을 보존할 수 있는 새로운 방법론적 접근이 필요함을 시사한다.

3.1.4. MISP(2025): 실세계 강건성과 기술적 도전

MISP 챌린지는 2022년부터 시작되어 매년 개최되고 있으며, 본서의 작성 시점(2025년)까지 지속되고 있다. MISP 챌린지는 전산학 분야가 실험실의 이상적 조건을 벗어나 현실 세계의 복잡한 환경에서 작동하는 강건한 시스템 개발이라는 새로운 도전에 직면했음을 보여주는 대표적 사례다. Wu et al.(2024)은 MISP 2023 챌린지가 실제 환경의 복잡한 음향 조건에서 전면 음성 처리 기술과 시각 단서를 결합하여 후면 작업에 미치는 영향을 탐구한다고 설명한다. 이는 Brunswik(1956)의 렌즈 모델에서 제시된 생태학적 타당성 개념을 현대 AI 시스템에 적용한 것으로, 통제된 환경에서 개발된 알고리즘이 복잡하고 예측 불가능한 실제 환경에서도 안정적으로 작동해야 한다는 요구에서 출발한다.

MISP의 핵심 가설은 Gibson(1979)의 생태학적 지각 이론에 근거한다. Gibson은 인간의 지각이 환경의 불변량(invariants)을 탐지하는 과정이라고 주장하며, 이러한 불변량은 환경의 변화에도 불구하고 일관되게 유지되는 정보라고 정의했다. MISP는 이를 음성 처리 기술에 적용하여, 배경 잡음, 다화자 중첩, 원거리 전달 등 다양한 환경적 변동 요인이 존재하더라도 화자의 정체성과 발화 내용이라는 핵심 정보를 안정적으로 추출할 수 있는 알고리즘 개발을 목표로 한다.

MISP가 상정한 '중국 가정의 거실'이라는 시나리오는 Barker(1968)의 행동 설정 이론을 구현한 것으로 해석될 수 있다. Barker는 인간 행동이 물리적 환경과 사회적 맥락의 결합체인 '행동 설정' 내에서 이루어진다고 주장했으며, 각 설정은 고유한 행동 패턴과 규칙을 갖는다고 봤다. 중국 가정의 거실이라는 설정은 서구의 개별적 미디어 소비 패턴과 구별되는 집단적 TV 시청 문화를 반영한다.

이러한 환경적 복잡성은 Cherry(1953)의 칵테일파티 효과[19] 연구에서 제기된 선택적 주의 문제를 기술적으로 구현한 것이다. Cherry는 인간이 여러 음성이 혼재된 환경에서도 특정 화자의 목소리에 집중할 수 있는 능력을 분석했으며, 이후 Broadbent(1958)의 여과기 모델[20]과 Treisman (1964)의 감쇠 모델[21] 등이 이를 설명하려 시도했다. MISP는 이러한 인간의 청각적 장면 분석 능력을 기계적으로 구현하고자 한다.

---

19 칵테일파티 효과(Cocktail Party Effect)는 시끄러운 파티장처럼 여러 소리가 동시에 들리는 환경에서 특정한 한 사람의 목소리나 대화에 선택적으로 주의를 기울일 때 나타나는 현상이다. Cherry(1953)는 양쪽 귀에 서로 다른 메시지를 동시에 들려주는 실험(dichotic listening)을 통해 이 효과를 연구했다. 피험자들은 한쪽 귀의 메시지에 집중하라는 지시를 받았을 때, 다른 쪽 귀로 들리는 메시지의 내용은 거의 기억하지 못했다. 그러나 무시하라고 지시받은 채널에서 자신의 이름이 언급되면 즉시 인식하는 현상이 관찰되었다. 이 효과는 인간의 주의 메커니즘이 관련 없는 정보를 완전히 차단하는 것이 아니라, 잠재적으로 중요한 정보를 지속적으로 모니터링하고 있음을 보여준다.

20 Broadbent(1958)의 여과기 모델(Filter Model)은 인간의 정보 처리 용량에 한계가 있음을 전제로 병목(bottleneck) 현상을 설명한다. 이 모델에 따르면, 주의를 기울이지 않은 정보는 물리적 속성(목소리의 톤, 위치 등)에 기초하여 여과기에 의해 완전히 차단되므로 의미 처리 단계로 넘어가지 못한다(단일 채널 가설).

21 Treisman(1964)의 감쇠 모델(Attenuation Model)은 주의하지 않은 정보가 완전히 차단된다는 Broadbent의 견해를 수정한 이론이다. 여과기는 정보의 강도를 조절하는 감쇠기(attenuator) 역할을 하며, 주의를 기울이지 않은 정보라도 약화된 상태로 처리 시스템에 진입한다고 본다. 이때 '자신의 이름'과 같이 주관적으로 중요도가 높은(역치가 낮은) 정보는 감쇠된 신호로도 충분히 의미 파악이 가능하다.

MISP(Multimodal Information based Speech Processing) 챌린지가 다루는 과제는 Bregman(1990)의 청각적 장면 분석(auditory scene analysis) 이론과 병렬적으로 이해해볼 수 있다. Bregman은 복잡한 음향 환경에서 개별 음원을 분리하는 과정을 원시적 청각 장면 분석(primitive auditory scene analysis)과 도식 기반 청각 장면 분석(schema-based auditory scene analysis)으로 구분했다(Bregman, 1990).

이 문제는 음성 처리 분야에서 전통적으로 Reynolds & Rose(1995)가 제시한 가우시안 혼합 모델(Gaussian Mixture Model) 기반 화자 인식·검증 모델에서 출발해 논의되어 왔으나, MISP와 같은 최신 챌린지 환경에서는 Snyder et al.(2018)의 x-vector와 같은 딥러닝 기반 화자 임베딩 기법이 주류를 이룬다. MISP의 난점은 이러한 임베딩 기법이 배경 잡음과 다화자 중첩이 심한 실제 환경에서도 안정적으로 작동해야 한다는 점이다.

구체적으로 AVDR(Audio-Visual Diarization and Recognition)은 한 단계 더 나아가 "누가 언제 무엇을 말했는가?"라는 통합적 문제를 다룬다. 이 과제는 개념적으로 1990년대의 통계적 음성 인식 연구(Jelinek, 1997; Woodland et al., 1994)와 같은 계열로 이해할 수 있지만, MISP 자체는 이런 고전적 접근을 직접 인용하기보다는 이를 최신 딥러닝 기반 종단간(end-to-end) 멀티모달 모델로 재구성해 다룬다고 볼 수 있다.

MISP의 멀티모달 접근은 인간의 지각 원리와도 맞닿아 있다. McGurk & MacDonald(1976)의 연구는 청각 정보와 시각 정보가 불일치할 때 전혀 다른 지각이 생성될 수 있음을 보였고, 이는 인간이 본질적으로 멀티모달적 정보 처리를 수행한다는 증거로 해석된다. 그보다 앞선 Sumby & Pollack(1954)는 잡음 환경에서 입술 읽기 정보가 음성 이해도를 현저히 향상시킨다는 점을 정량적으로 보였다. MISP는 이러한 인간의 청각-시각 통합 능력을 자동화 시스템에 구현하려는 시도로 볼 수 있다.

현대 멀티모달 시스템에서는 Bahdanau et al.(2015)이 제안한 어텐션 메커니즘을 통해 서로 다른 모달리티의 정보를 가중 결합하는 방식이 널리 사용된다. 어텐션은 현재 과업에 가장 관련성이 높은 신호에 선택적으로 주의를 두게 한다는 점에서, 이론사적으로는 James(1890)가 말한 주의의 선택성 개념을 신경망 아키텍처로 구현한 사례로도 해석해볼 수 있다.

중국어와 중국 문화의 특수성은 MISP가 설정한 '중국어 홈 TV 대화' 시나리오를 이해하는 데 중요한 배경이 된다. 중국어는 전통적으로 4개의 기본 성조와 하나의 경성으로 구분하며(Chao, 1968), 성조가 어휘 대립의 신호라는 점은 이후의 성조 연구들에서도 일관되게 확인된다(Chen, 2000). 이런 언어에서는 잡음이나 말겹침으로 인해 성조 정보가 소실될 경우, 인식 성능이 곧바로 저하되는 경향이 나타난다(Mao, 2016 등).

MISP의 거실 대화 데이터는 다양한 연령과 지위가 공존하는 다세대 가정의 상호작용을 반영한다. 이러한 위계적 환경에서 화자는 Ting-Toomey(1988)의 체면 협상 이론(face-negotiation theory)에 따라 상대와의 관계를 고려하여 발화 전략을 수립하게 된다. 또한 중국어권에서는 지역어(사투리)와 표준어(보통화)가 사회적으로 공존하므로, 화자가 상황과 체면에 맞춰 선택할 수 있는 언어적 자원이 존재한다. 즉, 이 데이터는 단순한 대화를 넘어 전략적 언어 전환(code-switching)의 양상을 포착할 수 있는 자료이다. 다만 이는 '가정 내 다양한 언어 변종이 반드시 공존한다'는 실증을 뜻하는 것은 아니며, 방언과 표준어의 공존은 별도의 사회언어학 연구들(Norman, 1988; Chen, 1993; Li, 2006 등)에서 뒷받침된다.

산업체 연계 또한 MISP의 특징이다. MISP는 중국 내 대학, 연구소, 그리고 iFLYTEK과 같은 기업이 함께 참여하는 구조를 가지며, 일부 트랙에서는 알리바바(예: WHU-Alibaba 팀) 등 산업체 연구진의 시스템도 확인된다. 이러한 구조는 Chesbrough(2003)의 개방형 혁신(open innovation) 모델이나 Von Hippel(1988)의 사용자 주도 혁신(user-driven innovation) 관점을 부분적으로 반영한다고 볼 수 있다. 그러나 공개된 정보를 바탕으로 바이두, 알리바바, 텐센트 모두가 챌린지의 주축이라고 일반화하기는 어렵다.

MISP가 사용하는 과업 지향적 평가 지표는 일상대화 말뭉치 구축의 관점에서 한계를 갖는다. 이는 MISP만의 문제라기보다, Word Error Rate(WER)나 Diarization Error Rate(DER) 같은 현행 음성 처리 분야의 주류 기술 지표가 대화의 진정한 의미나 사회적 기능을 포착하지 못한다는 보다 일반적인 문제이다. 이러한 지표는 Austin(1962)이나 Searle(1969)의 화행 이론에서 강조하는 발화의 의도 및 수행성을 반영하지 못한다. 예를 들어, 안부 인사의 기능을 하는 "밥 먹었어?"라는 발화를 문자 그대로만 평가하는 시스템은 대화의 실제적 의미를 놓치게 된다.

또한 MISP의 평가 체계는, 다른 음성 처리 벤치마크와 마찬가지로, Grice(1975)가 제시한 협력의 원리나 대화 격률을 직접적인 평가 항목으로 포함하지 않는다. 그러나 일상대화에서 침묵, 중복 발화, 비문법적 표현 등은 단순한 오류가 아니라 의미를 구성하는 자원이다. Sacks, Schegloff, & Jefferson(1974)이 기술한 말차례 교대 체계에서 겹치는 발화는 협력적 완성(collaborative completion)이나 공감적 개입으로 실현될 수 있지만, MISP의 화자 분할, ASR 평가는 신호처리적 관점에서 이런 겹침을 '분리·해결해야 하는 구간'으로 다루기 때문에 그 상호작용적 기능을 드러내지 못한다.

웃음도 마찬가지다. Jefferson(1979, 1984)이 보여주었듯이, 대화 속 웃음은 친밀감 표명, 갈등의 완충, 문제화의 완화, 유머의 공동 구성 등 중요한 상호작용적 기능을 수행한다. 가족 간 대화에서는 이런 웃음이 단순한 음향적 방해 요소가 아니라 관계를 유지·조정하는 주요 자원이다. 그럼에도 현재 공개되어 있는 MISP 과제 정의와 베이스라인 시스템들은 웃음을 별도의 사회적 기능으로 주석하거나 평가하지 않고, 대체로 제거하거나 무시해야 하는 신호에 가깝게 다룬다.

더 나아가 고맥락 문화인 중국 문화권에서는 명시적 언어 내용보다 억양, 침묵, 말차례의 미묘한 조정과 같은 맥락적 정보가 의미 구성에 더 크게 기여할 수 있다. 반면 MISP의 현재 접근은 과제의 성격상 명시적인 음성 신호의 정확한 인식과 화자 구분에 우선순위를 두기 때문에, 이러한 맥락 단서가 상대적으로 덜 반영되는 한계가 있다. Winograd & Flores(1986)가 지적하듯이, 인간 의사소통은 본질적으로 해석적이고 상황 의존적이므로, 기술적 강건성만을 중심에 둘 경우 대화의 창발성과 맥락 민감성을 충분히 다 포착하지 못할 수 있다. 다만 MISP가 실제 가정 환경의 변동성, 다화자 발화, 배경음 등을 그대로 가져와 과제로 올리고 있다는 점을 고려하면, 이것을 '모든 변동 요인을 통제·제거하려는 접근'이라고 일반화하는 것은 적절하지 않다.

그럼에도 MISP는 일상대화 말뭉치 구축에 중요한 기여를 할 것으로 보인다. 첫째, 실세계 가정 환경에서 수집된 데이터를 사용함으로써 실험실 환경과 현실 환경 사이의 간극을 줄이려는 시도를 하고 있다. 둘째, 다화자 동시 발화, 자연스러운 말차례 교대, 비공식적 언어 사용처럼 실제 일상대화에서 핵심적인 현상들을 기술적으로 다루려 한다는 점 자체가 의미가 있다. 셋째, 실시간에 가까운 처리를 전제로 삼는 것은 향후 실제 대화 지원 시스템과 응용 도구 개발을 위한 기술적 기준을 제시한다. 따라서 MISP는 기술적 강건성과 실용적 적용 가능성이라는 차원을 제시하는 한편, 대화의 사회적·관계적·문화적 층위를 평가 체계에 어떻게 반영할 것인가라는 후속 과제를 동시에 드러낸다.

3.2. 심리학 분야 말뭉치: 인간 행동의 과학적 측정에서 사회적 상호작용 이해로

심리학 분야의 멀티모달 말뭉치는 대량의 인간 행동 자료를 체계적으로 수집해 심리과정을 검증하려 했던 초기 실험심리학의 전통과, 개인의 차이와 변이를 설명하려 했던 성격·개인차 연구의 흐름(Allport, 1937)을 바탕으로 발전해왔다. 전산학이 주로 기술적 성능 향상에 초점을 두었다면, 심리학은 인간 행동의 생성 메커니즘과 그 변이를 과학적으로 설명하는 데 목적을 두었다. 이때 연구 설계는 Campbell & Stanley(1963)가 말한 내적·외적 타당도의 균형, Cronbach & Meehl(1955)이 제시한 구인 타당도(construct validity)의 확보, 그리고 Cohen(1988)이 체계화한 통계적 검정력의 확보라는 심리측정적 엄밀성을 기본 전제로 한다.

멀티모달 감정 말뭉치의 초기 단계에서는 Ekman & Friesen(1971)의 기본 감정 이론, Mehrabian & Russell(1974)의 PAD 모델에 기대어, 얼굴, 음성, 신체 움직임에서 개별 감정 상태를 안정적으로 표시하려는 시도가 중심이 되었다. 이런 흐름은 1990년대 후반 벨파스트 자연 감정 데이터베이스와 같은 초기 멀티모달 감정 코퍼스로 구체화되었고, 2000년대 들어 SEMAINE(2009), IEMOCAP(2007) 등에서 보다 세분화된 주석 체계로 이어졌다. 2000년대 중반 이후에는 Russell(2003)의 핵심 정서(core affect) 이론과 Barrett(2006)의 심리적 구성주의가 영향을 미치면서, 감정을 고정된 범주라기보다 상황과 문화 속에서 구성되는 상태로 보는 관점이 확산되었다.

2010년대에 들어서는 Pentland(2007)의 사회적 신호 처리(social signal processing) 관점과 Lazer et al.(2009)의 전산 사회과학이 결합되면서, 말뭉치의 초점도 개인의 표정·음성에서 집단 상호작용, 관계, 영향력, 정렬(alignment)과 같은 상위 수준 현상으로 점차 확장되었다. 이 단계의 말뭉치는 단순히 '한 사람이 어떤 감정인가'를 넘어서, '여러 사람이 상호작용하는 과정에서 감정, 태도, 그리고 참여도가 어떻게 동적으로 변하는가'를 추적할 수 있도록 설계되었다.

3.2.1. Belfast Naturalistic Database(2005): 자연적 감정 유도와 생태학적 타당성의 추구

Belfast Naturalistic Database는 심리학 분야에서 기존의 포즈 기반 표정 연구의 한계를 극복하고자 시도한 중요한 전환점이다. Sneddon et al.(2012)은 이 데이터베이스의 이론적 배경을 Ekman의 기본 감정 이론의 문화적 보편성 가정에 대한 비판적 검토라고 설명한다. 이는 Russell(1994)이 제기한 문제의식, 즉 실험실에서 연기된 표정과 자연스럽게 발생하는 표정 사이의 근본적 차이에서 출발한다.

Russell(1994)의 메타분석은 맥락 없이 제시된 얼굴 표정의 인식률이 Ekman이 주장하는 것보다 현저히 낮다는 결과를 제시했다. Russell은 기존 연구들의 방법론적 문제를 지적하며, 강제 선택 형식과 포즈 기반 표정 사진 사용이 인식률을 인위적으로 높였다고 주장했다. 이는 Darwin(1872)에서 출발하여 Ekman & Friesen(1971)으로 이어진 기본 감정 이론의 핵심 가정, 즉 특정 감정과 특정 표정 사이의 일대일 대응 관계에 대한 근본적 의문을 제기했다. Belfast 연구진은 이러한 문제의식을 바탕으로 Fridlund(1994)의 행동 생태학적 관점(behavioral ecological view)을 채택했다. 이 관점에 따르면 얼굴 표정은 내적 감정 상태의 단순한 표출이 아니라 사회적 상황에서 타인에게 보내는 의도적 신호라는 것이다.

Belfast 데이터베이스의 가장 혁신적인 기여는 감정 유도 방법론의 개발이다. 기존의 포즈 기반 접근법 대신 연구진은 참가자들의 자발적 감정 반응을 유발하는 실험 설계를 고안했다. 구체적으로는 재미있는 TV

클립 시청, 슬픈 영화 장면 관람, 무서운 영상 노출 등을 사용했는데, 이는 Gross & Levenson(1995) 등이 정립한 미디어 기반 감정 유도(emotion induction) 절차와 맥을 같이 한다.

중요한 것은 Belfast 연구진이 개인차의 중요성을 인식했다는 점이다. Larsen & Diener(1987)의 정동성(affectivity) 연구에 따르면, 동일한 자극에 대한 감정적 반응은 개인의 성격, 과거 경험, 문화적 배경에 따라 현저히 다를 수 있다. Belfast 데이터베이스는 이러한 변이를 체계적으로 포착하기 위해 동일한 자극에 대한 다양한 반응을 모두 유효한 데이터로 인정했다. Douglas-Cowie et al.(2007)은 Belfast 데이터베이스가 포즈 기반 감정 표현에서 자연 유발 감정으로의 전환을 이루었다고 평가했다.

Belfast 데이터베이스의 주석 체계는 Russell(1980)의 정동 원환 모델(circumplex model of affect)[22]을 기반으로 한다. 기존의 이산적 감정 범주(행복, 슬픔, 분노 등) 대신 유인가(valence)와 각성(arousal)의 연속적 차원을 사용하여 감정을 기술했다. 이는 Feldman, Barrett, & Russell(1999)이 제시한 핵심 정서 개념과 일치하는 접근으로, 감정 경험의 복잡성과 미묘함을 보다 정교하게 포착할 수 있게 했다. 특히 FEELTRACE라는 실시간 주석 도구의 도입은 Cowie et al.(2000)이 강조한 감정의 동적 특성을 연속적으로 추적할 수 있게 했다.

---

22 Russell(1980)에 의해 제안된 대표적인 감정 차원 모델로서 감정을 행복, 슬픔 등 개별 범주로 나누는 대신, 모든 정동(affect) 상태가 유인가(valence, 쾌-불쾌)와 각성(arousal, 활성-비활성)이라는 두 개의 핵심 차원이 구성하는 원형(circular) 공간 내의 한 점으로 배치될 수 있다고 본다.

그러나 Belfast 데이터베이스는 일상대화 말뭉치 구축 관점에서 중요한 한계를 갖는다. 가장 근본적인 문제는 여전히 개별적 반응에 초점을 맞춘다는 점이다. 감정의 사회적 구성주의 관점(예: Averill, 1980)에 따르면, 일상대화에서 감정은 개인의 내적 상태로 존재하는 것이 아니라 상호작용을 통해 공동으로 구성되는 사회적 현상이다. Belfast의 참가자들은 혼자서 영상을 시청하며 반응하므로, Goffman(1959)이 분석한 상호작용 의식(interaction ritual)이나 Hochschild(1983)가 제시한 감정 노동(emotional labor)과 같은 사회적 감정 현상을 포착할 수 없다.

또한 미디어 기반 감정 유도의 인위성도 문제다. Keltner & Haidt(1999)의 연구에 따르면, 실제 일상생활에서 경험하는 감정의 대부분은 대인관계에서 발생하며, 이는 미디어 시청과는 질적으로 다른 특성을 갖는다. Parkinson(1996)은 "사회적 맥락에서 발생하는 감정은 개인적 맥락에서의 감정과 강도, 지속성, 의미에서 현저한 차이를 보인다"고 지적했다. Belfast의 영상 기반 유도는 이러한 사회적 감정의 특성을 배제한다.

더 나아가 Belfast 데이터베이스는 Matsumoto & Willingham (2009)이 강조한 문화적 전시 규칙(cultural display rules)을 충분히 고려하지 못했다. 실제 일상대화에서 감정 표현은 문화적 규범, 사회적 역할, 상황적 맥락에 따라 조절되고 변형된다. 그러나 Belfast 데이터베이스의 개별적 시청 상황에서는 이러한 사회적 조절 과정이 작동하지 않는다.

그럼에도 불구하고 Belfast 데이터베이스는 심리학 분야 멀티모달 연구에 중요한 기여를 했다. 첫째, 자연적 감정 유도 방법론은 이후 모든 생태학적 타당성을 추구하는 연구의 모델이 되었다. 둘째, 개인차의 체계적 고려는 일률적 반응을 가정하는 기존 접근법의 한계를 극복하는 중요한 진전이었다. 셋째, 연속적 주석 체계는 감정의 복잡성과 동적 특성을 포착하는 새로운 방법론적 가능성을 제시했다.

3.2.2. IEMOCAP(2008): 통제된 환경에서의 정밀한 멀티모달 측정

IEMOCAP(Interactive Emotional Dyadic Motion Capture Database)은 심리학과 공학의 결합을 통해 감정 표현의 정밀한 정량화를 추구한 대표적 사례다. Busso et al.(2008)은 이 말뭉치의 이론적 기반을 McNeill의 제스처-언어 통합 이론과 Ekman의 얼굴 동작 코딩 시스템의 멀티모달 확장이라고 하였다. 이는 감정 표현에 있어 언어적 정보, 준언어적 정보, 비언어적 정보의 통합적 분석을 기술적으로 구현하려는 시도였다.

IEMOCAP의 핵심 혁신은 Kendon(1982, 1988)의 제스처 연속체 이론을 3차원 모션 캡처 기술과 결합한 데 있다. Kendon은 제스처를 발화 제스처(gesticulation), 팬터마임(pantomime), 엠블럼(emblem), 수어(sign language)의 연속체로 분류했으며, 각각이 언어와 다른 정도의 결합을 보인다고 주장했다. IEMOCAP은 VICON 모션 캡처 시스템을 사용하여 얼굴에 53개, 머리와 손에 추가적인 마커를 부착함으로써 초당 120프레임의 속도로 이러한 제스처의 3차원 움직임을 정밀하게 기록했다.

감정 표현의 다층적 분석은 Scherer(2001)의 구성요소 과정 모델(component process model)에 기반한다. Scherer는 감정을 인지적 평가(cognitive appraisal), 생리적 변화(physiological changes), 동기적 경향(motivational tendencies), 운동적 표현(motor expression), 주관적 느낌(subjective feeling)의 다섯 구성요소가 상호 연관되어 동기화되는 복합적 과정으로 이해했다. IEMOCAP은 이 중에서 운동적 표현과 주관적 느낌 구성요소를 정밀하게 측정하고자 했다.

IEMOCAP의 실험 설계는 Stanislavski(1936)의 감정 기억 기법(emotional memory technique)과 Strasberg(1988)의 메소드 연기 이론에서 영감을 받았다. 10명의 전문 배우를 참가자로 섭외한 것은 단순히 일관된 연기 품질을 위한 것이 아니라, 감정의 의도적 생성과 표현에 숙련된 사람들을 통해 감정-표현 관계의 명확한 사례를 확보하기 위함이었다. Busso et al.(2008)은 전문 배우들이 일반인보다 더 정확하고 일관된 감정 표현을 생성할 수 있으며, 이는 알고리즘 학습을 위한 신뢰할 수 있는 정답 데이터를 제공한다고 설명했다.

대본 기반 세션과 즉흥 세션의 조합은 Goffman(1959)의 인상 관리(impression management) 이론을 반영한다. 대본 기반 세션에서는 미리 정해진 감정을 표현해야 하므로 의도적 감정 표출의 특성을 보이는 반면, 즉흥 세션에서는 상황에 대한 자발적 반응이 나타날 가능성이 높다. 이러한 설계는 Ekman & Friesen(1969)이 구분한 즉각적 표현(spontaneous expression)과 의도적 표현(intentional expression)의 차이를 체계적으로 분석할 수 있게 했다.

IEMOCAP의 주석 체계는 이론적 엄밀성을 특징으로 한다. 범주형 표식(분노, 행복, 슬픔, 중립)은 Ekman의 기본 감정 이론을, 차원형 표식(유인가, 각성, 지배성)은 Mehrabian & Russell(1974)의 PAD 모델을 각각 구현한다. 이러한 이중 주석 체계는 Larsen & Diener(1992)가 제기한 감정 측정의 방법론적 논쟁, 즉 범주형 접근과 차원형 접근의 상대적 장단점을 실증적으로 비교할 수 있게 했다.

특히 주목할 만한 것은 IEMOCAP이 도입한 상호주관성(intersubjectivity) 확보 방안이다. 복수의 평가자가 동일한 데이터에 대해 독립적으로 주석을 수행하고, Krippendorff(2004)의 알파 계수를 통해 평가자 간 일치도를 측정했다. 이는 Bartko(1976)가 강조한 측정의 신뢰도 확보를 위한 체계적 접근으로, 주관적 감정 판단의 객관화를 시도한 것이다.

IEMOCAP의 기술적 정밀도는 당시로서는 전례 없는 수준이었다. 3차원 모션 캡처와 고품질 오디오-비디오의 동기화는 Condon & Ogston(1966)이 제시한 상호작용 동기화(interactional synchrony) 현상을 정량적으로 분석할 수 있게 했다. 특히 제스처와 말의 시간적 정렬을 밀리초 단위로 측정함으로써 McNeill(1992)이 주장한 제스처-음성 동기화 가설을 실증적으로 검증할 수 있는 데이터를 제공했다.

그러나 IEMOCAP은 일상대화 말뭉치 구축 관점에서 근본적인 한계를 갖는다. 가장 중요한 문제는 연기라는 인위성이다. Ekman, Friesen, & O'Sullivan(1988)의 연구에 따르면, 연기된 감정과 실제 감정 사이에는 미세한 근육 활동 패턴에서 체계적 차이가 존재한다. 특히 Duchenne(1862)이 발견한 진짜 미소와 사회적 미소의 구분처럼, 자발적 감정과 의도적 감정 표현은 신경생리학적으로 다른 메커니즘을 갖는다.

더 나아가 IEMOCAP의 2인 상호작용은 여전히 제한적이다.

Bales(1950)의 상호작용 과정 분석(Interaction Process Analysis)에 따르면, 실제 집단 상호작용에서는 역할 분화, 권력 관계, 연합 형성[23] 등 복잡한 사회적 역학이 작동한다. 그러나 IEMOCAP의 구조화된 2인 시나리오에서는 이러한 자연스러운 집단 역학을 포착하기가 어렵다.

또한 과업 지향적 성격도 한계로 볼 수 있다. 일상대화에서는 정보 전달뿐만 아니라 관계 형성, 정체성 표현, 사회적 유대 강화 등 다양한 기능이 수행된다. 그러나 IEMOCAP의 시나리오 기반 대화는 특정 감정 표현이라는 명확한 목표를 가지므로, Malinowski(1923)가 제시한 교감적 대화(phatic communion)의 특성을 배제할 수 있다.

실험실 환경의 통제성도 문제다. Barker(1968)의 행동 설정 이론에 따르면, 인간 행동은 물리적 환경과 불가분의 관계를 갖는다. 실제 일상 대화는 집, 카페, 직장, 길거리 등 다양한 환경에서 이루어지며, 이러한 환경적 요소들이 대화의 내용과 방식에 직접적 영향을 미친다. IEMOCAP의 통제된 실험실 환경은 이러한 환경적 맥락을 배제한다.

그럼에도 불구하고 IEMOCAP은 멀티모달 감정 연구에 혁신적 기여를 했다. 첫째, 정밀한 모션 캡처를 통한 비언어적 신호의 정량화는 이후 모든 멀티모달 연구의 기술적 표준이 되었다. 둘째, 범주형-차원형 이중 주석 체계는 감정 이론의 실증적 검증을 가능하게 했다. 셋째, 엄격한 신뢰도 확보 방안은 주관적 현상의 객관적 측정이라는 심리학의 근본적 과

23 연합 형성(coalition formation)은 집단 역학(group dynamics) 용어로, 셋 이상의 구성원으로 이루어진 집단 내에서 두 명 이상의 구성원이 공동의 목표나 이익을 위해 일시적으로 동맹을 맺거나 '편'을 만드는 과정을 의미한다. 이는 단순한 2인 상호작용(dyadic interaction)에서는 관찰되기 어려운 복잡한 사회적 역학이다.

제에 대한 방법론적 해답을 제시했다. 넷째, 향상된 멀티모달 동기화는 말-제스처 통합 연구의 새로운 가능성을 열게 되었다.

3.2.3. SEMAINE(2012): 인간-에이전트 상호작용과 연속적 감정 모델링

SEMAINE(Sustained Emotionally coloured Machine-human Interaction using Nonverbal Expression) Database는 심리학과 인공지능의 경계에서 새로운 연구 패러다임을 제시한 혁신적 프로젝트다. 이 프로젝트는 Weizenbaum의 ELIZA에서 출발한 인간-컴퓨터 상호작용(HCI) 연구를 멀티모달 감정 차원으로 확장한 것으로 볼 수 있다. 이는 Turing(1950)의 모방 게임(imitation game) 개념을 감정적 상호작용 영역으로 확장한 시도로, 기계가 인간과 감정적으로 의미 있는 대화를 수행할 수 있는가라는 근본적 질문을 다룬다.

SEMAINE의 주요 혁신은 SAL(Sensitive Artificial Listener) 패러다임의 도입이다. 이는 Reeves & Nass(1996)의 미디어 등식(media equation) 이론에 기반한 것으로, 인간이 컴퓨터를 사회적 행위자(social actor)로 인식하고 반응한다는 발견을 활용한다. SAL 시스템은 네 가지 서로 다른 성격을 가진 가상 캐릭터(Prudence, Poppy, Spike, Obadiah)로 구성되어 있으며, Russell(1980)의 정동 원환 모델을 참조하여 각각 서로 다른 정서적 프로필을 부여받았다. Prudence는 부정적 유인가와 낮은 각성(우울함), Poppy는 긍정적 유인가와 높은 각성(쾌활함), Spike는 부정적 유인가와 높은 각성(공격성), Obadiah는 긍정적 유인가와 낮은 각성(실용주의)의 특성을 보인다.

이러한 설계는 인간의 감정 반응이 환경의 정서적 톤에 의해 영향받는다는 관점(cf. Mehrabian & Russell, 1974)과도 맞닿아 있다. SAL은 이를 인공적으로 조작하여 참가자의 감정 상태를 특정 방향으로 유도하고자 했다. SEMAINE의 연구자들(McKeown et al., 2012)은 각 캐릭터가 일관된 정서적 정체성을 유지함으로써 참가자들의 상응하는 감정 반응을 체계적으로 유발한다고 설명한다.

SEMAINE의 가장 중요한 방법론적 기여는 연속적 감정 주석 체계의 정교화다. FEELTRACE 도구를 사용하여 실시간으로 유인가와 각성 차원에서 감정 변화를 추적하는 이 방법론은 Scherer(2005)의 구성 요소 과정 모델에서 강조하는 감정의 동적 특성을 포착한다. 기존의 이산적 범주 접근과 달리, 연속적 주석은 감정 전이(emotional transitions), 혼합 감정(mixed emotions), 그리고 미묘한 감정 변화를 정밀하게 기록할 수 있게 했다. 또한 이 프로젝트는 실시간 주석과 사후 주석을 비교하여 주석자의 반응 지연(reaction lag) 문제를 보정하려는 방법론적 시도를 포함했다(Nicolle et al., 2012).

SEMAINE의 상호작용 설계는 Gibson(1979)의 어포던스(affordance)[24] 개념으로도 해석할 수 있다. 각 가상 캐릭터는 특정한 상호작용 가능성을 제공하며, 참가자들은 이러한 어포던스를 지각하고 그에 맞는 행동을 선택한다. 예를 들어, Spike의 공격적 성격은 참가자로 하여금 방어적 반응이나 대립적 행동을 유발하는 반면, Prudence의 우울한 성격은 위

24 어포던스는 사물이 그 자체의 디자인과 기능을 통해 사용자에게 "이렇게 쓸 수 있다"고 알려주는 특성을 말한다(Gibson, 1979; Norman, 1988). 예를 들어 문손잡이는 그 모양만으로 "잡아당기라" 또는 "밀어라"를 암시한다.

로나 격려의 반응을 이끌어낸다.

SEMAINE의 데이터 수집 과정은 엄격한 실험 통제를 특징으로 한다. 참가자들은 각 캐릭터와 5분씩 총 20분간 상호작용하며, 이 과정에서 멀티모달 데이터(오디오, 비디오, 생리 신호)가 동시에 수집된다. 이러한 통제된 설계는 감정 유도의 효과를 객관적으로 측정하고 개인차를 체계적으로 분석하는 것을 가능하게 한다(cf. Schuller et al., 2013).

SEMAINE이 사회적 신호 처리(Social Signal Processing, SSP) 분야에 미친 영향은 특히 주목할 만하다. Vinciarelli et al.(2009: 1744)이 정의한 SSP는 "사회적 상호작용에서 나타나는 비언어적 행동 신호를 자동으로 분석하여 사회적 정보를 추출하는 연구 분야"다. SEMAINE은 이러한 SSP 연구를 위한 표준 데이터셋을 제공함으로써, 후속 연구들이 일관된 기준으로 알고리즘을 개발하고 비교할 수 있게 했다.

특히 SEMAINE이 포착한 언어적-비언어적 신호의 동기화 패턴은 중요한 발견을 제공했다. Schröder(2010: 3422)의 분석에 따르면, "참가자들의 음성 특징(피치, 강도, 발화 속도)과 얼굴 표정 변화가 가상 캐릭터의 정서적 특성에 따라 체계적으로 달라진다"는 것이다. 이는 Hatfield et al.(1994)의 감정 전염(emotional contagion) 이론을 인간-기계 상호작용 맥락에서 검증한 결과로 볼 수 있다.

그러나 SEMAINE은 일상대화 말뭉치 구축 관점에서 근본적인 한계를 갖는다. 가장 중요한 문제는 인간-기계 상호작용의 인위성이다. Turkle(2011: 294)이 지적한 바와 같이, 인간-로봇 상호작용에서 인간은 기계의 한계를 의식하고 그에 맞춰 자신의 행동을 조정한다. 이는 SEMAINE 참가자들이 가상 캐릭터와 상호작용할 때 평소와 다른 언어 사용 패턴을 보일 가능성을 시사한다.

더 나아가 SAL 시스템의 제한된 반응성은 상호작용을 제대로 포착하지 못할 수 있다. 자연스러운 대화는 참가자들 간의 동적이고 예측 불가능한 조율 과정이다. 그러나 SEMAINE의 가상 캐릭터들은 미리 프로그래밍된 반응 패턴을 갖기 때문에, 참가자의 창의적이거나 예상치 못한 발화에 적절히 대응하지 못한다. 이는 대화의 창발적 특성을 근본적으로 제약한다.

또한 5분이라는 짧은 상호작용 시간은 Altman & Taylor(1973)의 사회적 침투 이론에서 제시하는 관계 발전 과정을 포착하기 어렵게 만든다. 실제 일상대화에서는 시간이 지남에 따라 친밀도가 증가하고 대화 주제가 깊어지는 자연스러운 과정이 있지만, SEMAINE의 단기 상호작용에서는 이러한 과정을 관찰할 수 없다.

그럼에도 불구하고 SEMAINE은 멀티모달 감정 연구에 중요한 기여를 했다. 첫째, 연속적 감정 모델링 방법론은 감정의 동적 특성을 포착하는 새로운 가능성을 제시했다. 둘째, 통제된 감정 유도 패러다임은 인과관계 분석을 가능하게 했다. 셋째, 인간-기계 상호작용 연구의 새로운 방향을 제시했다. 넷째, 사회적 신호 처리 분야의 표준 데이터셋을 제공했다.

3.2.4. CANDOR의 심리학적 기여(2023): 대규모 개인차 연구와 관계 형성 분석

CANDOR는 앞서 3.1.3에서 전산학적 관점에서 분석했지만, 심리학적 관점에서도 중요한 의미를 갖는다. 특히 Reece et al.(2023)이 제시한 '대화의 학제간 과학'은 사실상 심리학 이론을 대규모 데이터 분석에 적용한 것으로 볼 수 있다. 이는 Mischel(1968)의 상황주의 논쟁 이후 전개된 성격-상황 상호작용 이론을 현대적으로 구현한 것이다. CANDOR의 핵심 심리학적 기여는 Costa & McCrae(1992)의 Big Five 모델을 대화 행동과 직접 연결한 대규모 실증 연구다. 기존의 성격 연구들은 대부분 설문지나 제한된 실험실 과제에 의존했으나, CANDOR(§2.1.5)는 대규모 자연 대화 데이터를 통해 성격 특성이 실제 상호작용에서 어떻게 발현되는지를 분석했다.

언어적 동기화(linguistic synchrony)와 대화 만족도의 관계 발견은 Chartrand & Bargh(1999)의 카멜레온 효과 연구를 대화 맥락으로 확장한 것이다. 이는 사회심리학의 핵심 개념인 라포(rapport)가 언어적 차원에서도 작동함을 보여준다. Ireland et al.(2011)의 LSM(Language Style Matching) 연구를 대규모로 검증한 것으로도 볼 수 있다. CANDOR가 포착한 팬데믹 담화는 Pennebaker & Stone(2003)의 사회적 관심사와 언어 사용 연구를 현실적으로 구현한 사례다. 이는 역사적 사건이 개인의 언어 사용과 상호작용 패턴에 미치는 영향을 실시간으로 추적한 귀중한 자료다.

그러나 심리학적 관점에서도 CANDOR의 한계는 명확하다. 초면 관계의 제약으로 인해 Reis & Shaver(1988)의 친밀감 과정 모델에서 제시하는 깊이 있는 자기 노출이나 상호 이해는 포착하기 어렵다. 또한 30분이라는 시간 제약은 Knapp & Vangelisti(2005)의 관계 발전 단계 중 초기 단계만을 다룰 수 있게 한다.

3.2.5 심리학 분야 말뭉치의 일상대화 구축에 대한 시사점

심리학 분야 말뭉치들의 발전 과정을 종합하면, 개별적 반응 측정에서 사회적 상호작용 이해로의 패러다임 전환을 확인할 수 있다. Belfast는 자연적 감정 유도의 중요성을, IEMOCAP은 정밀한 측정의 가능성을, CANDOR는 대규모 개인차 연구의 잠재력을 각각 보여주었다.

일상대화 말뭉치 구축 관점에서 심리학적 접근법의 가장 중요한 기여는 개인차와 맥락 효과의 체계적 고려다. 실제 일상대화에서 사람들의 행동은 성격, 기분, 관계, 상황에 따라 현저히 달라지며, 이러한 변이를 무시하고는 진정한 자연성을 포착할 수 없다. 심리학 말뭉치들이 개발한 개인차 측정 도구와 맥락 변인 통제 방법론은 일상대화 말뭉치 구축에 필수적인 방법론적 기반을 제공한다.

또한 감정과 사회적 신호의 연속적, 다차원적 측정 방법론도 중요한 기여다. 일상대화에서 나타나는 미묘한 감정 변화, 복합적 감정 상태, 사회적 신호의 다층적 의미 등은 이산적 범주로는 포착하기 어렵다. Belfast와 IEMOCAP이 개발한 연속적 주석 체계와 다차원 측정 방법론은 이러한 복잡성을 다루는 도구를 제공한다.

그러나 동시에 심리학적 접근법의 한계도 분명하다. 실험적 통제에 대한 강조는 자연스러운 일상대화의 혼재성과 예측 불가능성을 제약할 수 있다. 또한 개별적 또는 2자적 상호작용에 대한 집중은 가족, 친구 집단 등에서 나타나는 복잡한 다자간 역학을 간과할 위험이 있다. 따라서 한국어 멀티모달 일상대화 말뭉치 구축에서는 심리학적 엄밀성과 생태학적 자연성 사이의 균형을 찾는 것이 중요한 과제가 될 것이다.

3.3. 언어학 분야 말뭉치: 언어 현상의 정밀한 기술에서 상호작용 이론으로

2000년대 들어서 언어학은 사용 기반 언어학(usage-based linguistics)의 확산과 함께 실제 언어 사용에 대한 관심이 증가했으며, 특히 Tomasello(2003)의 사용 기반 이론과 Goldberg(2006)의 구성 문법(Construction Grammar)이 영향을 미쳤다. 2010년대 이후에는 멀티모달 상호작용 분석의 등장으로 언어를 다른 기호 체계와 통합된 의사소통 자원으로 이해하는 관점이 확산되었다.

3.3.1. FOLK(2014-): 독일어 구어의 체계적 변이와 자연 발생 대화

FOLK(독일어 구어 연구·교육 말뭉치, Forschungs- und Lehrkorpus Gesprochenes Deutsch)는 독일 언어학계에서 독자적으로 발전한 구어 연구 전통인 대화 연구(Gesprächsforschung)의 직접적인 성과물로 이해할 수 있다. 이 전통은 1970년대부터 대화분석을 수용하는 동시에, 특히 독일어의 운율, 문법 구조가 실제 상호작용에서 어떻게 기능하는지를 정밀하게 분석하는 방향으로 발전해 왔다.

FOLK는 바로 이러한 '대화 연구'가 대규모의 자연 발생적 데이터를 체계적으로 분석할 수 있도록 구축된 주요 실증 자원이자,구어 언어의 체계적 기록과 분석을 위한 대표적인 멀티모달 말뭉치로 자리매김하고 있다. Schmidt(2014)는 FOLK의 이론적 배경을 래보브의 사회언어학과 대화분석의 결합을 통한 독일어 구어 변이의 포괄적 기록이라고 설명한다. 이는 Ferguson(1959)의 이중언어상황(diglossia) 개념에서 출발하여 독일어의 구어-문어 차이를 체계적으로 분석하고, 나아가 지역적, 사회적 변이를 종합적으로 포착하려는 시도이다.

FOLK는 '표준 독일어'라는 이념형에서 벗어난 실제 구어 사용의 다양성을 포착하고자 했다. Schmidt(2016)는 자연성과 체계성 사이의 균형을 추구한다고 명시하며, 생태학적 타당성과 과학적 엄밀성의 조화를 추구했다.

FOLK의 자료 수집 전략은 Hymes(1974)의 'SPEAKING' 모델을 참조하여 상황, 참여자, 목적, 행위 연쇄, 분위기, 수단, 규범, 장르의 각 차원에서 최대한 다양한 사례를 포괄하려 했다. 구체적으로는 사적 영역(가정 대화, 친구 모임), 제도적 영역(의료 상담, 교육 활동), 공적 영역(시민 참여 토론회) 등으로 구분하여 체계적 수집을 수행했다.

지역적 변이에 대한 관심은 FOLK는 저지 독일어(Low German), 중부 독일어(Central German), 고지 독일어(Upper German)의 주요 방언권을 포괄하여 독일어 구어의 지역적 다양성을 체계적으로 기록했다. 이는 단순한 방언 수집을 넘어 표준어와 방언의 코드 전환, 방언 평탄화(dialect leveling) 현상, 지역 정체성과 언어 사용의 관계 등을 분석할 수 있는 자료를 제공했다.

FOLK의 전사 체계는 GAT 2(Gesprächsanalytisches Transkriptionssystem 2)를 기반으로 한다. 이는 Jefferson(2004)의 대화분석 전사 체계를 독일어에 맞게 조정한 것으로, Selting et al.(2009)이 체계화하였다. GAT 2는 단순한 철자 전사를 넘어 운율적 특징(억양, 강세, 길이), 음성학적 세부사항(발음 변이), 그리고 상호작용적 현상(말겹침, 침묵, 웃음)을 정밀하게 기록한다.

FOLK의 점진적 멀티모달 확장은 특히 주목할 만하다. 초기에는 음성 자료 중심으로 시작되었으나, 점차 비디오 자료를 포함하게 되었다. 이는 제스처, 시선, 공간적 배치 등이 독일어 대화 구조에 체계적으로 기여한다는 증거가 축적되면서 이루어진 변화였다. Schmidt(2016)는 비언어적 요소들이 말차례 조직과 의미 구성에 필수적 역할을 한다는 연구 결과를 제시했다.

FOLK는 일상대화 말뭉치 구축에 중요한 방법론적 기여를 했다. 자연성과 체계성의 균형 추구, 사회언어학적 변이의 체계적 포착, 점진적 멀티모달 확장 등은 한국어 말뭉치 구축에 참조할 만한 모델을 제공한다.

3.3.2. CEJC(2022): 일본어 일상대화와 동아시아적 상호작용 패턴

CEJC는 일본 국립국어연구소(NINJAL)가 주도한 동아시아 최대 규모의 자연 발생 대화 말뭉치다. Koiso et al.(2022)은 CEJC가 대화분석의 일반적 방법론과 일본어 상호작용에서 나타나는 구체적인 현상의 분석을 결합하는 것을 이론적 배경으로 삼는다고 설명하였다. CEJC의 가장 혁신적인 기여는 '생활 맥락 중심 수집(life-context-based collection)' 방법론이다. 기존의 실험실 중심 또는 과업 지향적 수집과 달리, CEJC는 참가자들의 실제 생활 공간에서 자연스럽게 발생하는 대화를 장기간에 걸쳐 수집했다. 이는 Bronfenbrenner(1979)의 생태학적 체계 이론을 언어학 연구에 적용한 것으로, 미시체계(가정), 중간체계(직장), 외체계(지역사회) 등 다양한 생활 맥락에서의 언어 사용을 포괄적으로 연구할 수 있는 기반을 마련하고자 했다.

CEJC의 수집 방법론은 이중적 접근을 특징으로 한다. 개인 기반 수집에서는 모집된 일반인 정보 제공자가 몇 달에 걸쳐 휴대용 녹음·녹화 장비를 소지하고 자신의 가정, 직장, 야외 등에서 대화를 직접 녹화했다. 이는 Garfinkel(1967)의 민족방법론적 관점에서 '내부자의 시각(insider's perspective)'을 확보하려는 시도다. 상황 특정적 수집에서는 개인 기반 방식으로 포착하기 어려운 특정 상황(직장 회의, 의료 상담 등)의 자료를 보완적으로 수집했다.

CEJC는 일본어 대화의 구체적인 상호작용 양상을 연구할 수 있는 주요 기반이 된다. Koiso et al.(2022)은 이 자료를 바탕으로, 청자 지향적 화법이나 간접적 의사소통 방식이 제스처나 시선 패턴에도 체계적으로 반영될 수 있음을 보여주었다. 이는 구체적으로 맞장구 표현, 시선 회피, 고개 끄덕임 등의 비언어적 행동이 일본어의 공손성 체계와 밀접하게 연관되어 있을 가능성을 탐구할 수 있게 한다.

특히 CEJC는 '내부(內)와 외부(外)' 구분과 같은 사회적 개념이 언어 사용에 미치는 영향을 멀티모달 차원에서 분석할 수 있는 토대를 제공한다. 이는 Hall(1976)의 고맥락-저맥락 문화 구분을 멀티모달 의사소통 차원에서 실증적으로 검증하는 연구에 활용될 수 있다.

CEJC의 전사 체계는 일본어의 독특한 특성을 반영한다. 일본어는 문자 체계(히라가나, 가타카나, 한자)의 복합성, 높임법의 복잡성, 조사 체계의 특수성 등 다른 언어와 구별되는 특징을 갖는다. CEJC는 이러한 특성을 체계적으로 기록하기 위해 전사 체계를 개발했으며, 특히 구어에서 나타나는 축약형, 방언형, 세대별 언어 특징 등을 정밀하게 전사하고자 하였다.

CEJC의 또 다른 혁신은 시간 동기화의 정교함이다. 일본어 대화에서 중요한 역할을 하는 맞장구 표현(청자 반응)은 매우 짧은 시간 간격으로 발생하며, 그 타이밍이 상호작용의 성공에 결정적이다. CEJC는 밀리초 단위의 정밀한 동기화를 통해 이러한 미시적 상호작용 현상을 분석할 수 있게 했다.

CEJC는 한국어 일상대화 말뭉치 구축에 특별한 의미를 갖는다 특히 나이와 사회적 지위에 따른 높임법 체계, 간접적 의사소통 선호 등은 두 언어 공동체가 공유하는 주요 연구 주제다. 따라서 CEJC를 통해 연구된 일본어의 멀티모달 상호작용 패턴은 한국어 연구에 중요한 참조점을 제공할 것으로 보인다.

그러나 CEJC가 향후 단계적으로 보완해 나갈 지점도 명확하다. 현재 CEJC는 주로 언어 전사와 구문 주석 자료만 공개하였으나, 비언어적 요소에 대한 주석은 향후 확장이 필요한 과제로 남아있다. 일상대화의 멀티모달적 특성을 온전히 연구하기 위해서는 이러한 비언어적 주석의 확장이 필요하다.

CEJC는 동아시아 언어권 최초의 대규모 자연 발생 대화 말뭉치로서 중요한 의미를 갖는다. 생활 맥락 중심 수집 방법론, 청자 반응이나 공손성 체계 등 구체적인 상호작용 현상의 연구 기반,이러한 현상들의 멀티모달 구현 양상 탐구 가능성 등은 한국어 일상대화 말뭉치 구축에 직접적으로 참조할 수 있는 성과들이다.

3.3.3. GEHM Zoom(2024): 온라인 환경에서의 멀티모달 대화분석

GEHM(Gesture, Emotion, Head Movement) Zoom 말뭉치는 팬

데믹 이후 일상화된 온라인 화상 회의 환경에서의 멀티모달 상호작용을 체계적으로 분석한 최신 연구다. Paggio et al.(2024)은 GEHM의 이론적 배경을 온라인 그룹 커뮤니케이션 연구라고 한다. 이는 Bailenson(2021)이 제시한 '줌 피로'의 네 가지 원인, 즉 과도한 시선 접촉, 지속적인 자기 모습 노출, 제한된 신체 움직임, 인지 부하 증가 등에 대한 분석을 통해 온라인 상호작용의 독특한 특성을 규명하려는 시도다.

GEHM의 핵심 혁신은 Zoom 미팅의 멀티모달 코퍼스 구축이다. 국제 연구자 그룹의 영어 Zoom 미팅 12개 비디오 녹화로 구성되며, 평균 40분 길이, 총 8시간 분량이다. 참가자 수는 모임당 5명에서 9명이다.

GEHM 말뭉치는 특히 '제한된 시야각 효과'를 연구하는 데 중요한 자료를 제공한다. 화상 회의에서는 상반신만 보이기 때문에 전신 제스처가 제한되고, 이는 제스처 공간의 축소로 이어진다. Paggio et al.(2024)의 분석에 따르면, 참가자들은 온라인 환경에서 팔꿈치와 손목이 자주 보이지 않았다.

GEHM의 대화분석적 접근은 멀티모달 상호작용 분석 방법론을 따른다. 특히 온라인 환경에서 나타나는 새로운 현상들, 예를 들어 기술적 지연으로 인한 말차례 교대의 변화, 음소거 상태에서의 비언어적 소통, 화면 공유 중 상호작용 패턴 변화 등을 체계적으로 분석했다.

이는 일상대화 말뭉치 구축에 중요한 시사점을 제공한다. 팬데믹 이후 온라인 소통이 일상화된 상황에서, 면대면 대화만을 대상으로 하는 전통적 접근법은 현실적 적절성을 잃을 수 있다. GEHM이 제시한 하이브리드 상호작용 환경의 분석 방법론은 한국어 일상대화 말뭉치에서도 고려해야만 하는 차원이다.

3.3.4. 언어학 분야 말뭉치의 일상대화 구축에 대한 시사점

언어학 분야 말뭉치들의 발전 과정을 종합하면, 이상화된 언어 능력 연구에서 실제 언어 사용 분석으로, 그리고 텍스트 중심 분석에서 다차원 멀티모달 통합 분석으로의 패러다임 전환을 확인할 수 있다. FOLK는 사회언어학적 변이와 운율적 세부사항(GAT 2)의 체계적 포착을, CEJC는 '생활 맥락 중심'의 대규모 자연 발생 데이터 수집 방법론을, 그리고 GEHM은 팬데믹 이후 중요해진 온라인 상호작용 환경으로의 분석 확장을 각각 보여주었다.

일상대화 말뭉치 구축 관점에서 언어학적 접근법의 가장 중요한 기여는 데이터의 자연성과 분석의 엄밀성을 동시에 추구한다는 점이다. FOLK의 GAT 2와 같은 정밀한 전사 체계는 발화가 '어떻게' 말해지는지(운율, 겹침, 길이)를 미시적으로 기술하며, CEJC의 '생활 맥락 중심' 수집은 생태학적 타당성을 극대화한다. 이러한 방법론은 실제 상호작용의 복잡성을 이론적으로 체계화하는 데 필수적인 기반을 제공한다. Knight(2011)는 이러한 전환을 통해 멀티모달 말뭉치가 언어학 연구에서 대화의 비언어적 요소를 체계적으로 통합할 수 있게 되었다고 지적한다.

또한 CEJC의 사례에서 보듯, 이러한 자료는 청자 반응(맞장구 표현)이나 공손성 체계와 같은 특정 언어 공동체의 구체적인 상호작용 현상을 연구할 수 있는 기반을 제공한다. 이는 한국어 일상대화 말뭉치 구축 시 어떤 구체적인 언어 현상(예: 높임법, 청자 반응)을 정밀하게 포착해야 하는지에 대한 중요한 참조점을 제공한다.

그러나 동시에 언어학적 접근법의 한계도 분명하다. 언어 현상의 정밀한 기술에 집중하는 경향은 일상대화에서 중요한 역할을 하는 다른 비언어적 요소(예: 감정 표현)나 심리학적 변인(예: 개인차, 관계)을 상대적으로 소홀히 다룰 위험이 있다. 따라서 한국어 멀티모달 일상대화 말뭉치 구축에서는 언어학적 엄밀성을 유지하면서도, 심리학 및 전산학의 분석 방법론을 통합하는 다학제적 균형을 찾는 것이 중요한 과제가 될 것이다.

다음은 지금까지 논의한 멀티모달 말뭉치에 대한 요약 표이다.

〈표 3.1〉 전산학(AI·HCI·로봇) 연구용 말뭉치

말뭉치	언어	연도	규모	환경·참여자	모달리티	주석 특징	주석 방식	세부 태그	강점	한계
M2VTS	다국어	1996	≈1 h, 37명×5세션(짧은 발화)	정면 스튜디오	얼굴·음성	화자 ID 라벨	화자/세션 메타데이터	[생체][파일럿]	멀티모달 생체 효시	대화 없음
AMI	영어	2005	100 h, 140명	스마트 회의 4인	멀티캠·마이크	발화·대화행위(부분 제스처)	NXT XML Toolkit	[회의][멀티캠][중간]	정밀 동기화	시나리오
CANDOR	영어	2023	850 h, 1 656쌍	Zoom 초면	720p 영상·오디오	자동 음성 인식 전사 + 얼굴 포인트 추출	JSON+CSV (ConvoKit 스키마)	[온라인][대규모]	초대규모	제스처 주석 얕음
SCOUT	영어	2024	278 대화(수 분 단위)	원격 로봇 WoZ	1인칭 영상·지도	AMR·행동 라벨	CoNLL-AMR JSON	[로봇][1인칭][파일럿]	HRI 지시 특화	특수 도메인(HRI 지시 담화에 편중)
MISP	중국어	2023~	125 h, 4-8명×회	실제 회의실	멀티캠·어레이 오디오·립	화자 분할·립 특징	RTTM + CSV + JSON	[회의][멀티캠][중간]	AV 회의 최대	회의 편중

〈표 3.2〉 심리학·사회심리학 연구용 말뭉치

말뭉치	언어	연도	규모	환경·참여자	모달리티	주석 특징	주석 방식	세부 태그	강점	한계
Belfast	영어	2012	≈1 h, 125명	실험실(영상 자극 시청)	오디오·영상	감정 범주·연속 값	FEELTRACE/ ANVIL	[감정][파일럿]	감정연구 효시	맥락 부족
IEMOCAP	영어	2008	12 h, 10배우	스튜디오	HD·3D 모캡	감정 범주·정동 차원·전사	ELAN + CSV	[감정][고밀도] [파일럿]	고해상도	연기
SEMAINE	영어	2010/ 2012	20 h, 25명	가상 에이전트	오디오·영상 (일부 생리)	연속 감정	XML+CSV	[감정][온라인] [파일럿]	SSP 자료	시나리오
CANDOR	영어	2023	850 h	Zoom 초면	영상·오디오 ·설문	친밀도·LIWC	JSON+CSV	[감정][온라인] [대규모]	대규모 사회심리	온라인/초면 편향, 제스처 주석 부족
MeMo	영어	2024	31 h	소그룹 3~6인	영상·오디오 ·설문	기억 회상 라벨	ELAN + 설문 CSV	[기억][중간]	기억 연구 개척	소규모

〈표 3.3〉 대화분석·사회언어학 연구용 말뭉치

말뭉치	언어	연도	규모	환경·참여자	모달리티	주석 특징	주석 방식	세부 태그	강점	한계
IFADV	네덜란드어	2008	5 h, 20쌍	연구실 카페	듀얼 카메라	시선+ 대화기능+ 품사/음운 자동화	ELAN EAF	[자연][멀티캠][파일럿]	자연 1:1	규모 ↓
FOLK	독일어	2008~	169 h+	가정·공공	주로 오디오	GAT2 억양·담화	EXMARaLDA XML	[자연][방언][중간]	방대한 방언	영상 제한
CEJC	일본어	2022	200 h	생활 환경	영상·오디오	형태소·담화	ELAN + CSV	[자연][멀티캠][중간]	생활 맥락	제스처 주석 미비
GEHM Zoom	영어	2024	8 h	연구자 Zoom	영상·오디오	키포인트+ 전사	OpenPose JSON + ELAN	[온라인][파일럿]	몸짓·회의 CA	소규모

〈표 3.4〉 언어학(음운·통사·화용) 연구용 말뭉치

말뭉치	언어	연도	규모	환경·참여자	모달리티	주석 특징	주석 방식	세부 태그	강점	한계
AMI	영어	2005	100 h	회의 4인	멀티캠·마이크	전사·대화행위(DA)·요약·의사결정·제스처/시선 서브셋	NXT XML	[회의][멀티캠][중간]	회의 담화 구조	시나리오 기반
CID	프랑스어	2007	7~8 h	실험실 1:1	오디오·영상	음소 – 제스처 XML	ELAN/EXMARaLDA	[고밀도][파일럿]	음성(운율)·비언어(제스처/시선)·담화 기능	소규모
HuComTech	헝가리어	2011	60~100 h	스튜디오	1080p·오디오	화행·생체·제스처	QAnnot SQL	[고밀도][중간]	화행·비언어·생리(얼굴·시선·호흡 등) 융합	주석 비용 높음
CEJC	일본어	2022	200 h	생활 환경	영상·오디오	형태소·구문·담화	ELAN + JSON	[자연][멀티캠][중간]	구어 변이	비언어 주석 제한

〈표 3.5〉 대표적 멀티모달 말뭉치의 평가

구분	M2VTS	AMI	IEMOCAP	FOLK	CEJC	CANDOR	MISP
규모(시간)	≈1 h, 37명×5세션	100	12	169h+(2008~ 구축 중)	200	850	200+
자연성/생태학적 타당성	낮음 (연기/과업)	중간 (시나리오기반)	낮음 (연기)	높음 (자연 발생)	매우 높음 (생활 맥락)	매우 높음 (자연 대화)	높음 (실제 환경)
상호작용 유형	생체인식 과업	공식 회의	2인 연기	일상 대화	일상 대화	온라인 초면 대화	가족 TV 시청
주석 깊이	낮음 (메타데이터)	중간 (화행/주제)	매우 높음 (감정/모션캡처)	중간 (GAT2 전사)	중간 (형태소/담화)	중간 (자동+설문)	중간 (화자·ASR)
주요 학문적 목표	공학/컴퓨터과학 성능 검증	공학-그룹 상호작용 분석	심리학-감정 타당화	언어학-구어 변이 기술	언어학-대화분석	전산사회과학-대 규모 대화	공학-실세계 강건성
언어	다언어	영어	영어	독일어	일본어	영어	중국어
핵심 기여/패러다임	융합 가능성 증명	그룹 동역학 분석	감정 정량화	'현실' 데이터 포착	문화특수성 발견	대규모 대화 과학	실세계 강건성

제4장

비판적 성찰

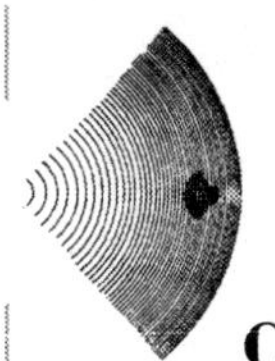

Chapter 04
비판적 성찰

4.1. 서론

앞선 2장과 3장에서는 1990년대 후반 멀티모달 융합의 가능성을 탐색하던 태동기부터, 2020년대 전산 사회과학과 강건한 인공지능이라는 두 개의 상호보완적 패러다임으로 분화하기까지, 지난 30년 안팎의 멀티모달 말뭉치 연구가 걸어온 과정을 연대기적으로 추적하고 연구 분야별 진화 패턴을 분석했다. 우리는 M2VTS와 같은 고도로 통제된 실험실 환경에서 출발하여 AMI 회의 말뭉치를 통해 복잡한 사회적 상호작용으로 분석의 지평을 넓혔고, IEMOCAP을 거치며 감정과 같은 주관적 현상을 정밀하게 측정하려는 시도를 목도했다. 이후 FOLK(Forschungs- und Lehrkorpus Gesprochenes Deutsch)와 CEJC(Corpus of Everyday Japanese Conversation)는 연구의 초점을 다시 '현실 세계

(in the wild)'의 자연성으로 되돌렸으며, CANDOR와 MISP는 각각 대규모 온라인 대화의 사회심리학적 탐구와 실제 환경에서의 공학적 난제를 다룬 현대적 이정표를 제시했다. 이 서사는 단순히 기술의 진보를 나열하는 것이 아니라, 각 시기에 제기된 문제의식과 그것을 해결하기 위한 방법론적 모색의 기록이다.

이제 본 장에서는 지금까지 서술한 흐름을 비판적으로 성찰하고 그 심층적 의미를 탐색하고자 한다. 과거의 개별적 성공과 실패를 단순히 나열하는 것을 넘어, 그 이면에 흐르는 일관된 패턴과 지속적인 딜레마를 발견하기 위해서는 체계적인 평가의 틀, 즉 일관된 '렌즈'가 필요하다. 본 연구는 그 렌즈로서, 앞선 연구에서 한국어라는 특수한 언어적·문화적 맥락 속에서 이상적인 말뭉치가 갖추어야 할 요건들을 고심하는 과정에서 도출된 13가지 구축 원칙을 준거 틀로 삼고자 한다. 그 13가지 원칙, 즉 ① 대표성, ② 균형성, ③ 자연성, ④ 멀티모달 동기화, ⑤ 일관성, ⑥ 목적 특화, ⑦ 윤리적 수집, ⑧ 개인정보 보호, ⑨ 확장성, ⑩ 재사용성, ⑪ 맥락 정보 수집, ⑫ 기술적 품질, ⑬ 안정성은 이상적인 말뭉치가 갖추어야 할 다차원적 요건을 정의한다.

이러한 원칙 기반의 평가는 인간 의사소통이 본질적으로 다층적이고 통합적인 멀티모달 현상이라는 현대 대화·상호작용 연구의 통찰에 근거한다. Goodwin(2000)과 Mondada(2018)가 지적했듯이, 말소리뿐 아니라 시선, 몸짓, 표정, 공간 배치와 같은 다양한 비언어적 자원은 담화 조직, 발화 해석, 말차례 교대 조절에서 분리할 수 없는 핵심적 역할을 수행한다. 특히 한국어 대화에서는 종결 어미, 높임법, 청자 지시 표현 등이 비언어적 자원과 교차하며 화용적 기능을 수행하므로, 이러한 멀티모달적 특성을 포착하지 않고는 온전한 분석이 불가능하다. 따라서 이 원칙들은 단순한 기술적 체크리스트가 아니라, 복잡한 인간 상호작용의 본질을 포착하기 위한 이론적 요구 조건의 집약체로 이해할 수 있다.

더 나아가 지난 30년의 역사는 단일한 진보의 과정이라기보다, 서로 다른 인식론적 전제와 방법론을 가진 여러 연구 패러다임(예: 전산학, 심리학, 언어학)이 병존하고 경쟁해 온 과정으로 재구성될 수 있다. Lakatos(1970)의 연구 프로그램 개념으로 보면, 각 분야는 고유한 '핵(hard core)'을 유지하기 위해 서로 다른 데이터 수집과 분석 방식을 '보호대(protective belt)'로 발전시켜 왔다. 본 장의 목표는 이 13가지 원칙이라는 공통 잣대를 통해, 각 연구 프로그램이 어떤 원칙을 우선시하고 어떤 원칙을 후순위로 밀어냈는지를 드러내는 데 있다.

따라서 본 장의 목적은 이 원칙들을 체크리스트 삼아 말뭉치에 점수를 매기려는 데 있지 않다. 그러한 평가는 각 말뭉치가 처한 시대적·기술적 맥락을 무시한 채 결과만으로 평가하는 위험이 있다. 대신 이 장은 원칙들 사이의 상충과 보완 관계에 주목해 지난 30년의 흐름을 다시 짜 보려 한다. 특정 원칙을 우선했을 때 어떤 다른 원칙이 희생됐는가, 기술의 발전은 원칙들 사이의 관계를 어떻게 재구성했는가, 그리고 이 원칙들의 관점에서 볼 때 지금 우리가 직면한 근본 과제는 무엇인가. 이 질문들에 답함으로써 우리는 개별 말뭉치의 성패를 넘어 이 분야가 걸어온 과정의 본질을 이해하고, 이후 장에서 제시할 새로운 패러다임을 위한 논리적 기반을 마련할 수 있을 것이다.

4.2. 기초의 딜레마: 대표성, 균형성, 자연성

4.2.1. 제어된 환경의 선택: 자연성과 통제의 상충관계

멀티모달 말뭉치 연구의 초기 단계에서는 자연성을 일정 부분 포기하는 대신, 기술적 통제와 측정의 정밀성을 최대화하는 전략이 선택되었다. 복잡하고 예측 불가능한 실제 상호작용을 있는 그대로 담는 것보다, 명확하게 정의된 공학적 가설을 검증할 수 있는 깨끗한 자료가 우선되었던 것이다. 그 대표적 사례가 M2VTS이다. M2VTS의 목적은 사람들의 일상적 대화를 기술하는 것이 아니라, 음성·얼굴이라는 두 모달리티를 결합하면 단일 모달리티보다 개인 인증 성능을 높일 수 있다는 가설을 실험적으로 보여 주는 데 있었다(Pigeon & Vandendorpe, 1997). 이를 위해 참여자는 동일한 배경과 조명 아래에서 모국어로 0에서 9까지 숫자를 읽고, 머리를 0도에서 -90도, 다시 0도, +90도, 다시 0도로 회전시키는 표준화된 순서를 따라야 했다. 이런 설계는 대화 내용, 움직임, 촬영 조건과 같이 성능 평가에 불필요한 변이를 최대한 제거해, 알고리즘 자체의 효과를 순수하게 측정하려는 의도였다. 이 과정에서 대화의 자연성은 상당히 줄어들었지만, 대신 후속 연구들이 그대로 재현할 수 있는 일관된 기준이 마련되었다. XM2VTSDB로의 확장은 바로 이런 통제 방식을 더 큰 규모의 실험으로 이어 간 결과이다(Messer, Matas, Kittler, Luettin, & Maitre, 1999).

비슷한 선택은 IEMOCAP에서도 나타난다. IEMOCAP의 목표는 행복, 분노, 슬픔처럼 내면적이고 주관적인 정동을 음성·표정·몸동작이라는 여러 자원을 통해 동시에 포착하는 것이었다. 이를 위해 연구진은 일반 화자가 아니라 훈련된 배우를 초청해 정해진 대본을 연기하게 하거나 특정 감정을 유발하는 상황을 즉흥적으로 수행하게 했다(Busso et al., 2008). 배우의 연기는 감정 표현을 안정적으로 반복 생성할 수 있는 수단이었고, 고밀도의 모션 캡처는 눈썹, 입꼬리, 머리 각도 같은 미세한 변화를 수치화해 주었다. 다시 말해 IEMOCAP은 자연 대화의 예측 불가능성을 의도적으로 줄이는 대신, 감정이라는 난해한 대상을 정교하게 모델링할 수 있는 고신뢰도 자료를 확보했다.

이 두 사례는 대표성·균형성·자연성 가운데 '통제' 축을 극대화한 경우로 볼 수 있다. 통제가 강화되는 만큼 자연성은 약해지지만, 그 대신 측정 가능성과 재현 가능성이 높아져 공학적·심리학적 질문에 직접 답할 수 있는 데이터가 된다. 문제는 이런 데이터만으로는 실제 일상 상호작용의 복잡한 조직을 설명하기 어렵다는 점이다. 바로 이 지점에서 후속의 FOLK, CEJC, CANDOR, MISP 같은 말뭉치가 다시 자연성 축을 끌어올리려 했다고 볼 수 있다.

4.2.2. '현실 세계'로의 회귀: 자연성 추구와 그 대가

2010년대에 들어 멀티모달 말뭉치 연구는 자연성(naturalness), 곧 생태학적 타당성(ecological validity)을 최우선 가치로 두는 중요한 전환점을 맞는다. 연구자들은 실험실의 제약을 벗어나, 실제 생활 장면에서 발생하는 예측 불가능하고 자발적인 상호작용을 있는 그대로 포착하는 데 집중하기 시작했다. 이는 이전 세대가 강조했던 엄격한 통제나 재현 가능성과는 다른 차원의 가치, 곧 특정 언어 공동체의 상호작용 방식을 그 문화적 맥락 안에서 두텁게 기술하려는 방향이다. 이런 점에서 이 시기의 말뭉치는 기어츠가 말한 '심층 기술(thick description)[25]'이 지향하는 바, 즉 행위가 놓인 문화적·상징적 맥락까지 함께 서술하려는 인류학적 태도와 닮아 있다(Geertz, 1973).

독일어를 대상으로 한 FOLK 말뭉치는 이러한 흐름을 대표하는 사례다. FOLK의 목표는 통제된 실험 환경에서는 결코 관찰할 수 없는 실제 구어 상호작용의 변이형을 폭넓게 수집하는 것이었다(Schmidt, 2014). 이를 위해 연구진은 사적 대화, 공공장소의 대화, 제도적 상호작용 등 서로 다른 활동 유형을 아우르는 다양한 현장에서 자료를 모았다. 이 접근법의 의의는 독일어라는 특정 언어 공동체 안에서 사회적·지역적·상황적 맥락에 따라 말하기가 어떻게 달라지는지를 미시적으로 분석할 수 있는 기반을 마련했다는 데 있다. 다시 말해 FOLK가 노린 '대표성'은 전 지구적 대표성이 아니라, 독일어 화자 세계 내부의 복잡성을 가능한 한 많이 담아내는 질적 대표성이다.

일본의 CEJC도 같은 방향을 보여준다. CEJC는 '일상 장면 속에서 당사자들의 필요와 목적에 의해 자연스럽게 발생한 대화'를 1차 수집 대상으로 삼았고(小磯花絵 et al. 2022), 이를 위해 연구자가 현장에 직접 개

---

25 인류학자 Clifford Geertz가 그의 저서 『문화의 해석(The Interpretation of Cultures, 1973)』에서 제시한 개념으로, 인간의 행동을 단순한 물리적 현상으로 관찰하는 '표층 기술(thin description)'과 달리, 그 행동이 일어나는 복잡한 문화적 맥락과 상징 체계 속에서 행위자가 부여하는 의미를 해석하고 두텁게 서술하는 연구 방법론을 의미한다. 예를 들어 '눈을 빠르게 깜빡이는 행위'는 표층적으로는 '안검의 수축'이지만, 심층적으로는 '윙크'라는 신호, '공모의 표현', '유머의 시도' 등 다양한 의미의 층위를 가질 수 있다.

입하지 않고, 모집된 협력자가 수개월 동안 가정·직장 등 실제 생활 공간에서 스스로 대화를 녹화하는 방식을 채택했다. 이로써 이전 일본어 대화 코퍼스보다 훨씬 높은 수준의 자연성을 확보할 수 있었다. 이 말뭉치는 특히 일본어 일상대화에서 자주 등장하는 맞장구 표현이나 상호관계 조율 발화처럼 문화적으로 특수한 상호작용 패턴을 분석하는 데 결정적인 자료를 제공한다(Koiso et al., 2022). CEJC의 목표 역시 보편적 일반화가 아니라, 일본어 화자들이 일상에서 어떻게 관계를 맺고 의미를 협상하는지를 멀티모달 차원에서 두텁게 기술하는 데 있다.

이 두 사례는 '대표성' 개념을 다시 생각하게 한다. 모든 말뭉치가 전 인류를 대표할 필요는 없다. 어떤 말뭉치는 특정 언어·문화 집단의 실제 상호작용을 가능한 한 손대지 않은 상태로 담아내는 것 자체가 과학적 목표가 된다. FOLK와 CEJC는 바로 이런 의미에서 대규모 온라인·글로벌 데이터셋에서는 쉽게 희석되는 문화·상황 특유의 상호작용 양식을 보존하고, 그것을 분석 가능한 형태로 전환하는 데 기여한다. 자연성을 극대화하는 선택은 통제와 재현 가능성 면에서는 손실을 낳지만, 그 대가로 언어·문화적 특수성을 설명할 수 있는 새로운 차원의 통찰을 제공한다.

4.2.3. 규모의 역설: 대규모 데이터와 새로운 불균형

2020년대에 들어 등장한 CANDOR 말뭉치는 이전과는 차원이 다른 규모를 통해 대표성·균형성·자연성이 삼각관계를 한번에 풀 수 있을 것처럼 보였다. 이 말뭉치는 약 850시간 분량, 1,600여 개가 넘는 온라인 화상 대화로 이루어져 있으며, 참여자들은 대부분 서로 처음 만나는 화자들이고 대화는 사전에 정해진 스크립트나 과업 없이 자유롭게 진행된다(Reece et al., 2023). 이런 점에서 CANDOR는 비교적 높은 자연성을 확보한 동시에, 다양한 배경을 가진 화자를 대거 포괄할 수 있는 잠재적 대표성을 갖춘 것처럼 보인다.

하지만 이 성취는 곧바로 '규모의 역설'을 드러낸다. 이렇게 방대한 데이터를 짧은 시간에 모을 수 있었던 이유 자체가 매우 특정한 상호작용 형식, 곧 '온라인에서 처음 만난 두 사람의 1대1 화상 대화'만을 수집 대상으로 삼았기 때문이기 때문이다. 실제 일상대화는 가족, 친구, 동료처럼 친밀도가 높은 관계에서 더 자주 발생하고, 두 사람보다 많은 인원이 참여하며, 동일한 물리적 공간을 공유한 상태에서 몸짓·시선·거리감 같은 비언어적 자원을 풍부하게 활용한다. 온라인 화상 대화는 이런 대화들과는 신체성, 공간성, 비언어적 단서의 양에서 뚜렷이 다르며, 화상회의 환경이 야기하는 인지적 부담과 자기 노출의 피로는 이미 선행 연구에서 지적된 바 있다(Bailenson, 2021). 다시 말해 CANDOR는 규모와 자연성을 얻는 대신, '온라인 초면 대화'라는 한 단면을 지나치게 많이 담아버리는 새로운 불균형을 만들어낸 셈이다.

이 사례는 데이터의 양이 자동으로 대표성과 균형성을 보장해주지 않는다는 점을 분명히 보여준다. 오히려 대규모화를 위해 특정 수집 맥락(온라인 플랫폼, 특정 장비, 특정 관계 설정)에 의존하면 할수록, 그 맥락이 가진 편향이 그대로 말뭉치 속으로 들어온다. 결국 '빅데이터'의 조건에서 우리가 직면하는 문제는 데이터가 적어서가 아니라, 데이터가 모여 있는 자리 자체가 편향되어 있다는 점이다. 어느 맥락에서, 누구의 대화를, 어떤 관계에서 수집했는가 하는 맥락적 조건이 대표성·균형성·자연성보다 앞서 결정 변수가 되어버린다.

이렇게 보면 지난 30년의 역사는 대표성 개념이 어떻게 이동해 왔는지 보여주는 과정이기도 하다. 초기의 M2VTS나 XM2VTSDB가 생각했던 대표성은 "얼굴과 음성이라는 생체 신호를 쓰는 알고리즘이 여러 사람에게서 안정적으로 작동하는가"를 확인하기 위한 통계적 대표성이었다(Messer et al., 1999). 반면 FOLK나 CEJC가 말한 대표성은 "하나의 언어 공동체 안에서 실제로 일어나는 사회적·지역적·상황적 변이가 얼마나 두텁게 담겼는가"라는 문화·상호작용적 대표성이었다(Schmidt, 2016; Koiso et al., 2022). CANDOR가 던지는 질문은 여기에 또 하나를 더한다. 즉 "이 대화가 일어난 디지털 맥락 자체가 과연 우리가 분석하고 싶은 '진짜' 인간 상호작용과 얼마나 가까운가"라는 맥락적 진정성의 차원이다. 온라인 화상 대화는 카메라 프레임에 맞춰 상반신만 보이게 하거나, 시선이 화면과 렌즈 사이에서 어긋나게 하며, 참가자에게 지속적인 자기 모니터링을 요구한다. 이런 조건은 면대면 대화에서는 거의 나타나지 않는 제약이다. 그럼에도 우리가 온라인 방식으로 데이터를 모을 때는 이런 제약까지 그대로 대량으로 수집하게 된다. 규모가 커질수록 이 매체적 제약도 함께 커지는 것이다.

결국 M2VTS의 통제 중심 전략, FOLK와 CEJC의 자연성 우선 전략, CANDOR의 대규모화 전략은 각각 대표성·균형성·자연성의 삼각관계에 대한 서로 다른 응답이었으나, 어느 것도 세 축을 동시에 만족시키지는 못했다. 이것이 바로 '완전한 말뭉치'라는 이상이 왜 실무에서는 자꾸 실패하는지를 설명해 준다. 현실적인 해법은 하나의 거대한 말뭉치를 만드는 것이 아니라, 서로 다른 강점과 약점을 가진 여러 말뭉치를 나란히 두고, 연구 질문에 따라 골라 쓰거나 결합하는 것이다. AI 시대의 말뭉치 구축이 여전히 질적 대표성, 관계 맥락, 문화적 특수성에 대한 배려를 필요로 하는 이유가 여기에 있다.

4.3. 기술적 성취와 한계: 동기화, 일관성, 그리고 품질의 문제

멀티모달 말뭉치의 역사는 동시에 기술적 성취의 역사이기도 하다. 앞에서 살펴본 지난 30여 년의 말뭉치 구축 시도들은, 서로 다른 기기와 채널로부터 수집된 발화, 영상, 제스처, 시선 데이터를 가능한 한 동일한 시간축 위에 올리고, 이를 재사용 가능한 형식으로 저장하려는 노력을 꾸준히 축적해 왔다. ④ 멀티모달 동기화, ⑤ 일관성, ⑫ 기술적 품질이라는 세 가지 원칙의 관점에서 보면, 순수한 공학적 실행 능력은 분명히 진전되었다. 그러나 이때의 '기술적 품질' 개념은 대체로 당시 이용 가능한 하드웨어와 전사 도구가 허용한 해상도와 포맷을 곧바로 규범화해 버렸고, 그 결과 이후에 등장한 더 자연스러운 데이터나 더 이질적인 입력원을 품질 저하로 간주하는 경향도 함께 나타났다. 앞으로의 논의는 이 세 원칙이 어떤 점에서는 멀티모달 연구의 토대를 다졌으나, 다른 점에서는 후속 연구를 불필요하게 묶어 두었다는 점을 함께 다루고 있는 것이다.

4.3.1. 동기화 기술의 비약적 발전

멀티모달 말뭉치에서는 여러 모달리티가 실제 상호작용에서 어느 시점에 함께 나타났는지를 가능한 한 정확하게 기록하는 일이 중요하게 다뤄져 왔다. 이런 이유로 지난 30여 년의 말뭉치 구축 사례들은 대체로 동기화 정확도를 높이는 쪽으로 기술을 정비해 왔다.

초기 M2VTS의 동기화는 비교적 단순했다. 정면에 고정된 카메라로 촬영한 얼굴 영상과 짧은 음성 발화를 사후에 맞추는 방식이었고, 두 모달리티가 대략 같은 시점에 수집되었다는 것을 확인하는 정도였다 (Pigeon & Vandendorpe, 1997). 이런 수준의 정렬은 음성과 얼굴 정보를 함께 사용해 신원 인식이나 인증 성능을 평가하는 데에는 충분했지만, 발화와 시선, 발화와 손짓처럼 더 세밀한 시간적 관계를 분석하기에는 한계가 있었다.

보다 높은 수준의 동기화는 AMI 회의 말뭉치에서 확인된다. AMI는 여러 대의 카메라, 참가자별 근거리 마이크, 공간 전체를 위한 마이크 어레이, 전자 화이트보드와 디지털 펜 등 서로 다른 장비에서 나오는 신호를 하나의 회의 타임라인 위에 맞추도록 설계된 계측화 회의실을 사용했다(Carletta, 2007). 이를 위해 중앙에서 시간을 분배하는 타임코드 장치를 두어 오디오와 비디오 스트림을 공통 기준시에 맞췄고(Carletta et al., 2005), 그 결과 말차례 교대나 말겹침, 시선 이동과 발화 개시의 관계처럼 비교적 미세한 상호작용 단위를 기술할 수 있는 조건이 마련되었다. 이후의 다자간 대화 말뭉치들은 대체로 이와 유사한 '중앙 시각을 기준으로 여러 스트림을 정렬하는' 방식을 채택했다.

이 과정에서 동기화 기술은 '동시에 녹화했다'는 확인 수준에서 '서로 다른 장비의 출력을 프레임 단위에 가깝게 일치시킨다'는 수준으로 점차 높아졌다. 동시에, 이렇게 정해진 장비 구성과 프레임률이 사실상의 기준처럼 받아들여지면서, 보다 자연스러운 환경이나 이질적인 입력원을 포함하려는 시도는 상대적으로 품질이 낮은 것으로 평가되는 경향도 나타났다. 이는 동기화 정밀도의 향상이 말뭉치 수집 환경을 일정 부분 경직시키는 효과도 함께 가져왔음을 보여준다.

4.3.2. '기술적 품질'에 대한 근시안적 정의와 그 대가

기술적 실행 능력은 꾸준히 발전해 왔지만, 과거의 말뭉치 구축은 '기술적 품질'을 정의할 때 주로 그때 당장 활용할 수 있는 분석 범위를 기준으로 삼는 경향이 있었다. 이는 당시의 저장 용량, 연산 능력, 배포 비용을 고려하면 이해 가능한 선택이었으나, 결과적으로는 이후에 등장한 분석 기법이 활용할 수 있었을지도 모를 정보를 미리 줄여 버리는 결과를 낳았다.

이를 가장 분명하게 보여주는 사례로 M2VTS의 데이터 저장 방식을 들 수 있다. M2VTS는 당시 기준으로는 비교적 높은 품질의 Hi8 비디오(대략 576×720급)로 영상을 촬영했으나, 1990년대 후반의 제한된 저장 및 처리 환경 때문에 배포용 데이터는 더 낮은 CIF 급 해상도(약 288×360)로 변환해 공개했다(Pigeon & Vandendorpe, 1997: 407). 연구진의 1차 목적이 얼굴·음성 기반의 신원 인식 알고리즘 시험이었음을 고려하면 이 결정은 합리적이었다. 그 해상도로도 목표 과제의 성능 비교는 가능했고, 원본을 그대로 유지하기에는 당시 비용 부담이 컸기 때문이다.

다만 오늘의 시점에서 보면 이 결정은 잠재적인 분석 여지를 줄인 측면이 있다. 원본 해상도가 유지되었다면, 이후에 발전한 컴퓨터 비전·신호처리 기법을 적용해 더 미세한 얼굴 움직임이나 음성-얼굴의 동기화 패턴을 탐색해 볼 수 있었을 가능성이 있기 때문이다. 예를 들어, 미세 표정에 가까운 움직임, 시선·동공 변화, 피부 톤 변화와 관련된 신호는 저해상도 변환 과정에서 먼저 손실되기 쉽다. 이런 가능성은 어디까지나 사후적 관점에서의 추정일 뿐이지만, 당시의 '과제 수행에 필요한 만큼만 남기자'는 기준이 향후 재분석 가능성을 제한한 것은 분명하다.

이 점에서 '기술적 품질'을 '현재의 모델과 도구로 무리 없이 다룰 수 있는가'로만 정의하는 것은 충분하지 않다. 말뭉치는 한 세대 이후에 전혀 다른 질문으로 다시 조회될 수 있는 연구 자산이므로, 가능한 한 높은 원본 분해능을 보존하고, 손실성 압축을 최소화하며, 기기별 메타데이터를 남겨 두는 쪽이 장기적으로는 더 안전하다. 이런 관점에서 보면 M2VTS의 다운샘플링은 당시 제약을 해결한 동시에 미래 분석 여지를 일부 담보로 넘긴 선택으로 볼 수 있다. 완전히 되돌릴 수 없다는 점에서 일종의 기술적 비용을 남긴 셈이다.

품질을 둘러싼 문제는 형식의 일관성에도 이어진다. 앞서 본 여러 말뭉치들, 즉 AMI의 NXT 형식, IEMOCAP의 ELAN+CSV, FOLK의 GAT 2 기반 전사, CEJC의 ELAN+독자 스키마 등은 각각 프로젝트 내부에서는 높은 일관성을 달성했지만, 서로 다른 주석 체계와 포맷을 택하면서 말뭉치 사이의 상호운용성은 낮게 남았다. 이 파편화는 여러 말뭉치를 동시에 비교하거나 메타분석을 시도할 때 상당한 추가 작업을 요구하게 만들며, 연구 축적 속도를 늦추는 요인이 된다. 언어 자료에서 범용 의존 구문 주석(Universal Dependencies)처럼 서로 다른 자료를 공통 계층으로 올려놓으려는 시도들이 이루어지고 있는 것과 마찬가지로(Zeldes, 2017), 멀티모달 주석에서도 교차 코퍼스 변환을 전제로 한 최소 공통 스키마가 필요하다는 점이 여기서 드러난다. 이때의 '일관성'은 단일 프로젝트의 내부 규율만을 뜻하는 것이 아니라, 이후 연구 공동체가 자료를 재사용하고 결합할 수 있도록 하는 최소한의 호환성을 포함하는 개념으로 넓혀서 이해할 필요가 있다.

4.4. 지속가능성의 실패: 확장성, 재사용성, 안정성의 부재

지난 30여 년 동안 다양한 연구진이 상당한 규모의 멀티모달 말뭉치를 구축해 왔다. 그러나 이 가운데 일부는 시간이 지나면서 접근이 어려워졌거나, 당초 설계된 도구 없이 재현·재분석하기 힘든 상태가 되었고, 현재의 분석 환경과 호환되지 않아 사실상 활용하기 어려운 자료로 남아 있다. 이런 현상은 우연한 사례 몇 개로만 설명되기보다는, ⑨ 확장성, ⑩ 재사용성, ⑬ 안정성 같은 지속가능성 관련 원칙이 설계 단계에서 충분히 고려되지 않았던 관행과 연결해서 보는 편이 타당하다. 당시 프로젝트들은 주어진 예산과 기간 안에서 작동하는 코퍼스를 만드는 데에는 성공했지만, 그 이후의 보관·이식·확장까지를 일관된 계획 안에 넣는 경우는 드물었고, 이 점이 결과적으로 자료의 수명을 짧게 만드는 요인으로 작용했다.

4.4.1. 디지털 유물의 탄생: 원인과 결과

여러 멀티모달 말뭉치가 시간이 지나면서 활용하기 어려운 상태로 남게 된 데에는 몇 가지 반복적인 기술적·관리적 요인이 있었다고 볼 수 있다. 첫째, 특정 프로젝트만을 위해 설계된 전용 포맷이나 주석 도구의 사용이다. 구축 당시에는 작업 흐름을 단순화하고 연구진 내부의 합의를 빠르게 구현할 수 있었지만, 프로젝트가 종료되고 담당 인력이 이동하면 포맷을 해독하거나 도구를 다시 실행할 방법이 사실상 사라졌다. 둘째, 문서화의 부족이다. 주석 스키마의 의미, 말뭉치가 전제한 이론적 범주, 수집·정제 절차, 파일 계층 구조를 설명하는 기술 문서가 남아 있지 않다면, 데이터 파일이 물리적으로 보존되어 있어도 그것을 원래의 분석 단위로 되살리기는 어렵다. 셋째, 장기 보존을 전제로 하지 않은 저장·공개 방식이다. 많은 말뭉치가 개별 연구과제의 예산으로 만들어져 기관 내부 서버에만 올려졌고, 과제 종료와 함께 디렉터리 구조가 바뀌거나 접근 권한이 회수되면서 사실상의 비공개 상태가 되었다. 이런 경우 말뭉치 자체가 사라지지 않았더라도, 연구 공동체 입장에서는 결과적으로 '사용할 수 없는 자료'가 된다.

이러한 양상은 일부 프로젝트의 부주의로만 설명되기보다는, 일정 기간 안에 눈에 보이는 산출물을 만들어야 하는 프로젝트 중심 연구 문화가 가진 구조적 한계로 이해하는 편이 적절하다. 단기 목표를 위해 최적화된 포맷과 도구는 그 시점에서는 효율적이지만, 이후 다른 연구자가 다른 목적(예를 들어 제스처-발화 정렬의 재검토, 최신 모델을 이용한 재전사, 문화 비교)을 위해 다시 쓰려 할 때는 오히려 진입 장벽이 된다. 그 결과 이미 존재하는 자료를 재사용하지 못하고 유사한 데이터를 새로 수집하는 일이 반복되어, 시간과 비용이 누적적으로 낭비된다. 또한 시점이 다른 여러 말뭉치를 연결해 담화, 몸짓, 시선의 변화를 종단적으로 추적하려는 시도도 이런 단절 때문에 설계가 어려워진다.

이 문제는 멀티모달 연구에만 한정된 것이 아니다. 언어자원공학이나 디지털 인문학에서도, 프로젝트 단위로 생산된 자원이 아카이빙 체계와 분리되어 있을 때 비슷한 '디지털 유물(digital artifact)' 현상이 보고되어 왔다. 공통적으로 드러나는 것은 데이터 그 자체보다 '후대 사용자를 가정한 설계가 있었는가'가 지속가능성을 좌우한다는 점이다. 다시 말해, 확장성, 재사용성, 안정성의 원칙은 기술적 부가 요소라기보다, 말뭉치를 하나의 학문적 자산으로 다루려면 처음부터 포함되어야 하는 설계 조건에 가깝다.

4.4.2. 지속가능성을 위한 제도적 해법: CLARIN의 교훈

앞서 본 것처럼 디지털 유물 문제는 개별 연구자의 성실성 여부로 설명하기 어렵다. 말뭉치를 얼마나 오래, 어떤 형식으로, 누구를 위해 남겨둘 것인지는 처음부터 제도와 인프라의 차원에서 설계되어야 한다. 유럽의 CLARIN(Common Language Resources and Technology Infrastructure) 프로젝트는 이런 점에서 비교적 이른 시기에 지속가능성을 연구 인프라의 문제로 끌어올린 사례로 볼 수 있다(Hinrichs & Krauwer, 2014). CLARIN은 말뭉치를 단기 과제의 성과물이 아니라 도서관 장서에 가까운 장기 연구 자산으로 간주했고, 이 전제를 제도적으로 뒷받침하는 구조를 만들었다는 점에서 주목할 만하다. 물론 이는 유럽처럼 비교적 안정된 공공 연구 인프라가 있는 환경이었기에 가능했던 측면도 있다.

CLARIN이 마련한 해법은 대략 세 가지로 정리할 수 있다. 첫째는 메타데이터의 일관화다. 이때 채택된 CMDI(Component MetaData Infrastructure)[26]는 CLARIN이 구축한 언어 자원과 기술을 서로 다른 국가, 다른 연구 전통, 다른 포맷에서 생산된 자료라도 공통된 방식으로 기술할 수 있게 하려는 메타데이터 프레임워크다. CMDI의 특징은 하나의 고정된 서식을 강제하는 것이 아니라, 필요한 요소를 조합해 확장할 수 있도록 하면서도 검색과 이해에 필요한 최소 정보는 공통으로 남겨두도록 설계했다는 점이다(Broeder et al., 2012: 58). 이를 통해 후대 연구자가 "이 파일이 무엇을 전제하고 수집되었는가"를 문서 없이 추측하지 않아도 되는 기반이 마련되었다.

둘째는 상호운용성이다. CLARIN은 말뭉치를 한 곳에 모으는 대신, 표준화된 포맷과 API를 통해 서로 다른 센터에 분산된 자원이라도 하나의 연속된 저장소처럼 접근할 수 있도록 했다. 이것은 앞 장에서 본 말뭉치 포맷의 파편화를 기술적으로 완화하는 장치이기도 하다. 내부적으로

26 CMDI는 유럽의 언어 자원 및 기술 인프라 프로젝트인 CLARIN(Common Language Resources and Technology Infrastructure)의 핵심 구성 요소이다. 다양한 연구 분야와 형식으로 존재하는 수많은 언어 자원(말뭉치, 사전, 도구 등)을 서로 다른 시스템에서도 일관되게 검색하고 활용할 수 있도록, 유연하고 확장 가능한 표준 메타데이터(데이터를 설명하는 데이터) 프레임워크를 제공한다. 이를 통해 데이터의 장기적 보존과 상호운용성을 보장하는 것을 목표로 한다(Broeder et al., 2012: 58).

는 다양한 포맷을 허용하되, 외부에서 접근할 때는 공통된 규칙을 따르게 해 '어디에 저장되었느냐'보다 '어떻게 기술되었느냐'를 중요하게 만든 것이다.

셋째는 장기 보존의 제도화다. CLARIN은 유럽 각국의 신뢰할 수 있는 기관을 인증 센터로 지정하고, 이 기관들이 자원을 장기간 보존하고 접근성을 유지하도록 행정적·재정적 장치를 부여했다. 단순히 '서버에 올려둔다'가 아니라, 시간이 지나도 접근 경로가 끊어지지 않고, 포맷이 바뀌어도 다시 제공할 수 있는 책임 주체를 처음부터 지정한 셈이다. 이 부분이 개별 연구실·과제 단위에서 가장 구현하기 어려운 대목이기 때문에, CLARIN의 경험은 지속가능성이 결국 정책과 거버넌스의 문제라는 점을 잘 보여준다.

이 사례가 시사하는 바는, 지금까지의 유실이 누구의 부주의라기보다 연구 시스템 전체의 인센티브 구조에서 기인했다는 점이다. 연구자는 새로운 데이터를 구축해 논문을 내면 곧바로 평가를 받지만, 이미 만들어진 데이터를 문서화하고, 포맷을 이전하고, 접근 권한을 조정하는 일은 대개 연구 성과로 집계되지 않는다. 연구비 지원 기관도 마찬가지로, '새로운 말뭉치 구축'에는 예산을 배정하면서 '기존 말뭉치의 5년 유지·보수'에는 상대적으로 인색했다. 이런 환경에서는 연구자가 기존 말뭉치 1.0을 공들여 보존하기보다, 이름만 다른 말뭉치 2.0을 제안해 다음 과제를 확보하려는 경향이 생길 수밖에 없다. 지속가능성의 실패를 개인에게 돌리기보다는, 생산 중심으로 설계된 평가·지원 체계가 관리와 보존을 구조적으로 저평가해 온 결과로 보는 편이 타당하다.

따라서 제도적 대안도 이 수준에서 마련되어야 한다. 연구비 공고 단계에서부터 데이터 관리 계획(Data Management Plan, DMP)을 의무화하고, 저장·문서화·포맷 이전·접근성 유지에 필요한 비용을 연구비의 필수 항목으로 인정하는 방식이 한 가지 현실적인 방안이 될 수 있다. 연구데이터 관리(RDM) 논의에서 이미 제기된 것처럼, '데이터를 만든다'는 행위와 '데이터를 남긴다'는 행위를 평가에서 분리해 주지 않으면, 후자의 노동은 계속 보이지 않는 상태로 남게 된다.

아울러 ⑨ 확장성 원칙 자체도 넓게 이해할 필요가 있다. 지금까지 확장성은 대체로 더 많은 시간, 더 많은 화자, 더 많은 세션으로 늘리는 양적 확장(scaling up)으로 이해되어 왔다. CANDOR와 같은 말뭉치는 이 방향의 성취를 잘 보여준다. 그러나 장기적이고 개방된 활용을 목표로 한다면, 앞으로는 '누가 얼마나 쉽게 이 자원에 들어와서 다른 분석을 할 수 있는가'라는 범위 확장(scaling out)도 함께 고려해야 한다. 포맷이 공개되어 있고, 문서가 충분하며, 접근 절차가 단순할 때 비로소 그 말뭉치는 원래의 연구 목적을 넘어 다른 분야, 다른 언어, 다른 이론으로 확산될 수 있다.

이 점에서 Zeldes(2017)가 소개한 조지타운대 GUM 말뭉치 운영은 하나의 실용적 모델을 보여준다. 멀티모달 말뭉치에 해당하지는 않으나, GUM 말뭉치는 깃허브를 통해 버전별 변경 이력을 공개하고, 외부 기여를 받아들이는 구조를 취함으로써, 말뭉치의 '크기'보다 '접근 가능성과 영향 범위'를 확장해 왔다. 이는 확장성을 단순한 데이터 양이 아니라, 학문 공동체 안에서의 파급력과 접근성으로 재정의할 수 있음을 보여준다. 결국 확장성, 재사용성, 안정성은 개별 프로젝트 내부의 성실성만으로는 충족되기 어렵고, CLARIN이 보여주었듯 제도적 뒷받침이 있을 때 비로소 동시에 실현될 수 있는 조건이라는 점이 확인된다.

4.5. 우리는 무엇을 위해, 누구를 위해 작업하는가?

말뭉치 구축의 역사는 기술적 진전의 역사인 동시에, 그 데이터가 무엇을 위해 수집되는가, 그리고 그 데이터를 제공하는 사람이 어떤 지위로 다루어져야 하는가를 둘러싼 목적과 윤리의 논의가 점차 분명해진 과정으로도 볼 수 있다. ⑥ 목적 특화, ⑦ 윤리적 수집, ⑧ 개인정보 보호, ⑪ 맥락 정보 수집이라는 네 가지 원칙을 기준으로 지난 30년을 되돌아보면, 초기에는 공학적 효율성과 측정 가능성을 앞세운 설계가 중심에 있었으나, 이후에는 참여자의 권리, 맥락의 보존, 활용 목적의 명시성을 중시하는 방향으로 점차 무게중심이 이동해 온 흐름을 확인할 수 있다.

4.5.1. 목적의 딜레마: 특화와 범용 사이의 긴장

말뭉치는 진공 상태에서 만들어지지 않는다. 모든 말뭉치는 특정 연구 질문에 답하거나 특정 기술적 과제를 다루려는, 드러나 있거나 암묵적인 목적을 전제로 설계된다. 그런데 이 목적 설정은 필연적으로 '특화(specialization)'와 '범용(generalization)' 사이의 긴장을 불러온다.

한쪽 끝에는 MISP 챌린지 말뭉치처럼 목적이 매우 선명한 경우가 있다. MISP의 목표는 "TV 소음이 있는 중국 가정의 다화자 환경에서 음성 처리 시스템의 강건성을 높이는 것"으로 비교적 분명하게 설정되어 있었고, 이를 위해 수집 환경, 참여자 구성, 평가 지표가 일관되게 조직되었다(Wang et al., 2023). 이처럼 목적이 뚜렷하면 해당 공학적 과제에서는 높은 성과를 얻을 수 있지만, 그 데이터가 일반적인 사회언어학적 대화

분석이나 문화기술적 연구에도 그대로 유효한지는 따로 검토해야 한다.

다른 끝에는 FOLK 말뭉치처럼 범용성을 우선하는 설계가 있다. FOLK는 "독일어 구어의 다양한 변이형을 포괄적으로 기록하는 참조 말뭉치"를 지향했으며, 이를 위해 사적·공적·제도적 장면을 가로지르는 다양한 상호작용을 수집했다(Schmidt, 2014). 이 덕분에 FOLK는 여러 언어학 하위 분야에서 활용할 수 있는 폭넓은 자원이 되었지만, 특정 인공지능 모델을 훈련시키거나 특정 기술 성능을 평가하는 데 바로 투입하기에는 포맷과 주석 체계가 충분히 최적화되어 있지 않을 수 있다.

이 딜레마는 지난 30년 동안 사실상 해소되지 않았다. 목적을 좁히고 특화할수록 해당 과업에서는 효율성과 성능을 확보할 수 있으나, 다른 분야로의 이전 가능성은 떨어진다. 반대로 범용성을 높일수록 다양한 연구로의 확산 가능성은 커지지만, 개별 과제의 요구를 세밀하게 충족시키는 데이터가 되지 못한다. 말뭉치를 설계하는 연구자는 이 두 축 사이에서 어떤 목적을 1순위로 둘 것인지, 그리고 그 결정이 이후의 재사용성에 어떤 제약을 부를 것인지를 처음부터 분명히 해둘 필요가 있다.

4.5.2. 윤리 의식의 진화: '데이터 소스'에서 '연구 협력자'로

지난 30년간의 멀티모달 말뭉치 구축 과정을 따라가 보면, 눈에 띄는 변화 가운데 하나는 연구 참여자를 대하는 윤리적 관점이 점차 확장되었다는 점이다. 초기에는 '필요한 데이터를 비교적 빠르고 효율적으로 확보하는 것'이 거의 전부였고, 참여자는 그 목적을 위한 익명의 공급원에 가까웠다. 그런데 2010년대 이후로는 참여자를 법적·기술적 차원에서만 보호하는 데 그치지 않고, 그들이 어떤 맥락에서, 어떤 경험을 하면서 데이터를 제공하는지를 연구의 일부로 포함시키려는 경향이 뚜렷해졌다. 이는 단순히 규정이 까다로워졌다는 뜻이 아니라, 말뭉치가 인간 상호작용을 다루는 이상 참여자를 '데이터 소스'가 아니라 '함께 일하는 사람'으로 다루어야 한다는 인식이 자리 잡았다는 뜻이다.

초기의 생체인식·멀티모달 데이터베이스 구축에서는 윤리적 고려가 지금보다 훨씬 좁았다. 참여자는 촬영에 동의하고, 정해진 문장을 읽거나 얼굴을 정면으로 바라보는 일을 수행하면 역할이 끝났다. 데이터가 이후 어떤 연구에 전환되는지, 제3자에게 어느 범위까지 공유되는지, 재식별 가능성을 낮추기 위해 어떤 처리가 이루어지는지에 대한 설명은 충분하지 않은 경우가 많았다. 표정, 발화, 몸짓처럼 사적인 맥락과 연결될 수 있는 정보가 포함되어 있었지만, 당시에는 그것이 장기적으로 남아 있을 때의 노출 위험이나, 다른 데이터와의 결합을 통한 역추적 가능성까지 고려하지 않았다. 다시 말해 참여자는 필요한 데이터를 제공하는 '대상'이었지, 자신의 데이터가 어떤 연구 생태계에 편입되는지 아는 '행위자'는 아니었다.

이 태도는 2010년대 이후 점차 바뀐다. 그 배경에는 두 가지 요인이 겹친다. 하나는 유럽 일반개인정보보호규정(GDPR)처럼 데이터 주체의 권리를 전 과정에서 보장하도록 요구하는 제도적 환경이 형성되었다는 점이고, 다른 하나는 대화·감정·관계와 같이 개인의 내면과 사회적 위치가 드러나는 자료를 다루는 연구가 늘어나면서 '맥락 없는 데이터'가 실제 분석에서는 충분하지 않다는 사실이 드러났다는 점이다. 이 두 요인이 함께 작동하면서, 말뭉치 구축의 설계 단계부터 참여자에게 연구 목적,

데이터의 보존 기간, 공유 범위, 재사용 조건을 설명하고, 필요한 경우 연구자가 다시 연락할 수 있도록 하는 체계를 갖추려는 흐름이 나타났다.

CANDOR 말뭉치(Reece et al., 2023)는 이런 변화를 비교적 분명하게 보여주는 사례다. 이 프로젝트는 참가자에게 단순히 '대화를 녹화하겠다'는 사실만 알린 것이 아니라, 왜 이러한 대화 데이터를 모으는지, 어떤 분석에 쓰일 수 있는지, 익명화는 어떻게 이뤄지는지, 대화 전후에 수행되는 설문이 어떤 의미를 가지는지에 대해 비교적 상세한 정보를 제공했다. 더 나아가 대화 직전·직후에 참가자의 기분, 상대에 대한 첫인상, 대화 경험에 대한 평가를 수집해 두었는데, 이것은 윤리와 방법론이 동시에 작동한 결과로 볼 수 있다. 윤리적 관점에서 보자면, 참여자가 실제로 어떤 경험을 했는지를 참여자의 목소리로 남겨두는 것이고, 방법론적 관점에서는 동일한 발화 패턴이 왜 다른 대화적 효과를 내는지, 어떤 인지적·정서적 상태가 특정 상호작용을 촉발하는지에 대한 사후 설명 가능성을 높이는 장치다. 즉 참여자를 '데이터를 내놓고 사라지는 사람'으로 보지 않고, 데이터에 대한 자기 해석을 덧붙일 수 있는 위치에 두었다는 점에서, 이는 '데이터 소스'에서 '연구 협력자(research collaborator)'로의 관점 이동으로 볼 수 있다.

이 변화는 ⑪ 맥락 정보 수집 원칙과 밀접하게 얽혀 있다. 멀티모달 말뭉치가 실제로 유용해지려면, 화면과 음성으로 보이는 것만으로는 설명이 어려운 부분을 그때그때의 맥락 정보로 메워야 한다. 참여자의 연령, 성별, 언어 사용 배경, 당시 감정 상태, 상대방과의 관계, 대화 과업에 대한 이해도, 노출에 대한 부담감 같은 정보가 있어야, 나중에 다른 연구자가 이 데이터를 다시 사용할 때 해석의 폭을 좁힐 수 있다. 그런데 이 맥락 정보는 윤리적으로는 가장 민감한 정보이기도 하다. 따라서 윤리 기준이 느슨하던 시기에는 아예 수집되지 않았고, 윤리 기준이 정교해지면서 비로소 '수집하되, 수집 사실을 알리고, 활용 범위를 명시하고, 필요한 만큼만 남긴다'는 방향으로 발전했다. 다시 말해, 윤리 기준의 정교화가 맥락 정보의 양을 줄인 것이 아니라, 오히려 '맥락을 수집할 수 있는 조건'을 만들어준 셈이다.

이 지점에서 말뭉치의 '목적'이 실제로는 서로 다른 두 연구 프로그램으로 분화되어 왔다는 사실이 드러난다. 하나는 인간의 상호작용을 설명하고 이론화하는 데 초점을 둔 '도구로서의 데이터(Data-as-Instrument)' 프로그램이다. CANDOR가 여기에 해당하며, 여기에서는 맥락과 참여자의 관점이 빠지면 데이터의 설명 가능성이 급격히 떨어진다. 왜 어떤 차례에서 웃음이 나왔는지, 왜 특정 질문이 짧게 끝났는지, 왜 화자가 카메라를 자주 쳐다봤는지를 설명하려면, 그 순간 참여자가 무엇을 했다고 느꼈는지, 상대를 어떻게 인식했는지를 함께 봐야 한다. 이 경우 윤리적·설명적 정보는 분석의 핵심이다.

다른 하나는 MISP와 같은 '시험대로서의 데이터(Data-as-Testbed)' 프로그램이다. 이 프로그램의 질문은 "TV가 켜져 있고, 여러 화자가 겹치며, 잡음이 많은 환경에서도 음성 인식이 동작하도록 하려면 어떤 데이터를 써야 하는가?"에 가깝다. 여기에서는 개별 참여자의 주관적 경험이나 관계 맥락보다, 잡음 조건, 화자 수, 발화 길이, 평가 지표(WER, DER 등)의 일관성이 더 중요하다. 다시 말해 참여자가 협력자인가, 참여 경험을 어떻게 느꼈는가는 이 프로그램에서는 부차적 요소이고, 대신 재현 가능한 조건과 동등한 난도를 가진 샘플이 많이 확보돼 있는지가 1차 기준이 된다. 두 프로그램은 서로를 대체하는 관계가 아니라, 서로 다른 목적에 최적화된 설계가 필요하다는 점을 보여주는 사례다.

이렇게 보면, 윤리 의식의 진화는 '요즘은 규제가 많아졌다'는 식의 외부 설명만으로는 충분하지 않다. 연구자가 실제로 하고 싶은 분석이 더 복잡해졌기 때문에, 그 복잡성을 뒷받침할 수 있는 수준의 동의, 익명화, 맥락 정보 수집이 필요해진 측면도 있다. 참여자를 협력자로 대하면 대할수록, 참여자는 자신의 데이터가 어디까지 쓰이는지 알고 싶어 하고, 연구자는 그 정보를 투명하게 남겨야 한다. 그 결과 데이터는 더 설명 가능해지고, 후속 연구자가 재사용하기도 쉬워진다. 윤리와 과학이 같은 방향을 가는 드문 경우다.

앞서 논의한 내용을 정리하면 다음 〈표 4.1〉과 같다.

〈표 4.1〉 4대 평가 주제군에 따른 주요 멀티모달 말뭉치의 비교

말뭉치	기초 원칙(대표성, 균형성, 자연성)	기술 원칙(동기화, 일관성, 품질)	지속가능성 원칙(확장성, 재사용성, 안정성)	목적 및 윤리 원칙(목적 특화, 윤리, 개인정보, 맥락)
M2VTS	낮음: 자연성을 의도적으로 희생하고 통제된 생체인식 데이터를 확보함. 생체인식 과업 외의 대표성은 제한적임.	초기적이지만 의미 있음: 기본적인 멀티모달 동기화 개념을 제시했으나, 당시 저장·연산 한계에 맞춰 운샘플링해 품질이 현행 기술에 종속됨.	낮음: 프로젝트 단위로 운영돼 장기 보존 계획이 약했고, 독자적 포맷 사용으로 재사용성이 떨어짐.	높은 목적 특화: 생체인식 검증이라는 명확한 과업을 충실히 뒷받침. 초기 말뭉치답게 윤리·맥락 정보는 충분히 고려되지 않음.

AMI	중간: 시나리오 기반 회의라는 특정 상황을 택해 자연성과 통제 사이에서 절충. 다만 회의 장르에 편중됨.	높음: 중앙 타임코드 기반의 정밀 다중 채널 동기화로 이후 말뭉치의 기준을 제시함.	중간: NXT 등 전용 툴킷 덕에 당시에는 활용이 쉬웠으나, 포맷이 전용이라 다른 말뭉치와의 상호운용성은 제한적이었음.	높은 목적 특화: 회의 분석·회의 지원 시스템 개발이라는 목적에 맞춰 화행, 주제, 시선 등 풍부한 맥락을 주석. 당시 기준에서는 윤리·개인정보 요건을 충족.
IEMO CAP	낮음: 전문 배우와 스크립트를 활용해 자연성을 일부러 낮추고 감정 표현을 안정적으로 확보. 감정 연구 외 대표성은 넓지 않음.	매우 높음: 모션 캡처·영상·음성을 정밀하게 동기화해 고밀도 데이터 품질을 달성.	비교적 높음: ELAN, CSV 등 비교적 널리 쓰이는 형식과 좋은 문서화로 연구용 재사용성이 높음.	높은 목적 특화: 감성·사회적 신호 연구를 위한 데이터로 설계됐고, 감정 강도·AU 등 다층 주석을 제공해 맥락 정보도 충분함.
FOLK / CEJC	매우 높음: 실제 생활·제도·공적 장면에서 발생하는 자연 대화를 수집해 자연성(생태학적 타당성)을 최우선으로 함. 다만 각각 독일어, 일본어라는 언어·문화권에 한정됨.	높음: ELAN, EXMARaLDA 등 비교적 표준화된 도구 사용. CEJC의 경우 초기 공개분에서는 비언어 주석이 제한적이었음.	높음: 국립·공적 기관이 중심이 돼 장기 보존과 공개를 추진해 안정성이 큼. 전사 체계가 명시돼 재사용성도 양호함.	범용성 지향: 특정 공학 과업보다 해당 언어 공동체의 구어 상호작용을 폭넓게 기록하는 데 목적. 사회·문화·화용 맥락을 중시하는 설계.

CANDOR	높음(규모) / 낮음(균형): 850시간급 대규모로 대표성 잠재력은 크나, 온라인·초면·2인 대화에 집중돼 대화 유형의 균형은 떨어짐.	높음(자동화): Whisper 기반 전사와 얼굴·시선 자동 추출 등 최신 자동화 파이프라인을 적용. 다만 자동 주석의 정확도는 과제별 편차가 있음.	중간~높음: 표준화된 JSON/CSV로 제공돼 접근이 용이하나, 수집·배포가 온라인 플랫폼 환경에 의존해 장기 보존 리스크가 존재함.	특징적 목적 설정: '대화 과학'이라는 비교적 새로운 연구 목적을 전면에 두고, 설문·심리 측정과 결합해 윤리·설명 가능성을 강화함.

4.6. 한국어 멀티모달 말뭉치의 현주소: 국가 주도 패러다임의 성취와 과제

4.6.1. 서론: 두 개의 축, 국립국어원과 AI Hub

한국의 멀티모달 말뭉치 개발은 대학·민간 연구 컨소시엄·기업이 병렬적으로 참여해온 유럽·미국과는 달리, 국립국어원의 '모두의 말뭉치' 사업과 한국지능정보사회진흥원(NIA)의 'AI Hub' 플랫폼이라는 두 국가 주도 이니셔티브를 중심으로 조직돼 왔다(국립국어원, 2020; 한국지능정보사회진흥원, 2020). 이 구조는 단순한 예산 배분의 문제가 아니라, 4.5절에서 논의한 말뭉치 구축의 두 가지 방향, 곧 과학적 탐구를 위한 데이터와 공학적 검증을 위한 데이터를 국가 차원에서 병렬적으로 제도화한 사례로 볼 수 있다.

국립국어원의 말뭉치 구축 사업은 "한국어 말뭉치의 상시 공급·활용 체계"를 목표로 하면서도, 동시에 한국어 처리 기술의 성능을 높이기 위한 학습 데이터를 안정적으로 제공하는 것을 중요한 과제로 삼아 왔다(국립국어원, 2020, 2022). 다시 말해 언어학적 기술·보존이라는 전통적 역할과, 인공지능 기술을 뒷받침하는 인프라라는 새로운 역할을 하나의 사업 안에서 함께 수행하려는 하이브리드 모델이다. 2023년 이후 생성형 인공지능과 대형언어모델(LLM)에 대한 수요가 커지면서, '한국어를 잘하는 AI'를 만들기 위해서는 한국어의 실제 사용 양상을 반영하는 고품질 말뭉치가 필수적이라는 인식도 이 사업 안에 비교적 빠르게 반영되었다(국립국어원, 2023).

이 지점에서 국립국어원의 방향은 독일 FOLK나 일본 CEJC가 보여준 국가·공공 연구기관 주도의 말뭉치 구축과 비교할 수 있다. FOLK는 독일어 구어의 다양한 상호작용 장면을 아카이빙해 언어학, 담화연구, 교육을 폭넓게 지원하도록 설계되었고(Schmidt, 2014), CEJC는 일상생활 속 대화를 비디오까지 포함해 수집함으로써 실제 사회적 행위의 층위를 분석하는 자료를 제공하고자 했다(Koiso et al., 2022). 한국의 국립국어원 말뭉치는 이 두 사례와 마찬가지로 특정 언어 공동체의 실제 발화를 체계적으로 기록하려는 점에서는 유사하지만, 동시에 인공지능 학습용 데이터라는 공학적 요구를 전면에 두고 있다는 점에서 좀 더 이중적인 목적 구조를 갖는다. 이 이중성은 앞서 말한 도구로서의 데이터(Data-as-Instrument)와 시험대로서의 데이터(Data-as-Testbed)가 한 기관 안에서 공존하는 형태라고 정리할 수 있다.

반면 AI Hub는 처음부터 인공지능 모델 학습과 성능 평가를 위한 산업·공학적 데이터를 안정적으로 공급하는 것을 목표로 삼았다(한국지능정보사회진흥원, 2022). 수집 환경, 과업 설계, 레이블 구조가 비교적 명확하게 정의돼 있고, 도메인별로 목적이 뚜렷하며, 재현 가능한 형식으로 배포된다는 점에서 MISP 스타일의 목적 특화 말뭉치들과 계보가 가깝다. 즉 AI Hub는 '이 데이터로 어떤 모델을 학습시키고 어떤 벤치마크를 할 것인가'가 먼저 설정되고, 그에 맞춰 수집, 정제, 라벨링이 역으로 조직되는 경향이 강하다.

이렇게 보면 한국의 말뭉치 생태계는 우연히 그렇게 된 것이 아니라, 국가 언어정책과 인공지능 산업전략이 두 기관에 서로 다른 역할을 가지게 된 결과로 이해할 수 있다. 국립국어원이 언어자원의 공공성, 언어학적 유용성, 한국어 변이의 보존을 포함해 폭넓은 연구 수요를 수용하는 '기반형' 역할을 맡고, AI Hub가 산업·공학적 활용을 위해 목적 특화, 대규모, 표준화된 데이터를 공급하는 '응용형' 역할을 맡는 식이다. 이 구조는 말뭉치의 목적 특화와 장기적 보존, 접근 통로의 일원화라는 점에서는 강점을 제공한다. 반면, 말뭉치 설계가 국가 주도의 우선순위에 강하게 연동되기 때문에, 소규모 언어 실험 데이터, 상호작용 연구, 멀티카메라 기반의 일상 대화 말뭉치처럼 '시장성은 낮지만 이론적으로는 중요한' 자료들이 얼마나 빠르게 체계화 및 공개될 수 있는지에 대해서는 별도의 논의가 필요하다. 다시 말해, 한국형 국가 주도 패러다임은 지속가능성과 공공성을 어느 정도 확보하는 대신, 방법론적 다양성과 유연성을 제약하는 방향으로 작동할 가능성도 함께 안고 있다.

4.6.2. 언어 자원의 기록과 보존을 향하여: 국립국어원의 말뭉치

국립국어원의 말뭉치들은 한국어 자원을 장기적으로 축적·관리하려는 기록 보존의 목표와, 최신 인공지능 모델이 활용할 수 있는 표준화된 학습 자료를 공급하려는 기술적 목표를 동시에 지향한다. 다시 말해 이 말뭉치들은 한편으로는 한국어가 실제로 어떻게 말해지고 쓰이는지를 가능한 한 폭넓고 세밀하게 남겨 두려는 공공 아카이브의 성격을 가지면서, 다른 한편으로는 그 자료가 곧바로 형태소 분석, 음성 인식, 대화 모델링 등으로 이어질 수 있도록 품질과 형식을 정돈해 두려는 '연구·산업 겸용' 구조를 띠는 것으로 평가할 수 있다. 이런 점에서 국립국어원의 말뭉치는 단순히 특정 연구진의 과제를 위해 일시적으로 수집된 데이터가 아니라, 한국어 사용의 현재를 구조화해 두고 이후 세대의 연구자 및 개발자가 다시 꺼내 쓸 수 있도록 하는 기반 인프라로 기획된 것이라고 볼 수 있다.

▬ 일상 대화 말뭉치(2020–2024)

매년 구축되고 있는 '일상 대화 말뭉치'는 자연성과 언어학적 대표성을 우선으로 삼으면서도, 동시에 인공지능의 한국어 처리 능력 향상을 위한 학습 데이터로 활용될 수 있도록 설계된 사업으로 볼 수 있다. 2025년 현재까지 약 11,400여 명의 참여자로부터 3,330여 시간 규모의 대화를 수집했으며, 방송 언어와 같이 정제된 표준어가 아니라 실제 대화 장면을 포착하는 데 초점을 두었다. 이는 실제 언어 공동체의 생태학적 타당성을 확보하려는 시도로 평가할 수 있다.

국립국어원은 2020년 8월 25일 '모두의 말뭉치'에서 한국어 학습 자료 13종, 18억 어절 분량을 공개했다(국립국어원, 2020). 이 대규모 공개는 한국어 인공지능 기술이 영어 중심 자원에 의존하던 국면에서 한국어 자체의 대규모 자료에 기반한 학습으로 이행하는 전환점이 되었다. 챗봇이나 인공지능 비서가 실제 한국어를 자연스럽게 인식·분석·산출하려면 다양한 영역과 장르의 한국어 말뭉치가 필수적이기 때문에, 성능 향상의 상한은 결국 '품질 좋은 한국어 말뭉치를 얼마나 확보·공개했는가'에 의해 결정되기 때문이다(국립국어원, 2020).

이 말뭉치를 4.2절에서 제시한 '기초의 딜레마' 틀로 보면, 자연성 측면의 성취는 비교적 분명하다. 실제 일상 환경에서 산출된 대화를 수집해 두었기 때문에, 인공지능 모델이 실제 화자들의 운율, 대화관리 표현, 일상적 담화 표지를 학습할 수 있는 기반이 마련되었다. 그러나 매년 일정한 시나리오와 주제를 중심으로 수집하는 사업 구조 때문에, 특정 대화 유형이나 인구 집단이 상대적으로 많이 포착되는 균형성의 문제는 잠재적으로 남아 있다(국립국어원, 2022).

국립국어원 일상 대화 말뭉치는 수집 목적과 배포 형식에서 대화분석이 전통적으로 요구해 온 '연속성'과 '현장성'에는 구조적 제약이 있다. 사업은 해마다 "정제본 ○○시간 규모의 활용도 높은 국어 말뭉치"를 목표로 삼고(예: 2024년 700시간), 약 15개 내외의 사전 선정 주제를 바탕으로 2-4인(부분적으로 1인 독백) 대화를 15-20분 녹음하고, 16kHz, 16bit 선형 PCM으로 저장한 뒤, 철자·발음 이중 전사와 JSON 메타데이터를 부가하는 절차를 표준화하고 있다(국립국어원, 2024: vii-ix). 반면 CEJC는 장기간 자기기록(self-recording)을 중심으로 일상 활동 속에

내재한 대화를 수집해 비디오까지 동시 공개하고(총 200시간, 1,675명), FOLK는 현장 접근을 사전에 협의해 자발적 상호작용을 음성·영상으로 확보한 뒤 연구·교육용 배포 인프라(DGD)를 통해 지속적으로 제공하고 있다(Koiso et al., 2022; Schmidt, 2016). 이런 기획의 차이는 자연발생 대화의 비중, 상호작용적 표지의 충실도에서 곧바로 격차를 만든다.

더 구체적으로 보면, 분절 단위와 전사 규칙이 핵심 제약으로 작동한다. 2020년 배포본은 억양구(IP) 단위 전사와 IP 단위 PCM 파일[27]을 기본으로 했고, JSON 구조를 전제로 하여 연속 녹음이 짧은 IP 조각으로 쪼개진 상태로 제공되었다(국립국어원, 2022: 19, 69). 2024년 지침은 "전사의 기본 단위를 문장으로" 전환했으나 실제 분할 기준은 여전히 억양구 경계(휴지·경계 억양)에 의거하고, 말겹침은 표시하지 않으며 시간 순서대로 적도록 규정하고 있다(국립국어원, 2024: 90-92). 이 설계는 말차례 조직, 인접쌍, 말겹침, 휴지와 같은 미시적 대화 연속체를 1차 표기 대상으로 삼지 못하게 만들고, 세션 단위의 연속성을 복원하는 비용을 연구자에게 전가하는 효과를 낳는다.

---

27 국립국어원은 음성 자원을 무손실 보존·재현가능성, 시간 정렬의 정확도, 도구 호환성과 장기 보존 표준을 고려해 Linear PCM 기반으로 제공하는 것으로 이해된다. 대화분석(CA)·말뭉치 작업 관점에서의 권장안은 (1) WAV/BWF 컨테이너에 Linear PCM을 담아 배포할 것, (2) 가능하면 세션 단위의 연속 녹음과 정밀 타임스탬프(예: BWF의 BEXT 등) 정보를 함께 제공할 것, (3) ELAN·Praat 등과 왕복이 쉬운 표준 메타데이터 스키마를 유지할 것 등으로 요약된다(IASA, 2009). 실제로 FOLK는 WAV/BWF 기반에 cGAT(=GAT2 기반) 최소 전사를 적용해 말겹침·휴지·준언어를 표준화하여 배포하고(Schmidt, 2016), CEJC도 공개 음성을 WAV(Linear PCM)로 제공하면서 비디오 동시 공개와 운율/구문 주석을 통해 상호작용 정보를 보존함으로써(Koiso et al., 2022). 두 말뭉치가 대화 분석에 더 '친화적'으로 평가되는 이유는 포맷 자체라기보다 연속성 중심 수집·배포, 상호작용 표지의 1차 표기, 멀티모달 동시 제공이라는 설계 원칙에 있다.

대조적으로 FOLK는 EXMARaLDA를 이용해 cGAT(=GAT2 기반) 최소 전사를 적용하여 0.2초 이상 침묵의 계량, 말겹침 및 준언어 표기, 정밀 정렬을 기본값으로 삼고(Schmidt, 2016: 118-121), CEJC는 ELAN을 활용해 오디오와 비디오를 함께 제공함으로써 시선·몸짓 등 멀티모달 상호작용을 함께 추적할 수 있도록 했다(Koiso et al., 2022: 5587-5591). 두 말뭉치가 대화분석에 더 '친화적'으로 평가되는 이유는 포맷 자체라기보다, (1) 연속성 중심 수집·배포, (2) 상호작용 표지의 1차 표기, (3) 멀티모달 동시 제공을 초기에 설계 원칙으로 삼았기 때문이다. 국립국어원의 설계는 반대로, 공공어 자원으로서의 정제성과 AI 학습용 자원으로서의 일관성을 우선한 결과라고 정리할 수 있다.

이런 점을 감안하면, 국립국어원 말뭉치는 대표성·정제·활용도(특히 AI 활용)라는 공공 말뭉치의 표준을 충실히 달성하고 있는 반면, 자연성의 엄밀한 기준(현장성, 과제 비개입, 세션 연속성, 말겹침·박자·비언어 표지의 1차 표기, 멀티모달성)으로 보면 CEJC, FOLK에 비해 부족한 부분이 있다. 따라서 대화분석 연구자는 (i) 대화 ID와 시각 정보를 이용한 세션 재조합, (ii) 말겹침 탐지 및 재주석, (iii) 운율 연속성에 근거한 말차례 단위 병합과 같은 후처리를 별도로 수행해야 한다. 반대로 CEJC, FOLK는 설계 단계에서부터 현장성·연속성·상호작용 표지를 전면에 두었기 때문에, 분석 전처리 비용을 낮추는 효율성을 제공한다고 볼 수 있다(Schmidt, 2016; Koiso et al., 2022; 국립국어원, 2024).

한국 수어 말뭉치(2023-2024)

'한국어-한국수어 병렬 말뭉치'는 한국의 멀티모달 자원 가운데 드물게 음성어-텍스트 수준을 넘어 수어 영상까지 병렬로 구축한 사례라는 점에서 분명한 이정표로 볼 수 있다(국립국어원, 2024). 이 말뭉치는 한편으로는 소수 언어인 한국수어를 체계적으로 기록·보존하려는 언어자원 정책의 일환이고, 다른 한편으로는 농인 사회의 정보 접근성을 높이기 위한 수어-음성어 자동 번역·접근성 기술의 학습 데이터를 마련하려는 실용적 목적을 함께 가진다(국립국어원, 2023). 다시 말해, 언어학적 기술과 공공성 있는 기술 개발이 처음부터 결합된 설계다.

주목할 점은 이 말뭉치가 윤리적 수집과 목적 특화 원칙을 비교적 성숙한 형태로 구현하고 있다는 점이다. 참여한 농인을 단순한 '데이터 소스'로 두지 않고, 해당 언어의 1차 사용자이자 해석 주체로서 대우하면서 동영상, 사진, 그림 등 시각적 단서를 활용해 수어에 적합한 발화 상황을 구성하는 방식을 취하고 있다(국립국어원, 2024). 이는 수어가 발화 맥락과 시각적 환경에 크게 의존한다는 점을 데이터 수집 단계에 반영한 것으로, 4.5절에서 논의했던 '참여자를 연구 협력자로 대하는 태도'가 실제 말뭉치 구축 절차로 구체화된 사례로 볼 수 있다. 여기서의 윤리는 최소 요건을 충족하는 행정 절차가 아니라, 해당 공동체의 언어권을 보장해야 말뭉치 자체의 정당성이 확보된다는 전제 위에 놓여 있다.

동시에 이 말뭉치는 기술 개발을 위한 핵심 학습 데이터이기도 하다. 한국수어는 영상 기반, 공간 활용, 비수지 신호가 결합된 언어이기 때문에, 음성어 말뭉치에서 하던 방식의 단순 병렬화로는 기계 번역 성능을 끌어올리기 어렵다. 한국어-한국수어 병렬 말뭉치는 바로 이 지점을 겨냥해 수어 영상을 원자료로 확보하고, 이를 한국어 텍스트와 짝지은 형태로 제공함으로써, 향후 수어-음성어 자동 변환, 접근성 서비스, 공공 정보의 수어화 등에 필요한 데이터 기반을 마련하고 있다. 다시 말해, 윤리적 대의(농인 공동체의 언어권·정보권 보장)와 공학적 목적(수어 번역 모델의 학습·평가)이 서로를 약화시키지 않고 같은 방향을 바라보도록 설계된 것이다.

이러한 점에서 한국어 수어 말뭉치는 앞서 살펴본 일반 음성 대화 말뭉치보다 ⑥ 목적 특화, ⑦ 윤리적 수집, ⑧ 개인정보 보호, ⑪ 맥락 정보 수집의 네 원칙이 어떻게 상호 보완될 수 있는지를 비교적 분명하게 보여준다. 즉, (i) 대상 언어 공동체를 명확히 설정하고, (ii) 그 공동체의 실제 사용 양식을 무리 없이 끌어낼 수 있는 자극 방식을 설계하며, (iii) 수집 목적과 활용 범위를 사전에 투명하게 제시하면, 말뭉치가 동시에 언어학적 기록과 인공지능 학습용 자원이라는 이중 목표를 수행할 수 있다는 점을 실증하고 있는 셈이다.

4.6.3. AI 기술 개발의 시험대: AI Hub의 목적 특화 말뭉치

AI Hub가 제공하는 데이터셋들은 특정 공학적 과제를 해결하고, 그 과제에 대한 AI 모델의 성능을 최대로 끌어올리도록 설계된 '시험대(testbed)' 성격이 뚜렷하다. 이 데이터들은 대체로 과제(task)가 명확하게 정의되어 있고, 성능 비교를 위한 평가 지표가 함께 제시되어 있어 벤치마크 데이터셋으로 기능한다.

▬ 시각-언어 연동: VQA 데이터셋

'시각정보 기반 질의응답 데이터(2020)'와 '외부 지식 기반 멀티모달 질의응답 데이터(2022)'는 시각-언어 연동(visual-language grounding)

기술을 염두에 두고 구축된 전형적인 목적 특화 말뭉치다(한국지능정보사회진흥원, 2020, 2022). 2020년 데이터는 약 750만 개에 이르는 대규모 질의응답 쌍을 구축해 규모 면에서 당시 국내에서는 보기 드문 자원을 제시했고, 2022년 데이터는 DBpedia, ConceptNet 등 외부 지식베이스를 연동해 단순 시각 인식이 아니라 지식 결합형 추론을 요구하는 한 단계 높은 난도의 과제를 설정했다(한국지능정보사회진흥원, 2022). 이 점에서 두 데이터 모두 ⑥ 목적 특화 원칙을 비교적 일관되게 구현했다고 볼 수 있다. 곧, '한국어로 주어진 시각 장면에 대해 정확히 응답하는 시스템을 만들게 한다'는 단일 목적을 위해, 필요한 데이터를 미리 충분한 양으로 공급하는 방식이다.

다만 이 과정에서 대표성·균형성 측면의 한계도 함께 드러난다. 2020년 데이터는 이미지 소스의 상당 부분을 해외에서 이미 공개된 대규모 이미지 데이터셋에 의존하고 있기 때문에, 겉으로는 한국어 질의응답 말뭉치이지만 실제로는 비(非)한국적 맥락이 많이 섞여 있는 구조를 갖는다. 다시 말해, 언어는 한국어이지만, 언어가 지시하는 대상 세계가 한국 사회의 일상 장면·사물 배열·문화적 관습을 충분히 반영하지 못하는 구성이 된 것이다. 이것은 개별 프로젝트의 우연한 실수라기보다, '빠르게 학습 가능한 대규모 데이터를 우선 확보한다'는 AI 우선 패러다임의 구조적 설계에서 비롯된 것으로 보는 편이 타당하다. 공학적 성능 검증을 우선하면 수집이 용이한 공개 이미지에 의존하게 되고, 그 결과 문화적·시각적 진정성이 상대적으로 후순위로 밀리는 것이다. 이는 4.2절에서 논의한 대표성·균형성·자연성의 삼각관계가 AI용 멀티모달 데이터에서도 동일하게 작동한다는 점을 다시 보여준다.

한국어 특화 이미지를 충분히 넣지 않은 것은 단순한 누락이라기보다, 한국어를 입력 언어로 사용하되 시각 자원은 국제 공개 데이터와의 호환성을 유지하려는 설계 선택으로 이해할 수 있다. 다만 이러한 선택은 텍스트 층위에서는 '한국어 기반'이지만, 시각 층위에서는 여전히 비한국적 구성을 유지하는 비대칭을 낳았고, 2022년 '한국적 이미지' 범주가 전체의 약 5.18%에 그친 사실은 이 비대칭이 여전히 해소되지 않았음을 보여준다. 따라서 향후에는 범용성을 완전히 포기하지 않되, 한국 생활 장면, 공적 공간, 지역적 물건, 연령대별 일상 사물을 체계적으로 증설하는 보완이 필요하다. 그래야 이 데이터가 실제 '한국어를 이해하는 멀티모달 AI'의 성능을 평가하는 시험대가 될 수 있다.

요약하면, AI Hub의 목적 특화 말뭉치들은 과제가 분명하고, 평가가 가능하며, 산업·공학적 활용에 곧바로 연결된다는 점에서 분명한 강점을 가진다. 그러나 그 강점이 성립하는 이유가 곧 한계의 원인도 된다. 특정 과제에 맞춰 수집 범위를 좁혀 놓았기 때문에, 언어·시각 자원의 문화적 다양성과 맥락적 진정성은 상대적으로 축소된다. 이 지점은 4.5절에서 본 '도구로서의 데이터'와 '시험대로서의 데이터'라는 두 연구 프로그램이 요구하는 품질 기준이 서로 다르다는 점을 다시 확인시켜 준다. AI Hub의 데이터는 후자의 관점에서는 매우 충실하지만, 전자의 관점에서는 아직 보완의 여지가 있는 상태라고 정리할 수 있을 것 이다.

▬ 감성 및 표현 행동: 감성 대화 및 모션 합성 데이터

AI Hub에서 구축한 '감성 대화 말뭉치'(한국지능정보사회진흥원, 2020)와 '음성 및 모션 합성 데이터'(한국지능정보사회진흥원, 2021)는 국내에서 감성 컴퓨팅과 표현 행동 생성 기술을 실질적으로 끌어올린 자료로 평가할 수 있다. 특히 짧은 기간에 대규모로, 그리고 비교적 일관된 구조로 공개되었다는 점에서, 많은 연구자가 '먼저 써볼 수 있는' 출발선을 만들어 주었다는 것이 이 말뭉치들의 가장 분명한 성취이다. 이 점은 공개 이후 즉시 ASR, TTS, 감성 분류, 제스처 합성 같은 다양한 작업에서 이 데이터가 곧바로 인용·활용된 사실에서도 확인된다.

이 두 말뭉치는 IEMOCAP과 흥미로운 대조를 이룬다. IEMOCAP이 전문 배우를 투입해 비교적 원형적인 감정 상태를 안정적으로 산출하도록 설계함으로써 데이터의 정답성(ground truth)과 재현성을 높였다면(Busso et al., 2008), '감성 대화 말뭉치'는 1,500명 규모의 일반 참여자를 크라우드소싱으로 모아 60개에 이르는 세분 감정 범주를 수집했다. 다시 말해, 통제와 연기의 정밀함을 약간 내려놓는 대신, 실제 서비스 이용자군에 더 가까운 분포를 확보하려는 쪽으로 균형을 옮긴 것이다. 한국어 감성 자원에서 이런 '현실적인 변이 폭'을 갖춘 자료는 많지 않았으므로, 이는 분명한 확장으로 볼 수 있다.

국립국어원에서 공개한 '속성 기반 감성 분석' 말뭉치가 텍스트에 나타난 대상·속성에 대한 극성을 세밀하게 주석해 고도화된 감성 모델을 지향했다면(국립국어원, 2022), AI Hub의 감성 계열 말뭉치는 음성·모션까지 포함한 멀티모달 감성 모델 쪽으로 활용 범위를 넓혀 주었다는 점에서 상호보완적 위치에 놓여 있다. 하나는 언어 내부의 미세한 극성 차이를, 다른 하나는 발화·행동으로 드러나는 감정 표현의 폭을 열어 주었다고 정리할 수 있다.

4,070시간 규모의 '음성 및 모션 합성 데이터'는 특히 주목할 만하다.

IEMOCAP이 소수 화자의 고밀도 캡처를 통해 '이렇게까지 정교하게 표정·몸짓을 붙일 수 있다'는 가능성을 보여주었다면, AI Hub 자료는 그 방식을 한국어 환경에서 대량화해 '이 정도 규모면 학습형 모델을 올릴 수 있다'는 실용적 기준을 제시했다는 데 의미가 있다고 본다. 대본 기반 발화(약 25%)와 자유 발화(약 75%)를 섞고, 전문가와 일반인을 함께 포함한 구성도 현실적인 시스템 학습 시나리오를 의식한 설계로 볼 수 있다. 다시 말해, 이것은 단순한 수집이 아니라 활용을 염두에 둔 수집이다.

다만 이 계열의 말뭉치가 대화·상호작용 연구 측면에서 곧바로 '왜 그런 감정이 나왔는가'라는 설명 수준으로 올라가기에는 아직 맥락 정보가 얕은 편이다. CANDOR처럼 대화 전후의 정서 상태, 상대방에 대한 인상, 성격 요인 등을 함께 붙여 주면, 같은 감정 레이블이라도 사회적·상황적 동인을 더 정밀하게 추적할 수 있을 것이다. 이 점은 '부족하다'기보다는, 'AI용으로는 이미 충분히 쓸 수 있으나, 언어·상호작용 연구자가 보기에는 한 층 정도 더 있으면 좋겠다' 정도의 개선 요청으로 보는 것이 균형 잡힌 평가일 것이다. 무엇보다 이 데이터들이 공개 범위, 접근 절차, 포맷에서 비교적 안정적으로 제공되고 있다는 점은 4.4절에서 논의한 지속가능성 문제를 생각할 때 한국형 인프라의 강점으로 기록해 둘 만하다.

정리하면, AI Hub의 감성·표현 행동 말뭉치는 (i) 한국어 기반 멀티모달 감성 모델을 '당장 학습해 볼 수 있게' 만든 실용적 성취, (ii) IEMOCAP식 고밀도 캡처를 한국어 환경에 대규모로 옮겨온 기술적 성취, (iii) 향후 맥락 주석을 덧붙이면 연구·산업 양쪽으로 확장될 여지가 남아 있는 개방형 설계라는 세 가지 지점을 동시에 갖고 있다고 평가할 수 있다. 이는 국가 주도 데이터가 공학적 과제만을 위한 것이 아니라, 일정한 학술적 확장 가능성도 염두에 두고 있었다는 점을 보여주는 사례라고 생각한다.

대규모 미디어 분석: 텍스트-비디오-사운드 데이터

50만 쌍 이상의 '한국어 텍스트-비디오-사운드 데이터(2023)'는 국내에서 멀티모달 미디어 분석을 실제 규모로 시도했다는 점에서 의미가 크다(한국지능정보사회진흥원, 2023). 특히 한국어 영상·오디오·텍스트를 세 축으로 일관되게 정렬한 대규모 자료가 드물었던 점을 감안하면, 이는 향후 영상 검색, 자동 자막 생성, 콘텐츠 요약, 음성·장면 기반 추천 같은 실용적 AI 서비스가 바로 참고할 수 있는 기초 자원으로 기능할 수 있다. 한국어권에서는 이 정도 규모의 멀티모달 미디어 데이터가 거의 없었기 때문에, 확장성 측면에서 하나의 분명한 이정표라고 볼 수 있다.

동시에 이 데이터는 CANDOR가 보여준 '규모의 역설'을 한국적 맥락에서 다시 드러낸 사례이기도 하다. 데이터의 주요 출처가 KBS 뉴스, 유튜브 등 실제 미디어라는 점에서 표면적으로는 '자연스럽다'. 그러나 이 자연스러움은 일상 상호작용의 자연성이 아니라, 대중을 상대로 한 공적·공연적 발화의 자연성이다. 다시 말해, 화자들은 카메라와 불특정 다수를 전제로 말하기 때문에, 말하기 방식이 구조화되어 있고 자기모니터링이 강하게 작동한다. 그 결과 이 말뭉치는 방송인, 크리에이터, 진행자 등 공적 발화를 직업적으로 수행하는 화자의 사용역(register)을 매우 잘 포착하는 대신, 사적이고 친밀하며, 대화적 상호조정이 두드러지는 일상 발화는 거의 담지 못하는 불균형을 갖게 된다. CANDOR가 '온라인 초면 대화'라는 한 장면을 대규모로 수집했듯이, 이 데이터는 '공개 방송·콘텐츠 발화'라는 한 장면을 대규모로 수집한 셈이다.

이 점은 자연성과 균형성의 관계를 다시 생각하게 만든다. 실제 미디어에서 가져왔으므로 '현실과 가깝다'고 말하고 싶지만, 그 현실이 곧바로 가정, 직장 및 친구 사이의 상호작용 현실을 대변하지는 않는다. 특히 한국어 대화 연구, 상호작용 기반 감성 분석, 미묘한 화행 전략의 비교처럼 상호주관성에 민감한 연구에서는 이 데이터만으로는 충분한 언어적 맥락을 확보하기 어렵다. 따라서 이 말뭉치는 '한국어 멀티모달 미디어 처리'에는 매우 적합하지만, '한국어 일상대화의 멀티모달 모델링'에는 보완적 자료로 위치를 정하는 편이 타당하다.

그럼에도 불구하고, 이 데이터의 공적 가치는 분명하다. 첫째, 한국어 영상·음성·텍스트가 한 번에 맞춰진 대규모 자원이라는 점에서 산업·연구 양 분야에서 바로 활용 가능한 진입 장벽을 낮춰 주었다. 둘째, 방송·플랫폼 기반 콘텐츠가 AI 학습 데이터로 들어올 때 어떤 편향이 생기는지를 구체적으로 점검할 수 있는 기준선을 제공했다. 셋째, 향후 더 일상적인 영상·대화 데이터를 추가로 결합해 나갈 때 어떤 지점을 '채워야 하는지'를 비교 대상으로 삼을 수 있다. 이런 의미에서 이 말뭉치는 완결된 해법이라기보다, 한국어 멀티모달 데이터 생태계를 단계적으로 확장해 가는 과정에서 필요한 한 축을 먼저 세운 사례로 보는 것이 학문적으로도, 정책적으로도 적절할 것이다.

4.6.4. 종합 평가 및 미래 과제

앞선 분석을 종합하면, 한국의 멀티모달 말뭉치들은 국가 주도 패러다임 아래에서 서로 다른 목적을 향해 비교적 분명하게 분화·발전해 온 것으로 보인다. 이러한 국가 주도형 구축은 4.4절에서 지적했던 '지속가능성의 실패'에 대해 하나의 유효한 대응을 제시한다. 여러 연구진이 과제 단위로 데이터를 만들고 사후 관리에 실패해 '디지털 유물'로 남아버린 국제적 사례들과 달리, 국립국어원과 AI Hub라는 국가 인프라는 데이터의 장기 보존, 접근성, 재배포를 제도적으로 담보하는 장치를 비교적 이른 시기부터 포함해 왔기 때문이다(국립국어원, 2020; 한국지능정보사회진흥원, 2018). 이 점은 분명히 성취로 평가할 수 있다.

또한 초기 구축에 많은 비용과 시간이 드는 한국어 말뭉치를 대규모로 공개함으로써, 한국어 기반 AI 서비스를 개발하는 중소기업, 스타트업, 연구기관이 별도의 수집·정제 과정을 거치지 않고도 한국어 처리 기술을 실험할 수 있는 환경이 조성되었다. 이는 학습 데이터의 '공공재화'를 통해 산업 생태계의 진입 장벽을 실제로 낮출 수 있음을 보여주는 사례이며, 한국어가 영어권에 비해 데이터 접근성이 떨어진다는 구조적 불리함을 일정 부분 완화했다는 점에서도 의미가 있다.

다만 이와 같은 중앙집중 모델이 다른 유형의 의존성을 새로 만들어낸다는 점은 함께 지적해 둘 필요가 있다. 이를 이른바 '두 개의 지속가능성' 문제로 설명할 수 있다. 한국형 모델은 개별 프로젝트의 소멸이라는 미시적 위험을 국가 정책과 예산 편성이라는 거시적 위험으로 치환했다. 다시 말해, 연구자가 교체되거나 연구진이 해산되면서 데이터가 사라지는 문제는 상당 부분 해소했으나, 그 대신 국가 AI 전략이나 부처 간 우선순위가 변경될 경우 말뭉치 생태계 전체가 동시에 영향을 받을 수 있는 구조가 된 것이다. 이는 '증상'(프로젝트 단위의 단절)을 줄이는 데 성공했지만, 그 부담을 '원인'(정책·재정 환경의 변동성) 쪽으로 옮겨 놓은 셈이라고도 볼 수 있다.

유럽의 CLARIN처럼 여러 국가와 기관이 참여하는 분산형 인프라는 단일 정부의 정책 변동에 대해 상대적으로 더 강건할 수 있다. 한국의 경우에도 현행 국가 주도 모델의 장점을 유지하되, 대학·학회·민간 연구소가 자체적으로 생산한 말뭉치를 표준화된 메타데이터와 절차를 통해 국가 인프라 안으로 편입시키는 협력적 거버넌스를 병행할 때, 정책 변화에 대한 취약성을 줄이면서 연구 현장의 다양성을 확보할 수 있을 것이다. 다시 말해, 지금까지의 '중앙 수렴형' 전략이 지속가능성의 1차 조건을 충족했다면, 앞으로는 민간·학계의 자율적 참여를 통해 지속가능성을 '분산적으로 공유'하는 2차 조건을 추가하는 방향으로의 진화가 요구된다.

이상과 같은 맥락에서 보면, 본 장의 마지막 질문인 '정적인 산출물(static artifact)에서 어떻게 살아있는 아카이브(living archive)로 나아갈 것인가?'에 대해 한국의 모델은 잠재력과 과제를 동시에 드러낸다. 안정적으로 유지되는 중앙 인프라는 살아있는 아카이브가 작동하기 위한 1차 조건, 곧 신뢰할 수 있는 저장소와 공공성을 충족시킨다는 점에서 중요한 의미를 갖는다. 국립국어원이 인공지능의 한국어 능력을 평가하기 위한 'AI말평(인공지능 언어 능력 평가 체계)'을 구축해 시범 운영 중이며, 이를 통해 한국어 이해·생성 능력을 공신력 있게 측정·비교하는 체계를 마련하고 있다는 점도 이러한 국가 주도 인프라의 장점을 잘 보여준다(국립국어원, 2023).

그러나 살아있는 아카이브는 위로부터의 일방향적 데이터 배포만으로는 완성되기 어렵다. 연구자가 실제로 데이터를 사용하고, 사용 과정에서 확인된 오류를 되돌려 보내며, 특정 연구 목적에 맞춰 작성한 세부 주석층을 다시 공유하고, 교육·실험·산업 응용에서 파생된 데이터까지 원 아카이브로 환류되는 순환 구조가 함께 구축되어야 한다. 독일의 FOLK가 대화분석, 구어문법 연구, 독일어 교육 자료 개발 등 여러 목적에서 반복적으로 호출되고, 그 과정에서 축적된 해석과 활용 사례가 다시 코퍼스의 가치를 높여주는 것처럼(Schmidt, 2023), 한국어 말뭉치도 '배포된 자원'에서 '공동으로 관리되는 연구 기반'으로 지위를 높여 가는 단계가 뒤따라야 한다.

따라서 한국 멀티모달 말뭉치 패러다임의 다음 단계는, 중앙집중 인프라의 안정성을 유지하면서도 커뮤니티가 실제 이용과 재주석을 통해 아카이브에 재기여할 수 있도록 하는 개방적, 순환적 구조를 어느 정도까지 설계하느냐에 달려 있다. 다시 말해, 국가의 지속적 재정·정책 지원이라는 하향식 기반 위에, 학계·민간·교육 현장이 참여하는 상향식 협력 메커니즘을 덧입힐 때 비로소 '살아있는 아카이브'에 근접할 수 있다.

4.7. 소결: 30년의 교훈과 새로운 질문

이 장에서는 13가지 원칙을 축으로 M2VTS-AMI-IEMOCAP-FOLK/CEJC-CANDOR로 이어지는 30년의 멀티모달 말뭉치 역사를 조망하며, 대표성·균형성·자연성이라는 기초 원칙, 동기화·일관성·기술적 품질이라는 기술 원칙, 확장성·재사용성·안정성이라는 지속가능성 원칙, 그리고 목적 특화·윤리·개인정보·맥락 정보라는 목적 및 윤리 원칙이 실제로는 서로 완전히 조화를 이루지 못했다는 점을 확인했다. 이

때 가장 분명해지는 사실은, 말뭉치 구축의 난점이 단순히 '기술이 모자라서'가 아니라, '어떤 학문적·제도적 배경 위에서 설계가 시작되었는가'라는 훨씬 구조적인 조건에 의해 설명된다는 점이다.

첫째, 한국에서는 평가 기준을 만들어 줄 만한 연구 집단이 충분히 두껍게 축적돼 있지 않았다. 독일 IDS나 일본 NINJAL은 1990-2000년대에 이미 '대화 자료는 이 정도 해상도로 전사해야 한다', '겹침과 휴지는 이 정도로 1차 표기해야 한다', '오디오·비디오의 동시 제공이 대화 연구의 기본이다'라는 식의 합의가 있었다. 그래서 FOLK나 CEJC를 말뭉치화할 때 이 합의를 거의 손대지 않고 위로 끌어올릴 수 있었다. 한국의 담화, 화용, 대화 연구가 없었던 것은 아니지만, 대화분석 식의 미시분석을 전제로 '이걸 국가 기준으로 삼자'라고 말할 수 있을 만큼 조직화되고 연속적인 커뮤니티가 형성되어 있지는 않았다. 그 결과, 정책 단계에서는 가장 많은 사람이 쓸 수 있고, 다양한 AI 응용이 당장 올라탈 수 있는 형태, 다시 말해 음성·문장 단위의 정제된 전사와 JSON 메타데이터 중심의 포맷이 먼저 들어왔다. 이는 연구 수준이 낮아서라기보다, '어떤 연구 집단이 먼저 목소리를 냈는가'라는 순서의 문제였다.

둘째, 실제 수요가 '대화분석을 위한 고해상도 대화 자료'보다 'AI 학습을 위한 대규모 한국어 자료' 쪽에서 먼저 발생했다. 한국에서 대규모 말뭉치를 강하게 요청한 집단은 음성인식, 대화 시스템, 자연어 이해, 산업용 챗봇을 만드는 쪽이었다. 그러니 '15-20분짜리 대화를 여러 주제로 수집하자', '16kHz·16bit PCM으로 통일하자', 'JSON 메타를 붙여서 기계가 쉽게 읽게 하자'는 요구는 빠르게 제도화되었다. 반대로 '세션의 연속성을 끊지 말 것', '말겹침, 준언어를 1차 표기할 것', '가능하면 비디오를 함께 공개할 것'이라는 대화분석식의 요구는 상대적으로 힘을 얻기 어려웠다. 이것도 말뭉치 구축 당시 가장 조직화되어 있던 수요가 어디였는지에 따른 결과로 보는 편이 낫다.

셋째, 이로 인해 '자연성'이 번역되는 방식도 달라졌다. CEJC가 말하는 자연성은 참여자가 자기 일상 활동을 하면서 연구자가 거의 개입하지 않은 상태로, 오디오와 비디오를 포함해 하나의 상호작용 단위를 온전히 남기는 것에 가깝다. 반면 국립국어원의 일상 대화 말뭉치는 '실제 한국어 화자가 하는 말'을 'AI가 학습하기 좋은 단위'로 '대량으로' 제공하는 데 방점이 찍혀 있다. 두 체계 모두 스스로를 '자연 대화'라고 부를 수 있지만, 전자가 '현장성·연속성·멀티모달성'을 자연성의 핵심 요소로 이해하는 데 비해, 후자는 '실제 화자의 발화라는 점에서의 자연스러움'과 '기계학습이 가능한 포맷'을 자연성의 실질로 삼는다. 결국 어떤 연구 프로그램이 그 말뭉치를 사용할 것이라고 예상했는지에 따라 자연성이라는 동일한 용어가 다른 기술적·형식적 요구로 구체화된 것이다.

넷째, 이와 같은 설계의 방향성은 자연스럽게 '후처리 비용의 전가'로 이어졌다. 한국형 자료는 IP/문장 단위로 분절되어 있고, 말겹침이 1차 표기돼 있지 않으며, 멀티모달 정보가 기본값으로 제공되지 않는다. 따라서 실제로 순차조직을 보려는 연구자는 (i) 세션을 다시 이어 붙이고, (ii) 말겹침과 휴지를 재주석하며, (iii) 경우에 따라 운율 단위를 근거로 말차례를 병합하는 추가 작업을 스스로 수행해야 한다. 반대로 FOLK나 CEJC는 이 비용을 설계 단계에서 먼저 지불했기 때문에, 활용 단계에서의 진입장벽이 낮다. 이 차이는 '누가 먼저 표준을 말할 수 있었는가', '어떤 연구가 정책과 가까웠는가'라는 제도적·사회적 조건에서 비롯된 것이다.

이 모든 것을 감안하면, 30년의 역사를 통해 드러난 가장 중요한 교훈은 다음과 같다. 첫째, 말뭉치는 언제나 특정한 연구·기술 공동체가 가진 당대의 요구와 역량을 반영한다. 둘째, 그 요구가 어디에서 먼저 나왔는가에 따라 '대표성'과 '자연성'이 서로 다른 기술적 형식으로 실현된다. 셋째, 설계 단계에서 지불하지 않은 비용은 활용 단계에서 연구자가 지불하게 되어 있고, 이것은 한국 사례에서 특히 대화 연구자들에게 더 크게 나타날 것이다. 넷째, 따라서 한국의 멀티모달 말뭉치가 CEJC와 FOLK에 비해 순차적 정밀도에서 아쉬운 면을 보이는 것은 '어떤 연구가 먼저 활성화되어 그 연구가 국가 인프라와 얼마나 밀착되어 있었는가'이다.

이제 질문은 조금 다른 곳으로 옮겨간다. 한국은 이미 국가 주도 인프라를 통해 보존·접근·재배포라는 1차 조건을 상당 부분 충족했다. 그렇다면 다음 단계에서는, 지금까지 정책 주도 설계에서 상대적으로 비가시적이었던 대화분석, 멀티모달 상호작용 연구의 요구를 어떻게 다시 전면으로 끌어올 것인가, 그리고 그 요구를 중앙 인프라가 수용 가능한 형식으로 어떻게 번역할 것인가가 과제가 된다. 다시 말해, 앞으로의 '살아있는 아카이브'는 기술적으로만 진화하는 것이 아니라, 연구 커뮤니티의 폭과 두께가 함께 성장하는 만큼만 진화할 수 있다. 5장에서는 바로 이 지점을, 즉 '말뭉치를 더 잘 만드는 기술'뿐만 아니라 '말뭉치를 함께 키우는 구조'를 어떻게 설계할 것인지에 초점을 옮겨 살펴보게 될 것이다.

제5장

기술 변화의 전망과 전략

Chapter 05

기술 변화의 전망과 전략

Part 1. 기술변화의 전망

5.1. 포착 기술의 미래: 현실을 복제하다

멀티모달 대화 연구에서 자료 포착(recording/acquisition) 기술은 날로 발전하고 있다. 여기서 자료 포착 기술이란 대화 현장에서 발화, 제스처, 표정 등 다양한 모달리티를 카메라, 마이크, 센서 등의 장비로 기록하여 데이터화하는 일련의 과정을 말한다. 2000년대 중반 AMI 프로젝트는 미래의 회의가 참가자들의 상호작용을 자동으로 기록, 분석, 요약함으로써 의사결정의 질을 향상시키고 정보 접근성을 높이는 방향으로 나아갈 것이라는 비전을 제시한 바 있다(Carletta, 2007). 이러한 전망은 대화 현장을 있는 그대로 기록하는 기술, 즉 현실을 복제하듯 포착하는 기술이 궁극적으로 지향해야 할 목표를 잘 보여준다. 초기의 멀티모달 말뭉치들은 제한된 환경에서 일부 모달리티만을 다루었지만, 미래의 포착 기술은 보다 자연스럽고 풍부한 상호작용 데이터를 수집하기 위해 현실 세계를 그대로 데이터화하는 방향으로 나아가고 있다.

과거 멀티모달 말뭉치 구축에는 카메라와 마이크 같은 전통 센서 위주로 제한된 범위의 정보만 취합되었다. 예를 들어 1990년대 말의 M2VTS 같은 말뭉치는 정면 얼굴 영상을 위주로 한정된 환경에서 녹화되었고, 일상적 자연스러움은 낮았다. 그러나 이러한 제약적 설정에도 불구하고 M2VTS는 이후 멀티모달 말뭉치 연구의 토대를 마련했는데, 동기화된 비디오와 음성 데이터를 제공함으로써 멀티모달 데이터 수집의 가능성을 보여주었다(Pigeon & Vandendorpe, 1997). 2000년대 중반의 AMI 회의 말뭉치는 한층 더 복잡한 센서 구성으로 현실에서의 회의를 기록했다. AMI 말뭉치에서는 총 100시간 분량의 회의를 여러 대의 근접 촬영 카메라와 룸뷰 카메라, 개인별 근접 마이크와 공간 마이크 어레이로 동시 녹음, 녹화하여 대화 참여자의 발화부터 제스처까지 다각도로 포착하였다(Carletta et al., 2005). 또한 슬라이드 프로젝터 출력과 전자 화이트보드 내용까지 기록하는 등 회의실에서 벌어지는 행동을 가능한 한 있는 그대로 담아내려 했다(Carletta et al., 2005). 이는 멀티모달 자료의 정밀한 시간 동기화와 다중 스트림 통합을 구현한 선구적 사례로, 이후 현실 대화를 복제해내는 기술 패러다임의 기반이 되었다. 이처럼 과거의 연구들은 통제된 환경에서 다양한 센서를 동원함으로써 현실의 복제를 향한 첫걸음을 내디딘 셈이다.

현대의 포착 기술 추세는 더욱 자연스러운 상황에서 더 풍부한 데이터를 얻는 방향으로 발전하고 있다. 최근 등장한 대규모 대화 말뭉치들은 녹음 스튜디오나 연구실 밖 현실 환경에서 데이터를 수집한다. 예를 들어, CANDOR 말뭉치는 1,656개의 영어 대화를 화상회의 플랫폼을 통해 기록하여 850시간 분량의 자연스러운 대화를 담아냈는데, 참여자들은 일상 생활 공간에서 화상대화로 자발적 상호작용을 나누었다(Reece et al., 2023). 이 말뭉치는 대화 내용뿐 아니라 화상 영상 자체를 수집함으로써 표정, 머리 움직임 등 시각적 비언어 정보까지 포함하였다. CANDOR 구축팀은 정교한 계산 파이프라인을 적용하여 얼굴 특징의 초 단위 변화와 운율 특성을 포함한 전사 데이터를 생성하는 등 최신 기술을 활용하여 대규모 데이터를 효율적으로 처리하였다(Reece et al., 2023). 이는 자연스러운 원격 대화 환경을 방해하지 않으면서도, 자동화 기술로 풍부한 멀티모달 정보를 얻어낸 사례다. 한편 중국어를 대상으로 한 MISP 말뭉치는 가정의 거실 환경에서 여러 명의 가족 구성원이 TV를 시청하며 대화하는 장면을 백여 시간 이상 촬영하여, 실제 생활 공간의 소음, 겹말까지 포함한 현실 데이터를 확보하였다(Wang et al., 2023). 이 말뭉치에서는 6채널 마이크로폰 배열과 비디오 카메라를 활용한 음성-영상 화자 분할(Audio-Visual Speaker Diarization) 기술을 통해 복잡한 실제 환경의 음성 처리 문제를 해결하고자 하였다(Wang et al., 2023; Wu et al., 2023). 이러한 최근 사례들은 실험실 밖 생활 세계에서의 대화를 포착함으로써, 인위적이지 않은 생태학적 타당성을 획득한 말뭉치를 지향하고 있다.

이처럼 자연스러움과 정밀함 사이의 간극을 줄이는 것이 포착 기술 미래의 핵심 과제다. 초기 감정 대화 말뭉치인 IEMOCAP은 전문 배우가 연기한 2인 대화를 VICON 모션캡처로 촬영하여 얼굴에 부착된 53개

마커를 추적해 표정 변화를 정밀하게 기록하고, 동시 녹음한 고품질 오디오와 동기화했다(Busso et al., 2008). 이를 통해 표현적 인간 의사소통의 미세 신호까지 포착했지만, 배우가 연기한 대화라는 한계로 완전한 자연성은 희생되었다. 반대로 CANDOR나 한국어 일상 대화 말뭉치인 KsponSpeech는 일반인들의 자유대화를 녹음하여 높은 자연스러움을 얻었지만, 제스처나 표정 정보는 포함되지 않았다(Bang et al., 2020; Reece et al., 2023). 미래의 포착 기술 전략은 이 양극단을 조율하여, 자연스러운 상황에서 최대한 정밀한 멀티모달 정보를 얻는 것이다.

이를 위해 비침습적이고 높은 해상도의 센서가 중요하다. 예컨대, 초소형 카메라와 마이크를 생활 공간에 배치하거나 착용형 기기를 활용하면, 일상 대화에 간섭을 덜 주면서도 시각, 청각 정보를 수집할 수 있다. 실제로 시선 추적이 가능한 스마트 안경이나 고해상도 마이크로폰이 개발되어 AR, VR 기기에도 적용되고 있는데, 이는 향후 연구 참여자들이 일상생활에서도 의식하지 않고 대화 데이터를 기록할 수 있음을 시사한다. 또한 360도 카메라나 라이다 센서를 이용하면 대화 장소의 공간적 맥락과 참여자들의 위치, 몸짓을 3차원 형태로 포착하여, 녹음된 대화를 마치 디지털 쌍둥이처럼 입체적으로 재구성할 수 있을 것이다. 깊이 센서, 다중 카메라 캡처 기술의 발전으로 이러한 볼류메트릭 비디오(volumetric video)[28] 녹화가 현실화되고 있다. 특히 여기서 주목해야 할 볼류메트릭

28 볼류메트릭 비디오(volumetric video)는 3차원 공간 정보를 포함하는 영상 기록 방식으로, 여러 대의 카메라나 깊이 센서를 활용하여 대상의 높이, 너비, 깊이를 모두 캡처한다. 기존의 2D 영상이나 360도 영상과 달리, 볼류메트릭 비디오는 복셀(voxel, 3차원 픽셀) 형태로 공간 정보를 저장하여 시청자가 녹화된 장면 내부를 자유롭게 이동하며 관찰할 수 있게 한다. 이 기술은 가상

비디오 기술은 단순히 360도 시야를 제공하는 것을 넘어, 상호작용이 일어나는 공간 전체를 하나의 3차원 부피로 포착하고 재구성하는 것을 목표로 한다(Schreer et al., 2019). 이는 여러 대의 카메라와 깊이 센서가 동원되어 촬영 대상의 형태와 질감뿐 아니라 공간 좌표까지 정밀하게 데이터화하는, 이른바 홀로그램 녹화에 가깝다.

360도 카메라가 단일 지점에서 주변을 둘러보는 파노라마적 시야를 제공하는 데 그친다면, 볼류메트릭 비디오는 연구자에게 6자유도(Six Degrees of Freedom, 6DoF)를 부여한다. 이는 단순히 고개를 돌리는 수준(3DoF)을 넘어, 녹화된 공간 안을 자유롭게 이동하며(전후, 좌우, 상하) 상호작용을 관찰할 수 있음을 의미한다. 6DoF는 회전(pitch, yaw, roll)과 이동(X, Y, Z축)을 모두 포함하는 완전한 공간적 자유도로, 이미 VR 산업에서 몰입형 경험의 핵심 요소로 인식되고 있다(Richardt et al., 2019). Microsoft의 Mixed Reality Capture Studio나 Intel의 True View 기술 등이 이미 이러한 볼류메트릭 캡처를 상용화하고 있으며, 연구 환경에서도 Azure Kinect와 같은 접근 가능한 깊이 센서를 활용한 6DoF 캡처가 가능해졌다. 예를 들어, 연구자는 대화 참여자들의 시선이 교차하는 순간을 다양한 위치에서 관찰하거나, 제스처가 만들어내는 공간적 변화를 여러 각도에서 상세히 분석할 수 있게 된다. 이러한 자유로운 시점 이동은 기존의 고정 카메라 녹화에서는 포착하기 어려웠던 미묘한 비언어적 상호작용의 공간적 맥락을 완전히 새로운 차원에서 이

현실(VR), 증강현실(AR), 혼합현실(MR) 환경에서 사실적인 인간 표현을 구현하는 데 핵심적인 역할을 한다.

해할 수 있게 한다. 이는 Fanelli et al.(2011)이 깊이 카메라를 활용한 3D 머리 자세 추정에서 제시했던 공간 정보 활용의 가능성을 훨씬 뛰어넘는 수준의 분석 자유도를 제공하며, 상호작용을 사후에 탐사하는 '고고학적 발굴'에 가까운 경험을 가능하게 한다.

결국 이러한 기술적 진보는 '현실 복제'라는 목표를 '디지털 쌍둥이(Digital Twin)'의 생성이라는 차원으로 격상시킨다. 이는 단순히 대화의 음성적, 시각적 표면을 기록하는 것을 넘어, 그 대화가 발생한 시공간적 맥락 전체를 보존하고 재현하는 패러다임의 전환이다(Schreer et al., 2019). Bhattacharya et al.(2025)의 AMIS 데이터셋에서 시도된 것처럼, 동일한 대화 장면을 2D 영상과 3D 아바타 등 여러 스펙트럼으로 동시에 기록하는 것은 이러한 디지털 복제의 초기 단계로 볼 수 있다. 궁극적으로 볼류메트릭 기술은 현실 공간의 인간 상호작용을 메타버스 아바타로 복제하는 것을 넘어, 물리적 현존 여부와 관계없이 모든 상호작용을 완전한 시공간 데이터로 자료화할 수 있는 잠재력을 보여준다.

이러한 포착 기술의 비약적 발전에는 프라이버시와 윤리 문제라는 도전이 함께한다. 일상 생활 공간에서의 녹화는 참가자의 사적 영역을 침해할 수 있고, 한국어 대화의 경우 특히 녹음에 대한 심리적 거부감이나 법적 제한이 강하게 작용한다. 향후에는 프라이버시를 보호하면서도 자연스러운 상호작용을 포착할 수 있는 기술과 제도가 요구된다(조용준·안희돈, 2025). 예를 들어, 녹화된 영상에서 얼굴이나 음성을 자동으로 익명화(비식별화)하는 기술을 도입하거나, 대화 참여자들이 녹음을 의식하지 않도록 생활 속 센서를 디자인하는 접근이 필요하다. 또한 데이터 수집에 앞서 윤리적 동의를 얻고, 민감 정보를 필터링하는 등의 연구윤리 프로토콜이 필수적이다. 이러한 보완이 이루어진다면, 기술적으로는 어느새 가능해진 '현실 복제' 수준의 포착도 사회적으로 수용 가능한 연구 방식이 될 것이다.

한국어 멀티모달 말뭉치 구축의 관점에서 포착 기술의 미래는 특히 중요한 의미를 지닌다. 지금까지 한국어 대화 말뭉치는 주로 음성 및 텍스트 위주의 자료에 집중되어 있었다. 예를 들어 서울말 발화 말뭉치나 KsponSpeech 등의 대규모 말뭉치는 음성 녹음과 전사에는 방점을 찍었지만, 대화 상황의 영상이나 제스처 정보는 아카이빙되지 않았다(Yun et al., 2015; Bang et al., 2020). 그 결과 한국어 대화의 비언어적 맥락을 체계적으로 연구하기 어려웠고, 이는 한국어의 멀티모달 차원을 온전히 반영하지 못하는 한계로 이어졌다. 미래의 포착 기술을 활용하면 한국어 대화도 표정, 시선, 몸짓, 공간배치까지 아우르는 다채널 말뭉치를 구축할 수 있다. 예컨대, 가정집 거실에서 가족 간 대화를 2~3대의 카메라와 마이크로 동시 녹화하고, 대화 참여자들의 스마트워치로 심박이나 피부전도도 같은 생리 신호를 측정한다면, 한국어 화용 표현과 정서 상태의 연관성 같은 심층적인 연구가 가능해질 것이다. 또한 한국 사회 특유의 상호작용 장면, 예컨대 상하관계가 분명한 직장 대화나 연장자와 청년 간의 가족 대화를 실제 상황 그대로 녹화하면, 높임말 사용과 고개 숙임, 침묵과 눈맞춤 등의 문화특수적 비언어 행위를 자연스럽게 포착할 수 있을 것이다. 이는 기존 서구 중심의 말뭉치에서 간과되었던 한국어 대화의 문화적 맥락을 제대로 반영하는 데이터를 확보한다는 점에서 의의가 크다.

요약하면, 포착 기술의 미래적 방향은 '보이는 현실'을 최대한 왜곡 없이 데이터로 전화(轉化)하는 것이다. 고해상도 멀티센서, 3D 캡처, 웨어러블 기기 및 원격 화상 플랫폼 등을 아우르는 기술 발전은 결국 디지털 복제된 현실을 만들 수 있는 잠재력을 제공한다. 물론 기술적 가능성을 실제 연구에 적용하려면 윤리적 고려와 방대한 데이터 관리 인프라가 수반되어야 한다. 그러나 적절한 전략 하에 이러한 포착 혁신을 수용한다면, 한국어 멀티모달 말뭉치 구축은 보다 자연스럽고, 풍부하며, 다각적으로 주석된 대화 데이터를 얻어낼 수 있을 것이다. 이는 한국어 대화의 미묘한 의미작용까지 체계적으로 분석할 수 있는 토대를 마련하여, 향후 인간스럽게 소통하는 AI 개발이나 한국어 의사소통 문화의 과학적 이해에 크게 이바지할 것으로 전망된다.

5.2. 분석 기술의 미래: 무엇을 넘어 왜를 추론하다

5.2.1. 인체 포즈 추정의 현재 수준과 기술 발전 동향

인체 포즈 추정(Human Pose Estimation, HPE) 기술은 영상이나 센서 데이터에서 사람의 관절 위치를 자동으로 추출하는 기술로, 동작 및 제스처 분석의 핵심 기반을 제공한다. 최근 딥러닝의 도입으로 HPE는 과거 마커 기반 모션 캡처[29]나 Kinect 센서[30]에 의존하던 한계를 넘어서, 일반

29 신체 주요 지점(관절 등)에 반사 마커(reflective marker)를 부착하고, 여러 대의 적외선 카메라로 각 마커의 3차원 위치를 밀리미터 단위의 정밀도로 추적하는 방식이다. Vicon과 같은 상용 시스템이 대표적이다. 데이터의 정밀도가 매우 높아 운동학 및 생체역학 연구의 '최적 표준(gold standard)'으로 여겨진다. 멀티모달 상호작용 연구에서는 배우들의 미세한 얼굴 근육 움직임과 신

카메라 영상에서도 신뢰도 높은 자세 인식을 달성하고 있다. 예컨대 Cao et al.(2017)이 개발한 OpenPose는 전신의 골격 움직임뿐 아니라 손가락의 세세한 움직임과 얼굴 표정까지 실시간 추적할 수 있는 수준에 이르렀다(Trujillo, 2024). 딥러닝 기반의 마커리스(markerless) 추적[31]은 대규모 레이블링 데이터로 학습된 신경망을 통해 프레임마다 신체 주요 키포인트(keypoint)를 검출하며, 2D 영상 연속 프레임의 패턴 인식을 통해 3D 동작까지 일정 수준 재구성한다. 이러한 AI 기반 추적 기법은 별도 장비 없이 카메라만으로 작동하기 때문에, 기존에 수집된 대화 영상 데이

체 제스처를 포착한 IEMOCAP 말뭉치(Busso et al., 2008) 구축에 이 기술이 활용된 바 있다. 다만, 고가의 장비가 필요하고 마커 부착 과정이 번거로워 통제된 실험실 환경에서만 제한적으로 사용된다는 한계가 있다.

30 Kinect 센서는 마이크로소프트가 개발한 마커리스(markerless) 3차원 모션 트래킹 장치로, 적외선 방사·수신을 이용한 타임오브플라이트(time-of-flight) 방식 깊이지도와 RGB 카메라를 결합해 사람의 전신 25개 관절을 실시간으로 추적한다. Kinect V2 기준 유효 추적 거리는 약 0.5-4.5m, 프레임레이트는 30Hz, 공간 정밀도는 대략 수 cm 내외(≈ 수십 mm)수준으로 손가락 등 극미세 움직임에는 부적합하지만 전신 제스처의 거친 운동학(높이, 크기, 횟수 등)을 정량화하는 데는 충분한 성능을 보인다. 최대 6인 동시 추적을 지원하나, 카메라 기반 특성상 가림(occlusion)에 취약하며, 후속 기종인 Azure Kinect는 공간 해상도와 추적 알고리즘이 개선되어 연구용으로 권장되고 있다(Trujillo, 2024).

31 마커리스(markerless) 추적은 신체에 마커·센서를 부착하지 않고 카메라/심도 센서만으로 인체의 관절 위치·움직임을 추정하는 방식이다. (a) 장치 기반(markerless devices)—예: Kinect, Leap Motion(적외선 스테레오 비전으로 손·손가락 추적, ≈115Hz, 동적 오차 ≈1-2mm)—과 (b) 비디오 기반(video-based)—일반 영상에 프레임 차분/광류또는 딥러닝 포즈 추정(OpenPose, DeepLabCut 등)을 적용—으로 대별된다. 전자는 설치·이동성이 좋고 다인 동시 추적이 가능하나 가림(occlusion)과 정밀도에서 마커드(광학/전자기) 시스템에 비해 제약이 있고, 후자는 사후 적용과 사용자 정의 키포인트(영유아·비인간·물체 등) 추적이 가능하지만 연산 자원/영상 품질·카메라 배치에 민감하다(Trujillo, 2024: 311-315).

터에도 사후적으로 적용할 수 있는 호환성이 높다(Trujillo, 2024). 그 결과 오늘날 연구자들은 과거에는 불가능에 가까웠던 자연스러운 상호작용 장면의 다인 동시 추적과 미세 동작 분석을 수행할 수 있게 되었다.

2024-2025년 포즈 추정 분야는 OpenPose에서 MMPose로의 대규모 전환을 목격하고 있다. MMPose의 RTMPose 계열은 COCO 데이터셋에서 75.8% AP를 달성하여 기존 방식에 비해 현저히 높은 정확도를 보인다(Jiang et al., 2023). 속도 면에서 RTMPose-m은 NVIDIA GTX 1660 Ti GPU에서 430+ FPS를 달성하는 반면, OpenPose는 Tesla K80에서 4-4.5 FPS 수준을 기록한다. 이러한 성능 격차는 단순한 수치 이상의 의미를 갖는다. Intel i7-11700 CPU에서 RTMPose-m은 90+ FPS를 달성하여 범용 하드웨어에서도 실시간 처리가 가능하다. 모바일 환경(Snapdragon 865)에서도 RTMPose-s는 70+ FPS를 유지하여 엣지 디바이스 배포에 적합하다. RTMW-x 모델은 COCO-WholeBody에서 70.2 AP를 달성하여 최초로 70 AP 임계값을 넘어섰다.

라이센스 측면에서, 2025년 현재 MMPose는 Apache 2.0 라이센스로 무료 상업적 사용이 가능한 반면, OpenPose는 연간 25,000 USD의 상업 라이센스 비용을 요구한다. 산업계에서 MMPose 도입 사례들은 실질적인 정확도 향상을 보고하고 있으며, PyTorch, ONNX Runtime, TensorRT, ncnn, OpenVINO 등 다양한 프레임워크를 지원하여 배포 유연성이 뛰어나다.

이와 같이 발전된 HPE 기술은 멀티모달 대화 연구에 새로운 가능성을 열고 있다. 예를 들어 Trujillo et al.(2019)은 Kinect 기반의 움직임 추적 데이터를 활용하여 제스처의 운동학적 특징(움직임 횟수, 멈춤 횟수,

궤적 크기, 최고 속도 등)을 자동 추출하는 툴킷을 개발하였다. 이를 통해 대화 중 발생하는 제스처들을 정량화하여 비교하고 분석할 수 있었고, 특히 이러한 수치화된 특징들이 발화자의 의사 전달 의도와 밀접하게 연관됨을 보고하였다. 구체적으로, 제스처의 크기나 속도와 같은 운동 역학 지표는 발화자의 의도적 강조나 소통 의향을 반영할 수 있다는 결과가 제시되었다(Trujillo et al., 2018). 예를 들어 손짓의 범위가 크고 역동적일수록 상대에게 적극적으로 정보를 전달하려는 의도로 해석될 가능성이 높았다. 또한 HPE는 제스처 연구 외에도 대화 참여자들의 동기화 현상을 포착하는 데 활용되고 있다. 예컨대 화자와 청자가 몸짓을 얼마나 동시적으로 움직이는지, 혹은 한쪽의 움직임 변화에 다른 쪽이 일정 시간 내 반응하는지를 HPE로 정량화함으로써 대화 라포나 상호 이해도를 객관적으로 측정하려는 시도가 진행되고 있다(Ramseyer & Tschacher, 2011; Tsuchiya et al., 2020). 이처럼 자세 추적 데이터를 활용하면 사람의 육안 관찰만으로는 발견하기 어려운 미세한 상호작용 패턴까지 규명할 수 있게 되었다.

향후 HPE 기술은 더욱 정교해져서 멀티모달 대화의 의미 추론에 직접 기여할 것으로 전망된다. 첫째, 고해상도와 고속 추적의 발전이다. 현재 1초에 30프레임 정도로 촬영된 영상에서도 미세한 운동학적 차이가 의사소통 맥락에 따라 유의미하게 나타날 수 있는데, 이런 미세한 차이를 잡아내려면 높은 시간 해상도의 추적이 필수적이다. 앞으로 HPE 알고리즘이 정밀도가 향상되고 카메라 프레임레이트가 높아지면, 손가락 굽힘이나 시선 이동처럼 지금까지 간과되던 극미세 비언어 신호까지 포착하여 의미 해석에 활용할 수 있을 것이다(Hassemer & Winter, 2018;

Trujillo, 2024). 둘째, 3차원 공간에서의 다자간 상호작용 추적이 강화될 것이다. 여러 대의 카메라나 심도 센서 데이터를 통합하는 기술이 발전하면서, 사람들 사이의 상대적 위치, 몸 방향, 상호 시선 등의 공간적 상호작용 맥락을 정확히 복원할 수 있게 될 전망이다. 이는 대화 참여자들의 근접학(proxemics)적 분석, 즉 거리나 방향을 통한 미묘한 관계 신호까지도 자동 추론하는 데 도움이 될 것이다. 마지막으로, HPE와 다른 모달리티 인식 기술의 실시간 융합이 가속화될 것이다. 예컨대 HPE로 잡아낸 몸짓 정보와 음성의 억양, 표정 인식 결과를 동시에 통합하는 멀티모달 AI는 화자의 감정이나 의도를 실시간 추론하여 피드백을 제공하거나, 화상 회의에서 비언어적 신호 모니터링을 통해 참석자의 집중도나 분위기를 분석하는 응용으로 발전할 수 있다. 요컨대, 인간의 자세와 동작을 읽어내는 HPE 기술은 이제 단순한 인식 단계를 넘어, 맥락 속 의미를 해석하는 고차원적 분석으로 진화하고 있으며, 이는 멀티모달 대화 이해의 핵심 축으로 자리잡아 갈 것이다.

5.2.2. 멀티모달 상호작용 분석의 핵심 분류 체계 및 분석 적용 방식

멀티모달 상호작용 분석(Multimodal Interaction Analysis, MIA)은 언어적 발화와 함께 나타나는 여러 비언어적 행위를 통합적으로 분석하는 접근이다. 이러한 분석을 효과적으로 수행하려면 체계적인 행위 분류 체계(framework)가 필수적이다. 사람 간의 상호작용에서는 발화 내용 이외에 목소리 높낮이와 억양, 손짓과 몸짓, 얼굴 표정, 시선, 머리 끄덕임 등 다양한 모드(mode)의 신호들이 동시에 전달되며, MIA는 이들을 세분된 범주로 코딩하여 층위별로 기록함으로써 종합적인 해석을 시도한다. 대표적인 분류 체계의 예로, Allwood et al.(2007)이 제안한 MUMIN 코딩 스키마는 피드백, 말차례 교대, 순차화(sequencing)와 관련된 손동작과 얼굴표정의 기능을 체계화하여 다중모달 대화에서의 역할을 분류하였다. 일반적으로 MIA 분류 체계는 다음과 같은 주요 범주들을 포함한다.

- 손·팔 동작(Gesture): 손이나 팔의 움직임을 가리키며, 의미 기능에 따라 직시적 제스처(deictic), 도상적 제스처(iconic), 은유적(metaphoric) 제스처, 박자 제스처(beat) 등으로 세분된다(McNeill, 1992, 2000). 예를 들어 손가락으로 무언가를 가리키면 공간적인 직시(deixis)의 기능을, 손으로 모양을 그리면 구체적 형상을 묘사하는 기능을 수행한다. 제스처는 주로 담화 내용 보강이나 강조의 역할을 하며, 제스처의 구조는 준비 단계(preparation), 핵심 단계(stroke), 복귀 단계(retraction) 등으로 구성된다(Kita et al., 1998).
- 시선 및 머리 방향(Gaze/Head Pose): 시선의 향방과 지속, 그리고 고개 끄덕임이나 젓는 동작 등을 포함한다. 이는 주의 집중이나 대화 조율의 단서를 제공하며, 예컨대 상호 시선은 발화자 교체 신호나 이해 신호로, 시선 회피는 생각하는 시간이나 불편함의 표시로 해석될 수 있다(Goodwin, 1981; Kendon, 1967). 머리 끄덕임은 문화마다 의미가 다르나, 한국어 대화에서는 대개 맞장구의 기능으로서 '네/응'과 함께 이해, 동의 신호로 사용된다.
- 표정(Facial Expression): 얼굴의 근육 움직임으로 드러나는 감정

및 담화 표시(signaling)를 지칭한다. 웃음, 찡그림, 눈썹 움직임 등이 이에 속하며, Ekman & Friesen(1978)이 개발한 안면행동코딩체계(FACS)에 기반하여 미세 근육 단위까지 부호화될 수 있다. 표정은 기본 정서(행복, 놀람 등) 표현뿐 아니라 대화적 피드백 기능도 지닌다. 예를 들어 눈썹을 살짝 치켜올리는 것은 놀람을 나타낼 수도 있지만, 대화에서는 이해나 확인 요청의 신호로 쓰이기도 한다. 따라서 MIA에서는 맥락에 따른 표정의 대화 기능도 함께 분류한다.

- 몸의 자세 및 움직임(Body Posture & Movement): 상반신의 기울기, 어깨 방향, 몸의 거리 등 공간적 행동을 포함한다. 앞쪽으로 몸을 기울이면 관심이나 적극적 참여를 나타내고, 뒤로 기대면 소극적 태도를 보이는 식으로 자세 변화는 상호작용의 태도 신호로 해석될 수 있다. 또한 대화 참여자들 간의 거리 유지, 몸의 방향(예를 들어 서로 마주보는지 옆을 보는지)은 친밀도나 위계를 나타내는 단서로 여겨져 분류된다.
- 음성적 비언어 요소(Vocal Non-verbal Signals): 말의 내용 이외의 준언어적 요소를 지칭하며, 음색, 말 빠르기, 성량, 억양 패턴, 한숨이나 웃음소리, 그리고 맞장구와 같은 짧은 반응어 등을 포괄한다. 예컨대 발화 중간의 준언어적 맞장구나 웃음은 화자가 지속 발화해도 좋다는 청자 피드백을 제공하는데, MIA에서는 이를 별도 층위로 기록하여 화자와 청자 사이의 상호작용 흐름을 분석한다(Yngve, 1970). 또한 목소리의 억양 상승이나 강세는 의문이나 강조를 나타내므로, 텍스트에 드러나지 않는 담화 의미를 풍부하게 해석하는 데 기여한다.

이는 다음의 표로 요약할 수 있다.

〈표 5.1〉 멀티모달 상호작용 분석(MIA)의 주요 분류 체계

분류 범주	주요 기능 및 역할	분석 예시
제스처	발화 내용의 의미를 보강, 강조, 구체화하거나(예: 도상적, 지시적), 대화의 리듬을 조절하는 역할(예: 박자)을 수행한다.	손으로 나선형을 그리며 '빙빙 돌아가는' 느낌을 시각적으로 묘사하는 경우(McNeill, 2000).
시선 및 머리 움직임	주의 집중의 방향을 나타내고, 말차례 전환을 신호하며, 상대방의 발화에 대한 이해나 동의(예: 끄덕임)를 표현하는 등 대화 흐름을 조율하는 핵심적 기능을 담당한다.	발화를 마친 화자가 특정 청자를 응시함으로써 다음 발화자로 지목하는 경우(Kendon, 1967).
표정	행복, 놀람 등 기본적인 정서 상태를 드러내는 동시에, 눈썹 올림이나 입꼬리 변화 등을 통해 의문, 확인, 피드백 등 미묘한 담화적 신호를 전달하는 이중적 역할을 한다.	FACS 코딩을 통해 '진짜 미소'(AU6+AU12)와 '가짜 미소'(AU12 단독)를 구분하여 화자의 진정성을 분석하는 경우(Ekman & Friesen, 1978).
몸의 자세 및 움직임	상반신의 기울기, 어깨 방향, 참여자 간의 물리적 거리 등을 통해 대화에 대한 참여자의 태도(예: 적극성, 소극성)와 상호 간의 친밀도나 위계 관계를 암시한다.	대화 도중 한 참여자가 다른 참여자 쪽으로 몸을 기울이며, 두 사람 사이의 거리가 가까워지는 것을 통해 관계의 긍정적 변화를 추론하는 경우(Hall et al., 2016).
음성적 비언어	발화의 내용 외적인 음성적 요소(억양, 성량, 속도, 웃음, 한숨 등)를 통해 화자의 정서적 상태, 발화에 대한 태도와 청자의 반응을 전달한다.	동일한 "네"라는 응답이라도 억양을 올리면 질문으로, 내리면 확인으로 해석되는 경우 (Yngve, 1970).

MIA의 시간적 정렬과 동기화 기술 혁신

2025년 현재, 멀티모달 상호작용 분석(MIA)의 시간적 정렬 기술은 지속적인 발전을 보이고 있다. 최근 Scientific Reports에 발표된 MulG(Multimodal GRU) 모델은 directed pairwise cross-modal attention 메커니즘을 통해 텍스트, 오디오, 비주얼 스트림 간의 비동기 특징을 동적으로 정렬하는 접근법을 제시한다. 이 모델은 CMU-MOSI 데이터셋의 7-class 과제에서 82.2%의 정확도를 달성했으며, CMU-MOSEI에서는 82.1%, IEMOCAP의 감정 분류에서는 90.6%의 정확도를 기록했다(Qin et al., 2025).

멀티모달 시간 정렬 기술은 다양한 분야에서 발전하고 있다. 비디오-오디오 동기화 분야에서는 Viertola et al.(2025)이 개발한 V-AURA (Video-to-Audio Autoregressive) 모델이 high-framerate 시각 특징 추출기와 cross-modal 특징 융합 전략을 통해 시각-청각 정렬을 개선하고 있다. V-AURA는 autoregressive 방식을 채택하여 장시간 오디오 생성을 지원하며, 기존 모델들보다 우수한 시간적 정렬과 의미적 관련성을 보고한다. 그러나 포즈 추정 분야에서는 여전히 프레임 단위 정렬의 정확도 향상이 주요 과제로 남아있다.

Cross-modal temporal alignment 분야에서는 Dynamic Time Warping(DTW)과 Canonical Correlation Analysis(CCA)의 통합 접근법이 발전했다. Deep CCA와 Kernel CCA는 비선형 관계를 효과적으로 처리하는 CCA의 확장 버전들이다. Kernel CCA는 데이터를 고차원 특징 공간으로 매핑하여 비선형 상관관계를 탐지하며, Deep CCA는 심층 학습 기반으로 사전 정의된 비선형 관계 없이도 데이터 간 미지의 비선형 관계를 학습할 수 있다. 특히, Temporal Kernel CCA는 서로 다른 시간 해상도를 가진 멀티모달 데이터 간의 시간 지연을 고려한 정렬을 가능하게 한다(Bießmann et al., 2010). Graph-based Heterogeneous Multimodal Fusion(HGMF) 기법은 불완전한 멀티모달 데이터를 다룰 수 있는 능력을 보여준다.

MIA 행동 분류의 정밀도 발전

미세 행동 분류 시스템은 최근 몇 년간 꾸준한 발전을 이루었다. 딥러닝 기반 접근법들이 다양한 벤치마크에서 향상된 성능을 보이고 있으나, 실시간 처리와 높은 정확도를 동시에 달성하는 것은 여전히 도전과제로 남아있다. 특히 머리 제스처 인식, 손동작 분류, 감정-행동 결합 분석 등의 세부 분야에서 지속적인 연구가 진행되고 있다.

이러한 분류 체계를 통해 연구자는 대화에서 발생하는 복합적 행위들을 다층 주석으로 기록할 수 있다. 예를 들어 한 화자의 발화에 대해 다른 참여자가 "네, 맞아요"라고 말하며 고개를 끄덕이고 눈웃음을 지었다면, 이를 언어적 내용, 음성 억양, 머리 끄덕임, 미소 짓기라는 네 가지 층위로 동기화하여 코딩한다. ELAN과 같은 도구를 사용하면 영상 타임라인 위에 이러한 다중 부호를 정렬해 표시할 수 있으며, 한 발화 단위에 동시다발로 일어난 여러 신호들을 손쉽게 시각화하고 분석할 수 있다.

MIA에서 분류 체계를 기반으로 데이터를 코딩했다면, 다음 단계는 분석적 연계를 통해 의미 있는 상호작용 패턴을 찾아내는 일이다. 코딩된 행위들 사이의 발생 빈도 및 연쇄를 살펴봄으로써 특정 행위들의 상관관계를 밝힐 수 있다. 예를 들어 교사가 학생을 칭찬하는 사건과 학생이 미소

짓는 사건이 자주 인접하여 나타난다면, 칭찬과 긍정 정서 표출이라는 상호작용 패턴을 확인할 수 있다. 이러한 우발성 분석은 멀티모달 데이터를 활용하여 어떤 비언어 행동이 어떤 언어 행위와 주로 결합되는가를 정량적으로 규명하는 방법이다. 나아가, 코딩된 여러 단위들을 통합하여 새로운 파생 지표를 만드는 것도 가능하다. 예컨대 위의 예에서 칭찬 및 반응이라는 복합 이벤트를 정의해두면, 이후 이 이벤트가 수업 시간에 몇 번 발생했는지, 어떤 학생에게서 더 자주 나타나는지 등을 계량화하여 행동 양상 비교를 할 수 있다. 이처럼 코드 재구성과 계층적 분석을 통해, 개별 행동 이상의 상호작용 패턴과 의미 부류를 도출해내는 것이 MIA의 중요한 목표이다.

아울러 MIA는 질적 분석과 양적 분석을 결합하여 맥락적 의미를 해석한다. 수치나 통계만으로는 파악하기 어려운 행동의 맥락과 기능적 역할을 해석하기 위해, 연구자는 코딩된 데이터와 원본 영상을 반복 검토하면서 왜 이 순간에 이러한 행동이 나타났는가를 질적으로 분석한다. 예를 들어 화자의 발화 도중 청자가 연달아 고개를 끄덕였을 경우, 표면적으로는 높은 빈도의 맞장구이지만 맥락상 이것이 성급한 동의인지 진정한 이해인지는 대화 내용과 당시 표정 등을 종합해야 파악할 수 있다. 따라서 MIA에서는 계량화된 결과를 해석학적으로 재맥락화하는 과정을 거친다. 최근에는 이러한 과정을 지원하기 위해 시각화 도구도 활용되고 있다. 예컨대 대화의 시간 흐름에 따라 발화, 제스처, 시선, 표정 등의 발생을 서로 다른 색으로 나타낸 타임라인 차트나, 화행 종류별 비언어 신호 출현 빈도를 비교한 행렬 그래프 등이 사용되어 방대한 멀티모달 로그 데이터를 사람이 해석하기 쉽게 돕는다. 이를 통해 연구자는 특정 상황에서 어떤 모달리티 조합이 독특하게 나타나는지 또는 의미 추론에 특히 중요한 신호는 무엇인지 발견할 수 있다.

MIA의 행위 분류와 분석 방식은 정보기술의 융합으로 지속적으로 고도화되고 있다. 2010년대 후반부터 OpenFace나 OpenPose 같은 오픈소스 분석 툴이 등장하면서, 연구자들은 얼굴 표정의 미세한 변화나 신체 제스처를 자동 인식하여 곧바로 MIA 코딩에 활용할 수 있게 되었다. Baltrušaitis et al.(2018)이 제시한 OpenFace 2.0은 실시간 얼굴 행동 분석을 가능하게 함으로써 연구자들이 대규모 데이터를 효율적으로 처리할 수 있는 기반을 제공했다. 이 도구는 심리학의 표정코딩 이론과 전산 비전의 딥러닝 기술, 그리고 언어학의 비언어행동 분류체계를 통합하여 설계되었다. 이처럼 기술 융합형 툴의 보급은 MIA의 효율성과 범용성을 크게 높여주었다. 과거에는 훈련된 분석가가 한 프레임 한 프레임씩 수작업으로 코딩해야 했던 작업을 이제는 알고리즘이 상당 부분 수행해주며, 연구자는 보다 해석과 이론 구축에 집중할 수 있게 된 것이다.

더 나아가, 멀티모달 데이터로부터 의미를 자동 분류하려는 시도도 활발하다. 예를 들어 대화 녹화 영상에서 화자의 감정 상태나 대화 역할을 기계학습으로 분류하는 연구들이 진행 중인데, 이는 사전에 코딩된 방대한 MIA 데이터로 알고리즘을 학습시켜 가능한 일이다. 이러한 자동 분석은 향후 실시간 상호작용 분석 시스템으로 발전할 전망이다. 예컨대 원격 화상회의 시스템에 MIA 기반 AI를 접목하면, 회의 진행 중 참여자들의 표정 변화, 발화 간격, 맞장구 빈도 등을 실시간으로 모니터링하여 팀 내 소통 상태를 피드백해줄 수 있다. 또한 교육 현장에서 학생들의 제스처나 시선 집중도를 분석하여 이해도 추정 정보를 제공하는 교실 AI 어시스턴트 시스템도 구상되고 있다.

다만, 이러한 자동화된 MIA에는 여전히 전문 연구자의 검증과 해석 개입이 요구된다. 알고리즘이 포착하지 못하는 미묘한 맥락이나 문화적 뉘앙스를 보완하기 위해, 인간 전문가와 AI가 협업하는 반자동적 MIA 프레임워크가 당분간 유용할 것으로 예상된다. 결국 MIA의 핵심 분류 체계와 분석 방식은 기술 발전과 함께 정교해지고 있으나, 그 최종 목표인 멀티모달 신호로부터 인간 의사소통의 의미를 온전히 이해하는 것을 달성하기 위해서는 자동화된 계산과 인간의 해석적 통찰의 균형 잡힌 결합이 중요할 것이다.

5.2.3. 의미 추론 기술의 종합적 전망

멀티모달 데이터로부터 의미를 추론하는 기술은 궁극적으로 인간 의사소통의 숨은 맥락과 의도까지 파악하려는 방향으로 진화하고 있다. 지금까지의 음성 인식이나 동작 인식 기술이 무엇을 말했는가 혹은 무슨 행동을 했는가를 확인하는 수준이었다면, 의미 추론 기술은 한 걸음 더 나아가 왜 그런 말을 하고 행동했는가를 해석하는 것을 목표로 한다. 이에는 발화의 목적, 화자의 감정과 태도, 대화의 함축과 뉘앙스 등 화용론적 의미와 사회적 의미의 자동 분석이 포함된다.

예를 들어 단순한 감정 인식에서 발전한 감정 컴퓨팅 분야는 이제 표정, 음성, 생체신호 등을 종합하여 사람의 내적 정서 상태뿐 아니라 그 맥락적 의미까지 파악하려 하고 있다. Picard(2000)이 제안한 감정 컴퓨팅 개념은 컴퓨터가 멀티모달 신호를 통해 인간 감정을 인식하고 이해하며 반응하는 기술의 이론적 기반을 제공했다. 이후 이 분야는 학제간 연구를 넘어 고유한 방법론을 갖춘 영역으로 발전해왔다. 실제로 최근 멀티모달 감성 분석이나 사회적 신호 처리와 같은 세부 분야에서는, 화자의 표정과 어조, 사용 어휘를 동시에 분석하여 그 사람이 진심으로 동의하는지, 아이러니로 말하는지, 혹은 사회적으로 어떤 지위를 암시하는지 등을 추론하려는 연구가 진행되고 있다(Vinciarelli et al., 2009).

Vinciarelli et al.(2009)는 사회적 신호 처리가 인간 대 인간, 그리고 인간 대 기계 상호작용에서 사회적 신호를 모델링하고 분석하며 합성하는 컴퓨팅 영역으로 자리잡았다고 논의한다. 이러한 시스템들은 방대한 멀티모달 말뭉치에서 패턴을 학습하여, 특정 조합의 신호에 통상 수반되는 의미 태그를 자동으로 붙이는 방식으로 작동한다. 예를 들어 논쟁 중 설득 시도, 가벼운 놀림, 숨은 불만 등의 사회적 의미를 비언어 행동 패턴으로부터 추론할 수 있다.

의미 추론 기술은 아직 완전한 단계는 아니지만, 부분적으로 상용화가 시작되고 있다. 예를 들어 일부 콜센터용 대화 AI는 고객의 목소리 톤과 언어를 실시간으로 분석해 고객의 감정 상태를 상담원에게 제공하며, 영상 인터뷰 분석 소프트웨어는 지원자의 미소와 시선 등을 종합 평가하여 자신감이나 확신의 정도를 추정하기도 한다. 이는 모두 멀티모달 신호에 내포된 인간적 의미를 기계가 해석해보려는 초기 응용 사례들이다. 이처럼 의미 추론 기술은 대화의 맥락 읽기를 자동화하는 방향으로 서서히 나아가고 있다

HPE와 MIA 기반 한국어 멀티모달 의미 추론의 과제와 전망

최근 인간 행동 분석(HPE)과 멀티모달 상호작용 분석(MIA)의 융합 기술은 의료, 스포츠, 산업 현장에서 안정적으로 적용되며 기술적 성숙도를 보이고 있다. 이러한 기술적 기반 위에서, 인간의 복합적인 의사소통, 즉 언어적 신호는 물론 운율과 같은 준언어적 신호, 그리고 제스처와 표정 등 비언어적 신호가 복잡하게 얽힌 대화의 의미를 추론하는 고차원적 과제에 대한 연구가 활성화되고 있다.

의미 추론 기술을 한국어 대화에 적용할 때는, 한국어 및 한국 문화에 특유한 의사소통 양상을 충분히 반영해야 한다는 과제가 따른다. 한국어 대화는 언어 구조상 높임법, 종결어미 등의 사회적 맥락 정보를 함축적으로 전달하며, 이는 비언어적 신호와 복합적으로 결합되어 의미를 형성한다(Goodwin, 2000; Mondada, 2018). 예를 들어 한국어에는 상대방의 지위와 친밀도에 따라 어휘와 어미를 조정하는 경어 체계가 존재하고, 이 미묘한 높임법의 변화는 같은 내용의 발화라도 전혀 다른 의도로 받아들여질 수 있다. "아, 그래요."라는 짧은 말도, 종결 어미 '-어요'를 사용했는지 여부와 말할 때의 억양, 표정에 따라 진심어린 공감으로도, 냉담한 응수로도 해석될 수 있다. 더욱이 이러한 언어적 공손성과 관련된 신호들은 시선이나 제스처와도 연결된다. 웃는 얼굴로 "혼났어? 많이 놀랐겠네."라고 말할 때는 진짜로 안타까워하기보다 상대를 에둘러 놀리는 뉘앙스가 되며, 반면 진지한 표정과 조용한 억양으로 같은 말을 하면 동정과 위로의 의미가 된다. 한국어의 종결어미 체계('-다', '-네', '-지' 등)도 화자의 입장 표명이나 청자에 대한 기대를 드러내는 중요한 장치인데, 이 역시 억양과 제스처에 의해 강화 또는 변조된다. 예컨대 청자가 고개를 끄덕이며 '-

지?'로 끝나는 확인 질문을 반복할 경우, 이는 실제로는 상대의 말을 경청하고 있다는 적극적 맞장구로 기능할 수 있다. 이처럼 한국어 대화에서는 언어적·비언어적 신호들이 여러 층위에서 교차하며 화행의 의미를 구성하므로, 의미 추론 기술이 이러한 다층적 맥락을 놓치지 않고 처리하는 것이 중요하다(Mondada, 2018: 90-92).

특히 한국어 대화의 문화적 맥락을 고려해야 할 측면도 많다. 예를 들어 서구의 대화 분석에서는 직접적 시선 맞춤이 관심과 성실함의 표시로 긍정적으로 간주되는 경향이 있지만, 한국 문화에서는 상대에 대한 예의로 적절한 순간에 시선을 살짝 피하는 것을 오히려 높임의 표현으로 해석하기도 한다. 다시 말해, 똑같이 눈을 마주치는 행위라도 문화에 따라 정반대의 사회적 의미를 지닐 수 있는 것이다. 마찬가지로 대화 중 침묵의 길이나 빈도에 담긴 뜻도 문화권마다 다르다. 한국어 대화에서 몇 초간의 침묵은 상황에 따라 공동의 의미 이해 과정으로 자연스럽게 받아들여질 수 있지만, 일부 문화에서는 어색함이나 동의 부족으로 받아들일 수 있다. 또한 한국인은 대화에서 직접적인 부정 표현을 피하고 완곡하게 거절하거나 눈치를 통해 암묵적으로 의사를 전달하는 경향이 있는데, 이러한 간접화 전략은 의미 추론 기술이 단순히 언어표현만 볼 경우 오해할 소지가 크다. 이를테면 상대방이 여러 모호한 표현을 쓰며 바로 승낙하지 않는다면, 이는 명시적으로 "거절합니다"를 말하지 않았더라도 사실상 거절의 의미임을 한국어 화자는 눈치채지만, 직접성에 익숙한 알고리즘은 긍정도 부정도 아닌 중립으로 잘못 분류할 수 있다. 마지막으로 한국 문화 고유의 정(情), 눈치와 같은 개념은 대화 참여자 사이의 정서적 유대와 상황 파악 능력을 가리키는데, 이는 일련의 미묘한 말투, 표정, 행동들의 조합으로 드러난다. 예를 들어 상대의 기분을 살피는 눈치는 대화 중 나타나는 미세한 표정 변화, 말의 억양, 반응 속도 등을 종합해야 파악되며, 이러한 함의를 현재의 인공지능이 이해하기는 매우 어려운 실정이다. 따라서 의미 추론 기술을 한국어 대화에 적용하려면, 단일 언어 신호만이 아니라 문화적으로 학습된 신호 조합과 함축 규칙까지 모델링해야 하는 도전이 따른다.

이러한 도전을 해결하기 위한 첫걸음으로, 한국어의 다층적 상호작용 특성을 담은 멀티모달 대화 말뭉치 구축이 중요하다. 앞서 살펴본 바와 같이 한국어 멀티모달 데이터 자원은 아직 부족하여, 대부분의 AI 모델이 한국어 특유의 상호작용 맥락을 학습하지 못한 상태이다. 그러나 다행히도 최근 국내에서도 몇몇 의미 있는 시도가 이루어지고 있다. 예를 들어 AI 허브를 통해 한국어 일상대화 멀티모달 말뭉치(2024)가 공개되었는데, 약 1,000개의 실제 대화 영상에 자막과 음향 정보가 포함된 데이터셋으로서, 한국어 화자들의 자연스러운 상호작용 샘플을 대규모로 제공한다. 또한 서울대학교에서는 360도 카메라로 촬영한 다자간 대화를 기반으로, 참여자들의 시선 교차, 고개 끄덕임, 맞장구 등을 상세 주석한 한국어 멀티모달 대화 말뭉치를 시범 구축한 바 있다. 이러한 노력들은 한국어 대화의 보편성과 특수성을 모두 반영한 데이터를 축적함으로써, 향후 의미 추론 알고리즘의 학습 토대를 제공할 것으로 기대된다. 나아가, 한국어 대화 말뭉치를 구축·분석하는 과정에서 얻어진 언어학적 통찰을 기술에 접목하려는 제안도 이루어지고 있다. 조용준·안희돈(2025)에서는 각 분야별로 축적된 지식을 한국어에 맞게 접목할 것을 제안하며, 구체적으로 '전산학의 자동화 기술, 심리학의 생태적 타당성, 언어학의 섬세한 주석 체계를 선택적으로 수용'하는 전략이 필요함을 강조했다. 이는 의미 추론을 위해 대규모 자동 처리(예: 한국어 음성 인식, 얼굴/동작 인식의 활용)를 적극 도입하되, 한국어 특유의 현상(높임말의 사용 변이, 종결어미의 뉘앙스 등)을 잡아내기 위한 정교한 주석 지침과 언어학적 통제를 결합해야 함을 뜻한다. 또한 처음부터 모든 것을 포괄하려 하기보다, 우선 핵심적인 상호작용 요소부터 단계적으로 기술을 적용하고 점진적으로 확상하는 단계적 접근이 현실적이라고 지적된다(Koiso et al., 2022: 5592). 예컨대 현재 비교적 성능이 우수한 한국어 음성 인식(STT)으로 대화 발화 내용을 자동 전사한 후 정밀하게 수정하여 음성 전사를 완성하는 것을 1단계로 하고, 이어서 멀티모델 주석을 2단계로 추가하는 식으로 모듈별 완성도를 높여 가며 통합하는 것이다. 이러한 모듈식 발전 전략은 일본의 CEJC 말뭉치 구축에서도 엿볼 수 있는 바, 현재는 음성 전사와 구문 분석 자료만 공개된 상태이다. 추후 멀티모달 주석도 충분히 추가가 가능한 상태이다. 이는 단순한 현실적 타협을 넘어, 장기적 연구 자원의 지속가능성을 위한 핵심적인 모듈식 전략으로 평가할 수 있다. 이 접근법의 전략적 우위는 다음과 같다.

- 첫째, 위험 분산과 조기 성과 창출이다. 모든 모달리티를 한 번에 완벽하게 구축하려는 시도는 막대한 초기 비용과 시간을 요구하며, 기술 변화나 예산 삭감 등 외부 요인에 매우 취약하다. 반면 단계적 접근은 각 단계마다 활용 가능한 중간 결과물(예: 고품질의 전사 말뭉치)을 산출함으로써, 프로젝트가 중단되더라도 이미 창출된 자원의 가치를 보존할 수 있다.

- 둘째, 기술적 유연성과 미래 확장성 확보이다. 주석 기술, 특히 자동 분석 기술은 빠르게 발전한다. 만약 초기 단계에서 특정 기술에 기반한 주석을 원본 데이터에 영구적으로 결합해버리면, 5년 후 더 발전된 기술이 등장했을 때 기존 주석이 오히려 족쇄가 될 수 있다(Borgman, 2007: 182). 단계적 접근은 원본 데이터(Source of Truth)의 보존을 최우선으로 하고, 주석은 분리 가능한 '레이어'로 간주하여, 미래의 새로운 분석 기술을 언제든 적용할 수 있는 유연성을 확보하게 해준다. 이는 Part 2에서 논의할 '분리 가능한 분석의 원칙'과도 직접적으로 연결된다.
- 셋째, 연구 커뮤니티의 점진적 형성 및 피드백 통합이다. 1단계 결과물인 텍스트 말뭉치가 먼저 공개되면, 이를 활용한 다양한 연구가 시작될 수 있다. 이 과정에서 연구 커뮤니티가 형성되고, 이들의 피드백과 요구사항을 2단계인 멀티모달 주석 설계에 반영함으로써, 말뭉치의 실제적 효용성을 극대화할 수 있다. 한국어 대화의 의미 추론 기술도 이와 같이 핵심 과제별로 우선순위를 정해 달성해 나간다면, 현실적인 한계 속에서도 꾸준한 진전을 이룰 수 있을 것으로 보인다.

한국어 대화 맥락에서 의미 추론 기술을 성공적으로 구현해낸다면, 그 파급 효과는 학술과 산업 전반에 걸쳐 클 것이다. 학술적으로는 한국어 화자가 보여주는 독특한 상호작용의 '맥락 의존성'과 '문화적 함의'를 계량적·실증적으로 검증함으로써, 인간 의사소통의 보편성 대 특수성 논의에 기여할 수 있다. 예를 들어 한국어의 경어 체계와 이에 수반되는 비언어적 공손성 표지가 다른 언어권에도 유사 개념으로 존재하는지, 존재한다면 어떤 신호로 실현되는지를 비교 연구할 수 있을 것이다. 이는 다언어 멀티모달 말뭉치 간 의미 기능 대조 연구로도 확장되어, MULTICAST (Multilingual Corpus of Annotated Spoken Texts) 프로젝트와 같이 언어 유형에 따른 제스처 양상의 차이나 문화권별 대화 패턴의 차이를 실증적으로 규명할 수 있다. 산업적으로는 한국어 대화에 특화된 고도화된 대화 AI의 개발로 이어질 것이다. 맥락과 눈치를 읽는 비서 AI, 한국어권 사용자와 자연스럽게 농담을 주고받을 수 있는 챗봇, 화자의 사회적 지위를 고려해 언어 선택을 조정하는 자동 통역기 등은 모두 멀티모달 의미 추론이 뒷받침될 때 실현 가능한 서비스들이다. 예컨대 운전 중 졸음 운전을 방지하기 위해 운전자의 눈 깜빡임, 하품 소리, 머리 기울어짐 등을 종합 감지하여 피로 상태를 판단하고 경고하는 시스템은 이미 시제품 단계에 와 있는데(Stappen et al., 2021), 여기에 운전자가 내는 한국어 혼잣말의 내용이나 톤까지 해석하여 정서적 개입('많이 피곤해 보입니다. 잠시 쉬는 게 어떨까요?')을 제안하는 수준으로 발전할 수 있다. 나아가 한국어 대화의 의미 추론 기술은 사회적 소통 약자 지원에도 응용될 수 있다. 예를 들어 자폐 스펙트럼 장애를 지닌 이들을 위해 대화 상대의 숨은 감정 신호나 암시적 의도를 실시간으로 자막이나 아이콘으로 알려주는 보조 장치는, 멀티모달 의미 분석을 통해 얻은 정보를 활용하는 대표적 사례가 될 것이다.

최근 MIA와 HPE 융합 기술 연구는 학술적 진전과 실용적 구현에서 의미 있는 성과를 보이고 있다. RTMPose를 비롯한 최신 포즈 추정 모델들은 실시간 처리 능력(30+ FPS)과 향상된 정확도를 달성하고 있으며, 다양한 플랫폼 지원을 통해 실제 응용 분야에서의 활용 가능성을 넓히고 있다.

궁극적으로 기술이 놓치지 말아야 할 점은 인간 대화의 섬세함이다. 한국어 대화에서는 말 한 마디, 손짓 하나에도 복합적인 의미의 결이 스며있다. 의미 추론 기술은 이러한 결을 최대한 존중하고 반영하는 방향으로 설계되어야 할 것이다. 다시 말해, 기술적 성취와 언어문화적 이해가 조화를 이룰 때 비로소 한국어 멀티모달 대화의 의미를 기계가 온전히 읽어낼 수 있을 것이다. 현재까지의 추세와 연구를 볼 때, 이러한 통합적 접근이 꾸준히 발전한다면 한국어 대화 분석에 특화된 의미 추론 AI도 향후 미래에 등장할 것으로 보인다.

5.3. 상호작용 양식의 미래: 현실이 확장되다

기술 발전은 인간의 상호작용 양식 자체를 바꾸어놓고 있다. 미래에는 우리가 대화하고 소통하는 채널이 지금과는 상당히 다른 양상으로 확장될 전망이다. '현실이 확장된다'는 말은, 더 이상 대면 현실과 가상 환경의 경계가 뚜렷하지 않고, 물리적 한계를 넘어 다양한 방식으로 상호작용이 이루어진다는 뜻이다. 이러한 변화는 멀티모달 말뭉치 구축과 활용에도 새로운 도전과 기회를 가져온다. 상호작용의 양식이 다변화되면, 우리가 수집해야 할 데이터의 종류와 분석 초점도 함께 달라지기 때문이다. 따라서 미래 지향적 전략으로서 새로운 상호작용 환경을 포용하는 멀티모달 말뭉치 구축과 기술 개발이 요구된다.

확장 현실(Extended Reality, XR) 기술의 발전은 상호작용 양식의 지형을 크게 바꾸고 있다. XR은 가상현실(VR), 증강현실(AR), 혼합현실

(MR)[32]을 포괄하는 개념으로, 사용자에게 몰입형 경험을 제공함으로써 기존의 물리적 현실을 넘어선 소통을 가능케 한다. 오늘날에도 우리는 화상회의, 메타버스 플랫폼, 온라인 채팅 등 물리적으로 떨어진 공간에서 가상 공간을 매개로 대화하는 것을 일상화하고 있다. 미래의 XR 환경에서는 한층 발전된 원격현장감(telepresence)[33]을 통해 마치 같은 공간에 있는 것처럼 느끼며 대화할 수 있을 것이다. 예를 들어 홀로그램이나 3D 아바타 형태로 원격 인물이 내 앞에 나타나 함께 회의하거나, 내가 가상세계의 분신인 아바타로서 다른 사람들과 상호작용하는 장면이 실현되고 있다. 이러한 상황에서는 단순 영상 통화와 달리 공간적 제약이 없는 몸짓, 가상 객체와의 상호작용 등이 새로운 커뮤니케이션 요소로 등장한다. Rakkolainen et al.(2021)은 향후 XR 상호작용을 위해 다양한 멀티모

32 가상현실(Virtual Reality)은 컴퓨터로 생성된 완전한 디지털 환경에 사용자를 몰입시켜 현실과 차단된 가상 세계를 경험하게 하는 기술이며, 증강현실(Augmented Reality)은 현실 세계에 디지털 정보나 가상 객체를 겹쳐서 표시하여 현실과 가상이 공존하는 환경을 제공하는 기술이다. 혼합현실(Mixed Reality)은 현실과 가상 세계가 융합되어 물리적 객체와 디지털 객체가 공존하는 환경을 구현하는 기술이다. Milgram & Kishino(1994)가 제시한 현실-가상 연속체(Reality-Virtuality Continuum) 개념에 따르면, 완전한 현실 환경에서 완전한 가상 환경까지의 스펙트럼상에서 AR은 현실에 가깝고, VR은 가상에 가까우며, MR은 이 양 극단 사이에서 현실과 가상이 혼합되는 모든 영역을 포괄하는 개념으로 정의된다.

33 원격현장감은 통신 기술을 통해 물리적으로 떨어진 장소에 있으면서도 마치 그곳에 실제로 존재하는 것처럼 느끼게 하는 기술 및 경험을 의미한다. Minsky(1980)가 최초로 제안한 이 개념은 원격 조작 로봇 시스템에서 조작자가 로봇이 있는 원격지에 실제로 있는 것과 같은 감각을 느끼는 상태를 설명하기 위해 사용되었다. 현재는 화상회의, 원격의료, 원격교육 등 다양한 분야에서 활용되며, 특히 VR/AR 기술과 결합하여 더욱 몰입감 있는 원격 경험을 제공하는 방향으로 발전하고 있다. Steuer(1992)는 원격현장감을 '매개된 환경에서의 현장감(presence in a mediated environment)'으로 정의하며, 생생함(vividness)과 상호작용성(interactivity)을 핵심 구성요소로 제시했다.

달 인터페이스(시각, 청각뿐 아니라 촉각, 뇌파 등)의 통합을 전망하며, 풍부한 감각 피드백이 현실감을 증대시킬 것으로 보았다(Rakkolainen et al., 2021). 이는 대화 상대의 아바타가 손짓을 하면 그 움직임을 우리가 촉각 장비로 느낄 수도 있고, 가상공간의 사물에 대한 시각정보와 함께 상대의 시선, 표정도 입체적으로 파악하는 환경을 의미한다. 상호작용 양식이 이렇게 멀티모달적으로 확장된 현실에서 이루어질 때, 우리의 대화행동은 전통적인 대면 대화와는 다른 양상을 보일 가능성이 높다. 따라서 이를 연구하기 위한 멀티모달 말뭉치 역시 새로운 형태로 구축되어야 한다.

이미 초기 연구들이 XR 상호작용의 특성을 탐색하는 데이터를 내놓고 있다. Bhattacharya et al.(2025)의 AMIS 데이터셋은 동일한 대화 상황을 전통적인 2D 화상회의와 3D 가상회의(볼류메트릭 아바타, 애니메이션 아바타)로 모달리티를 달리하여 수집함으로써, 상호작용 양식 변화에 따른 인간 행동 변화를 연구할 수 있도록 했다. 이를 통해 예컨대, 실제 영상 기반 대화에서는 사람들이 고개 끄덕임이나 시선 맞춤을 많이 쓰지만, 아바타 기반 가상 대화에서는 표정 변화나 제스처 과장이 더 두드러지는지 등을 비교 분석할 수 있다. Paggio et al.(2024)의 줌(Zoom) 말뭉치도 팬데믹 이후 보편화된 온라인 상호작용에서 나타나는 멀티모달 행동(예: 웹캠 화면을 향한 시선, 음소거 상황의 제스처)을 수집하여, 전통 대면 대화와 어떻게 다른지 보고하였다. 이러한 시도들은 새로운 매개 환경에서의 상호작용 데이터를 확보함으로써, 기술 발전에 따른 인간 커뮤니케이션의 변화를 과학적으로 탐구하는 토대를 제공한다. 앞으로는 메타버스 공간에서 여러 사람이 음성 대화와 채팅, 이모티콘, 가상 오브젝트 조작 등을 동시에 활용하는 복합 상호작용의 데이터까지 등장할 것이다.

이는 텍스트, 음성, 비디오뿐 아니라 가상환경 로그(예: 아바타 위치 좌표, 가상 아이템 사용기록 등)까지 포괄하는 초멀티모달 말뭉치 형태로 확장될 수 있다. 우리에게 익숙한 현실 세계의 대화만이 아니라, 디지털로 확장된 현실에서의 대화까지 연구 대상으로 삼아야 하는 시대가 다가오는 것이다.

상호작용 양식의 미래를 논할 때 인간-인공지능 상호작용의 비중도 커지고 있다. AI 기술의 발달로 우리는 일상에서 인공지능 비서와 대화하고, 챗봇과 채팅하며, 나아가 로봇과 대면 소통하는 일까지 겪게 되었다. 이러한 상호작용은 기존 인간-인간 대화와 유사하면서도 다르며, 그에 맞는 멀티모달 소통 전략이 필요하다. 예컨대 사람들은 기계와 대화할 때 미묘한 눈치 신호를 덜 쓰고 보다 명시적으로 말하거나, 반대로 감정 표현을 더 극적으로 하여 의도를 전달하기도 한다. 미래의 멀티모달 말뭉치는 이러한 인간-기계 대화 데이터를 포함하게 될 것이며, 상호작용 양식도 혼종형으로 확장될 것이다. SEMAINE 말뭉치는 인간이 가상 에이전트와 감정 대화를 나누는 실험을 통해, 기계의 대화 스타일이 인간 정서에 미치는 영향을 연구했는데, 이 과정에서 에이전트의 비언어적 신호(눈깜빡임, 끄덕임 등)가 사용자의 반응을 이끌어내는 데 중요하게 작용함을 밝혔다(McKeown et al., 2012). 이는 인간 대화의 일부 요소를 기계가 담당하는 새로운 양식에서조차 멀티모달 신호의 교환이 핵심임을 보여준다. 미래에는 더욱 발전된 휴머노이드 로봇이나 홀로그램 에이전트와 사람이 대화하는 장면이 흔해질 것이므로, 이를 위한 멀티모달 말뭉치 구축도 적극 모색되어야 한다. 구체적으로, 로봇의 제스처, 가상 에이전트의 얼굴 애니메이션과 음성 합성 등을 인간의 반응과 함께 기록하여, 어떤 상호작용 양식이 자연스러운지 평가하는 데이터가 필요하다. 이는 인간 참여자에게도 낯선 상호작용 환경인 만큼, 사용자 경험(UX) 정보를 함께 수집하여 분석하는 것도 중요하다. 상호작용 중 사용자가 느끼는 불편, 혼동, 신뢰 등의 정도를 설문이나 생체신호로 받아 멀티모달 데이터와 연동한다면, 인간-AI 상호작용을 개선하는 데 큰 자산이 될 것이다.

이러한 현실 확장의 흐름에서 한국어 상호작용의 맥락도 특별한 고려가 필요하다. 한국 사회는 새로운 소통 기술 수용에 비교적 빠른 편이며, 동시에 고유한 문화적 소통 관행을 유지하고 있다. 예를 들어, 한국인 사용자들은 메타버스나 VR챗 같은 가상 환경에서도 현실 세계의 높임법과 예절을 상당 부분 반영하는 모습을 보일 수 있다. 온라인 게임이나 아바타 모임에서조차 연장자에게 높임말을 쓰거나, 가상공간에서 이모티콘이나 아바타 행동으로 예의를 표현하는 현상이 관찰된다. 또한 한국어는 상대방 호칭이나 말투 선택이 중요한데, 음성 대화가 아닌 텍스트 채팅이나 이모티콘 위주 소통에서는 이러한 미묘한 사회적 신호가 제대로 전달되지 않아 오해가 생길 가능성도 있다. 따라서 한국어 멀티모달 말뭉치는 다양한 상호작용 매체에서의 한국어 사용 양상을 담을 필요가 있다. 예컨대, AR 안경을 끼고 길 안내 AI와 대화하는 한국인 이용자의 발화 및 시선 행동 데이터를 모은다든지, 메타버스 회의에서 한국어로 토론하는 참여자들의 음성, 제스처, 채팅 로그를 동시에 수집하는 식이다. 이를 통해 디지털 맥락에서의 한국어 대화 특성—줄임말 사용, 이모티콘 선호, 아바타 동작에 실린 의미 등—을 파악할 수 있다면, 장차 한국어권 사용자들을 위한 XR 인터페이스나 AI 비서 설계에 큰 도움이 될 것이다. 나아가 한국 수어와 같은 비음성 언어의 활용도 고려해야 한다. 현실 확장 기술은 청각, 언어 장애인을 포함한 다양한 사용자층과의 소통을 목표로 하므로, 한국 수어와 음성, 문자의 실시간 변환 같은 상호작용도 지원되어야 한다. 국립국어원이 구축한 한국어-한국수어 병렬 말뭉치는 이러한 멀티모달 양식 확장의 일환으로 볼 수 있다(국립국어원, 2024). 수어 영상과 한국어 자막을 병렬로 구성한 이 말뭉치는, 청각장애인 커뮤니티의 상호작용 데이터를 공식 언어 자원으로 편입했다는 점에서 의미가 크며, 향후 XR 환경에서 수어 통역 AI 개발의 기반이 될 것이다. 결국 상호작용 양식의 미래가 현실, 가상, 인공지능을 막론하고 어디서나 누구와도 소통 가능한 환경으로 나아가는 만큼, 한국어 멀티모달 말뭉치도 이러한 보편적 소통 장면들을 포괄해야 할 것이다.

미래 상호작용 양식 변화에 대한 우리의 전략은 두 갈래로 요약된다. 하나는 기술 변화에 선제적으로 대응하는 말뭉치 구축이고, 다른 하나는 인간 중심의 상호작용 원칙을 지키는 것이다. 전자에 있어서, 연구자들은 새롭게 떠오르는 소통 채널과 장치를 면밀히 관찰하고, 그에 맞는 데이터 수집을 앞서 계획해야 한다. 예를 들어, 3년 후 대중화될 XR 회의 기술이 있다면 지금 시범 사례를 모아둠으로써, 표준이 정착된 뒤에 분석 연구를 바로 시작할 수 있도록 준비하는 것이다. 이미 국내에서도 메타버스 회의 플랫폼, VR 채팅 모임 등이 실험적으로 운영되고 있으므로, 산발적인 사례들을 연구 커뮤니티가 체계적으로 기록, 공유할 필요가 있다. 또한 산학 협력을 통해 실제 산업계에서 나오는 대규모 상호작용 로그 데이터(예: 소셜미디어의 멀티모달 게시글, 모바일 메신저의 이모티콘 사용 데이터 등)를 연구용 말뭉치로 전환하는 전략도 중요하다. 이는 새로운 양식의 상호작용을 방대한 규모로 다룰 수 있게 해주며, 초기에는 정제되지 않은 빅데이터일지라도 향후 분석 기술의 도움을 받아 유의미한 말뭉치로 탈바꿈시킬 수 있다.

다른 한편, 인간 중심 원칙이란 기술이 아무리 경이로운 확장 현실을 제공하더라도, 인간의 본질적 소통 가치를 결코 놓치지 않아야 함을 의미한다. 상호작용의 양식이 변해도 사람들이 궁극적으로 원하는 것은 서로를 더 깊이 이해하고 진실하게 연결되는 경험일 것이다. 따라서 우리의 멀티모달 연구 전략은 단순히 새로운 장치의 데이터를 수집하고 기술적 효율성을 측정하는 것을 넘어, 기술적 경이로움을 넘어 인간 경험의 풍요를 지향해야 한다.

이는 기술이 중립적이지 않다는 비판적 성찰에서 출발한다. VR 회의는 물리적 이동 비용을 줄여주지만, 동시에 미묘한 비언어적 상호작용의 폭을 제한하여 진정한 사회적 현존감을 약화시킬 수 있다(Turkle, 2011: 178). 메타버스에서의 아바타를 통한 소통은 새로운 정체성 표현의 기회를 제공하지만, 동시에 현실의 책임감으로부터 유리된 피상적인 관계로 이어질 위험도 내포한다.

따라서 미래의 멀티모달 말뭉치는 'VR 회의가 대면 회의보다 더 효율적인가?'라는 질문뿐만 아니라, 'VR 회의가 참여자들 사이에 신뢰를 형성하는가?', '메타버스 모임에서 사람들은 진정한 소속감과 친밀감을 느끼는가?'와 같은 더 깊은 질문에 답할 수 있어야 한다. 이를 위해 멀티모달 말뭉치는 행동 데이터(발화, 제스처 로그)와 함께 심리, 사회적 반응 데이터(설문, 심박, 뇌파 등)를 통합하여, 기술이 인간의 경험에 미치는 영향을 총체적으로 평가하는 '인간 경험의 아카이브'로 발전해야 한다. 실제로 Rakkolainen et al.(2021)은 기술 발전 외에도 사회, 문화적 요인(팬데믹, 고령화 등)이 XR 상호작용 수용에 영향을 미친다고 지적하면서, 사회문화적 맥락 연구의 중요성을 언급하였다. 우리도 한국 사회의 맥락에서 확장된 상호작용 기술이 가져올 기회와 문제를 함께 탐색하며, 멀티모달 말뭉치 구축과 활용의 윤리, 사회적 기준을 마련해야 한다. 가령 메타버스 대화의 프라이버시, AI 챗봇의 발화 책임성 등 새로운 쟁점들에 대해, 관련 데이터를 연구자들이 확보하고 논의함으로써 기술 오용을 방지하고 포용적 설계를 유도해야 할 것이다.

결론적으로, 미래의 상호작용 양식은 물리적 현실을 넘어 다층적 현실에서 다채롭게 펼쳐질 전망이다. 멀티모달 상호작용 연구자들은 이러한 변화의 흐름에 선제적으로 대응하여 데이터의 외연을 확장하되, 그 중심에는 항상 인간 소통의 본질에 대한 질문을 놓지 않는 균형 잡힌 전략을 견지해야 한다. 기술은 현실을 확장하지만, 그 안의 인간 경험을 풍부하게 만드는 것은 결국 인간 중심의 통찰이기 때문이다. 이러한 통찰을 바탕으로 기술의 윤리적, 사회적 기준을 마련하고(가령 메타버스 대화의 프라이버시, AI 챗봇의 발화 책임성 등), 포용적 설계를 유도함으로써 미래의 흐름 속에서 우리의 대화 문화를 적절하게 기록하고 보존해 나가는 것이 연구자의 중요한 역할이 될 것이다.

Part 2. 현재의 실천과 미래를 위한 전략

Part 1에서 살펴본 것처럼 포착 및 분석 기술은 곧 현실을 복제하는 수준에 도달할 것이다. 그러나 이처럼 눈부신 기술 발전의 이면에는, 우리가 오늘 남기는 기록이 과연 미래에도 유효할 것인가라는 근본적인 질문이 자리 잡고 있다. 기술은 끊임없이 변화한다. 이 거대한 흐름 속에서, 우리는 무엇을 남겨야 하는가? 이 질문은 디지털 시대의 모든 기록 관리자, 사서, 그리고 연구자가 마주한 근본적인 도전에 해당한다. 특히 인간 상호작용의 복잡하고 미묘한 순간들을 포착하는 멀티모달 말뭉치 구축의 영역에서 이 질문은 더욱 절박하게 다가온다. 기술적 노후화와 포맷 변화로 인해 수십 년간 축적된 귀중한 문화 콘텐츠들이 접근 불가능한 상태로 전락하는 디지털 암흑기(digital dark age)의 위협은 단순한 과장이 아니라, 기억 기관[34]들이 끊임없이 맞서 싸워야 하는 실질적인 위험이다. 이러한 현실은 디지털 보존을 단순한 기술적 과업이 아닌, 지속적이고 변화하는 책임이자 중대한 윤리적 차원을 지닌 소명으로 격상시킨다. 그것은 현재와 미래 세대 모두를 위한 기록을 관리하는 행위이기 때문이다.

이러한 윤리적 소명의 중심에는 풀기 어려운 딜레마가 자리 잡고 있다. 바로 현재의 실용성과 미래의 잠재력 사이의 충돌이다. 현재의 연구자들은 지금 당장 사용할 수 있고, 오늘날의 분석 도구(예: ELAN)와 호환되며, 일반적인 컴퓨팅 환경에서 다룰 수 있는 데이터를 요구한다. 이는 종종 데이터의 압축, 포맷 변환, 그리고 단순화를 의미한다. 반면, 우리가 아직 상

34 기억 기관(Memory Institution)은 도서관(Libraries), 기록관(Archives), 박물관(Museums) 및 미술관(Galleries) 등 사회의 문화적, 역사적 유산을 수집, 보존하고 이에 대한 접근을 제공하는 기관들을 총칭하는 용어이다. 스웨덴의 정보학자 Roland Hjerppe가 1994년경 처음 사용한 것으로 알려져 있으며(Hjørland, 2000), 주로 도서관정보학, 기록관리학, 박물관학, 디지털 인문학분야에서 사용된다. 이들 기관의 영문 앞 글자를 따 'GLAM'이라고도 부르는데, 특히 디지털 시대에 이 기관들의 협력과 역할 변화를 논의하는 맥락에서 주로 등장한다. 언어학계에서 통용되는 용어는 아니지만, 본고에서 다루는 아카이브의 사회적 역할을 포괄적으로 지칭하기 위해 차용하였다.

상조차 할 수 없는 기술, 예컨대 홀로그래픽 분석이나 고차원 인공지능으로 무장한 미래의 연구자들은 오늘날 우리가 노이즈나 불필요한 정보로 치부하여 버린 데이터 속에서 결정적인 패턴을 발견할지도 모른다. Friedman(2008)이 Future Imperfect에서 지적했듯이, 미래는 근본적으로 불확실하다. 따라서 현재의 유용성을 기준으로 데이터를 영구적으로 변경하거나 폐기하는 결정은 미래의 연구 가능성을 예측 불가능한 방식으로 제한하는 행위가 될 수 있다. 이는 심리학에서 말하는 현재의 나(present self)와 미래의 나(future self) 사이의 갈등이 기관 차원에서 발현되는 것과 같다. 우리는 즉각적인 편의를 위해 장기적인 가치를 희생시키려는 유혹에 끊임없이 직면한다.

이러한 딜레마는 단순히 기술적 선택의 문제가 아니라, 지식의 미래를 어떻게 설계할 것인가에 대한 인식론적 선택의 문제다. 오늘날 우리가 보존하는 방식은 내일 무엇이 알려질 수 있는가의 경계를 설정한다. 현재의 분석 패러다임에 맞춰 데이터를 최적화하는 것은 미래 세대의 질문을 현재 우리의 상상력 안에 가두는 위험을 내포한다.

이에 대한 해답으로, 본 장에서는 시간을 가로지르는 아카이브(The Time-Spanning Archive)라는 패러다임을 제안하고자 한다. 이는 아카이브를 과거의 기록을 담는 정적인 저장소가 아니라, 현재와 미래의 연구 활동을 모두 지원하는 동적인 과정으로 이해하는 관점이다. 이 패러다임은 아카이브가 현재적인 동시에 역사적이라는 기록 연속체 이론(Records Continuum theory)의 개념과 맞닿아 있으며, 시공간을 넘어 다양한 맥락 속에서 아카이브를 개념화한다(McKemmish, 2001). 이 패러다임을 실현하기 위한 구체적인 운영 프레임워크가 바로 이중 트랙 전략(The Dual-Track Strategy)이다. 이 전략은 현재의 실용성과 미래의 잠재력이라는 두 가지 상충하는 요구를 두 개의 독립적이고 상호보완적인 트랙으로 분리하여, 어느 한쪽의 가치도 희생시키지 않고 두 목표를 동시에 추구하는 방법론이다. 이는 아카이브 구축자가 수동적인 기록 보관인에서 벗어나, 미래 연구의 가능성을 적극적으로 설계하는 시간의 설계자가 되어야 함을 의미한다. 이어지는 절에서는 이 이중 트랙 전략의 구체적인 내용과 이를 구현하기 위한 세 가지 실천 전술을 상세히 논의할 것이다.

5.4. 이중 트랙 전략: 현재를 위한 실천과 미래를 위한 보존

'시간을 가로지르는 아카이브'라는 패러다임을 현실로 구현하기 위한 실천 원리가 바로 '이중 트랙 전략'이다. 이 전략은 현재 연구자들의 즉각적인 요구와 미래 세대의 잠재적 요구를 동시에 충족시키기 위해, 데이터 관리 및 보존의 흐름을 두 개의 독립적인 경로로 나누는 것이다. 이 접근법은 디지털 정보의 장기 보존을 위한 국제 표준인 '개방형 아카이브 정보 시스템(Open Archival Information System, OAIS)[35] 참조 모델'에 기반하고 있다(ISO 14721). OAIS 모델은 디지털 아카이브가 수행해야 할 여섯 가지 기능적 영역을 정의하는데, 여기에는 정보의 '수집(Ingest)',

35 OAIS는 디지털 콘텐츠의 장기적 보존과 접근을 지원하는 표준 참조 모델로, CCSDS (Consultative Committee for Space Data Systems)에서 2002년 처음 제시하였으며, 이후 국제표준(ISO 14721)으로 공식화되었다. 이 모델은 디지털 보존 시스템이 수행해야 하는 기능(수집, 저장소 관리, 데이터 관리, 운영, 보존 계획, 접근 제공)과 주요 정보 단위(SIP, AIP, DIP)를 개념적으로 규정한다.

'보관 저장소(Archival Storage)', '접근(Access)' 외에도 '데이터 관리(Data Management)', '관리(Administration)', '보존 계획(Preservation Planning)'이 포함된다(Lavoie, 2014). 이 과정에서 데이터는 제출 정보 패키지(Submission Information Package, SIP), 아카이브 정보 패키지(Archival Information Package, AIP), 배포 정보 패키지(Dissemination Information Package, DIP)라는 각기 다른 형태로 관리된다. 이중 트랙 전략은 이 AIP와 DIP의 기능적 분리를 멀티모달 말뭉치 구축의 원리로 채택한 것이다.

트랙 1: 현재를 위한 실천

첫 번째 트랙의 목표는 명확하다. 현재의 연구자들이 지금 당장 의미 있는 연구를 수행할 수 있도록, 접근 가능하고 관리하기 쉬우며 현재의 분석 패러다임과 완벽하게 호환되는 데이터를 제공하는 것이다. 이 트랙은 실용성, 호환성, 그리고 효율성을 최우선 가치로 삼는다.

이 트랙의 핵심 산출물은 '파생 파일(Derivative File)' 또는 '접근용 사본(Access Copy)'으로, 이는 OAIS 모델의 '배포 정보 패키지(Dissemination Information Package, DIP)'에 해당한다. 접근용 사본은 장기 보존을 위해 만들어진 원본 마스터 파일로부터 생성되며, 사용자의 편의를 위해 특정 형태로 가공되거나 변환된다. 구체적인 예는 다음과 같다.

- 차원 축소: 360도 비디오 원본에서 표준 2D 평면 비디오를 추출하여, 360도 비디오를 지원하지 않는 기존의 분석 도구(ELAN, MMPose

등)에서 주석 작업을 가능하게 한다.

- 채널 믹스다운: 24채널 이상의 고차 앰비소닉(Ambisonics) 공간 음향 원본에서 스테레오 또는 모노 오디오 파일을 생성하여, 특수 장비 없이도 일반적인 헤드폰이나 스피커로 내용을 청취하고 전사할 수 있도록 한다.
- 프록시 생성: 8K 해상도의 ProRes 4444와 같은 고품질 비디오 원본을 H.264 코덱을 사용한 저용량 MP4 파일로 변환한다. 이러한 '프록시 미디어'는 일반적인 노트북에서도 원활한 편집과 실시간 주석 작업을 가능하게 하여 연구 생산성을 극대화한다.

이 트랙은 OAIS 모델에서 정의하는 '지정된 커뮤니티(Designated Community)', 즉 오늘날의 멀티모달 상호작용 연구자들의 명시적인 요구에 의해 운영된다. 이는 데이터의 1차 가치(primary value)를 극대화하는 전략으로, 현재의 연구 활동에서 데이터가 얼마나 유용하고 활발하게 사용되는가에 초점을 맞춘다.

트랙 2: 미래를 위한 보존(Preservation for the Future)

두 번째 트랙은 현재의 제약을 넘어 시간을 관통하는 가치를 보존하는 것을 목표로 한다. 이 트랙의 목적은 기술적, 이론적 패러다임이 어떻게 변하든 상관없이, 미래의 어떤 연구 질문에도 답할 수 있는 원천 자료를 온전하게 보존하는 것이다. 이 트랙은 진본성(authenticity), 무결성(integrity), 그리고 장기적 지속가능성(long-term sustainability)을 최우선으로 한다.

이 트랙의 핵심 대상은 '진실의 원천(Source of Truth)'으로서의 '보존용 마스터 파일(Archival Master File)'이며, 이는 OAIS 모델의 '아카이브 정보 패키지(Archival Information Package, AIP)'에 해당한다. 보존용 마스터 파일은 '디지털화 기관이 생산한 최상의 사본'으로 정의되며, '필수적인 특징의 손실 없이 장기간 유지 관리할 의도를 가진 디지털 콘텐츠'를 의미한다.

'진실의 원천'으로서의 마스터 파일은 단순한 정보의 집합체가 아니라, 그 자체로 고유한 가치를 지닌 디지털 유물이다. 이는 정보적 내용과는 별개로 객체 자체가 지니는 본질적 가치, 즉 '인공물적 가치(artifactual value)'를 갖는다. 이 가치는 원본성(originality), 충실성(faithfulness), 고정성(fixity), 안정성(stability)과 같은 특성에 기반하며, 미래 세대가 원본 기록에 가장 가깝게 접근할 수 있는 유일한 통로가 된다.

이 트랙은 우리가 앞으로 닥칠 미래의 연구 질문이나 기술적 역량을 예측할 수 없다는 겸허한 인식에서 출발한다. 따라서 이 트랙의 운영 원리는 현재의 필요가 아닌, 미래의 가능성을 보존해야 한다는 윤리적 의무에 의해 결정된다. 이는 데이터의 2차 가치(secondary value)를 보존하는 전략으로, 데이터 자체를 시간이 지나도 가치가 줄지 않는 영구적인 지적 자산으로 취급한다.

결론적으로, 이중 트랙 전략은 현재와 미래라는 두 시간대 사이의 다리를 놓는 체계적인 방법론이다. 트랙 1이 현재 연구자들에게 견고한 작업대를 제공한다면, 트랙 2는 미래 연구자들을 위해 미래 연구자들을 위해 훼손되지 않은 원천 자료를 보존하는 것과 같다. 이 두 트랙을 분리하여 병렬적으로 운영함으로써, 우리는 현재의 요구를 충족시키면서도 미래의 발견을 위한 문을 열어둘 수 있다.

5.5. 실천 방법론 1: 이중 산출물의 원칙

이중 트랙 전략을 실제 작업 흐름으로 전환하기 위한 첫 번째 구체적인 방법론은 '이중 산출물의 원칙(The Principle of Dual Deliverables)'이라고 할 수 있다. 이 원칙은 모든 데이터 수집 및 처리 활동이 반드시 두 가지의 명확하게 구분되는 결과물, 즉 '보존용 마스터(Archive Master)'와 '분석용 프록시(Analysis Proxy)'를 동시에 생산해야 함을 규정한다. 이는 선택 사항이 아닌, 아카이브의 장기적 가치와 단기적 유용성을 모두 보장하기 위한 필수적인 절차이다. 이 원칙은 하나의 원본에서 목적에 따라 여러 버전의 사본을 만드는 디지털 보존의 기본 워크플로우를 따른다.

▬ 보존용 마스터의 기술 요건 및 관리 방안

보존용 마스터는 장기 보존을 위한 원본 기록물로서, 이후 생성되는 모든 파생물의 기준이 된다. 이것은 OAIS 모델의 AIP(Archival Information Package)에 해당하며, 비트 수준의 보존(bit-level preservation)과 미래의 포맷 마이그레이션을 염두에 두고 관리되어야 한다.

■ 개념적 역할: 장기 보존을 위한 안정적이고 영구적인 기록. 모든 파생물의 원천이 되며, 그 자체는 절대 수정되지 않는다.

■ 기술적 요건:

- 포맷: 비압축(uncompressed) 또는 무손실 압축(lossless) 포맷을 사용해야 한다. 이는 데이터의 손실이 전혀 없음을 보장한다. 예를 들어, 비디오는 비압축 RAW, 또는 매우 높은 품질의 중간 코덱인 ProRes 4444(RGB 채널은 지각적으로 무손실이며, 알파 채널은 수학적으로 무손실), 오디오는 비압축 PCM을 담은 Broadcast WAVE (BWF), 이미지는 비압축 TIFF가 권장된다. 또한, 특정 소프트웨어에 종속되지 않는 개방형 표준 포맷을 채택하는 것이 장기적 지속가능성을 위해 필수적이다.
- 무결성: 생성 시점에 고유한 암호화 지문인 체크섬(checksum, 예: SHA-256)을 생성하고, 이를 메타데이터와 함께 저장해야 한다. 이 체크섬은 주기적으로 검증되어 파일이 전송, 저장 과정에서 단 하나의 비트도 변경되지 않았음(고정성, fixity)을 보장하는 데 사용된다.
- 메타데이터: 풍부한 보존 메타데이터는 마스터 파일의 생명줄이다. 이는 파일 자체를 이해하고 미래에 사용할 수 있도록 만드는 핵심 정보다. 국제 표준인 PREMIS(Preservation Metadata: Implementation Strategies) 데이터 사전을 따라 기술 메타데이터(포맷, 인코딩, 해상도 등), 출처 메타데이터(생성 이력, 소유권), 관리 메타데이터(보존 활동 기록) 등을 상세히 기록해야 한다.

■ 관리 방안:

- 저장: '신뢰할 수 있는 디지털 저장소(Trusted Digital Repository)'에 보관되어야 한다. 데이터 손실 위험을 최소화하기 위해 '3-2-1 규칙'(최소 3개의 사본을, 2개의 다른 미디어에, 그중 1개는 지리적으로

떨어진 곳에 보관)을 준수한다. ISO 16363과 같은 국제 표준을 충족하는 저장소가 이상적이다.

- 접근: 접근은 극도로 제한된다. 연구자나 일반 사용자는 마스터 파일에 직접 접근할 수 없다. 읽기·쓰기 실행을 최소화하여 우발적인 변경이나 손상을 원천적으로 차단한다.

▬ 분석용 프록시(Analysis Proxy)의 기술 요건 및 관리 방안

분석 프록시는 현재의 연구 활동을 지원하기 위해 최적화된 작업용 사본이다. 이것은 OAIS 모델의 DIP(Dissemination Information Package)에 해당하며, 접근성과 사용 편의성을 목표로 한다.

■ 개념적 역할: 유연하고, 공유 가능하며, 필요시 폐기 가능한 작업용 사본. 연구의 효율성을 높이는 데 중점을 둔다.

■ 기술적 요건:

- 포맷: 성능과 호환성을 위해 최적화된 손실 압축(lossy) 포맷이 일반적으로 사용된다. 예를 들어, 비디오는 편집 성능이 우수한 ProRes Proxy, DNxHD/DNxHR 같은 중간 코덱이나, 파일 크기가 작은 H.264/MP4 등으로 인코딩된다. ProRes Proxy 등의 중간 코덱은 편집 성능이 뛰어나고, H.264/MP4는 파일 크기가 작아 네트워크 전송과 저장 공간 관리에 유리하다.
- 해상도 및 크기: 원본 마스터 파일에 비해 해상도나 비트레이트가 현저히 낮다. 전문 비디오 편집에서는 원본의 50% 또는 25% 크기로 프록시 미디어를 생성하는 것이 일반적인 워크플로우다.

- 연결성: 프록시 파일은 메타데이터를 통해 어떤 보존용 마스터 파일로부터 생성되었는지 명확하게 추적할 수 있어야 한다. 이 연결 정보는 연구의 재현성과 투명성을 보장하는 데 필수적이다.

■ 관리 방안:

- 저장: 사용자가 쉽게 접근할 수 있는 서버나 클라우드 스토리지 등, 빈번한 읽기 작업에 최적화된 시스템에 저장된다.
- 접근: 연구 윤리 및 지적 재산권 규정을 준수하는 범위 내에서 연구자들에게 자유롭게 배포될 수 있다.
- 생애주기: 프록시는 '폐기 가능(disposable)'한 것으로 간주된다. 만약 프록시 파일이 손상되거나 유실되더라도, 언제든지 보존용 마스터로부터 다시 생성할 수 있다. 이 원칙은 원본 데이터의 안전성을 보장하는 방어막 역할을 한다.

다음 표는 보존용 마스터와 분석 프록시의 핵심적인 차이점을 요약한 것이다.

구분	영구 보존용 마스터	현재 분석용 프록시
핵심 목적	장기 보존, 진본성 유지	현재 사용, 접근성 향상
OAIS 대응물	아카이브 정보 패키지(AIP)	배포 정보 패키지(DIP)
파일 포맷 (비디오)	비압축 RAW, 무손실 코덱 (ProRes 4444, FFV1)	손실 압축 코덱 (H.264, H.265)

파일 포맷 (오디오)	비압축 WAVE (BWF, 24-bit/96kHz+)	손실 압축 코덱 (AAC, MP3, 256kbps)
데이터 무결성	체크섬(SHA-256) 생성 및 주기적 검증 필수	체크섬 생성 권장, 주기적 검증은 선택 사항
메타데이터 표준	PREMIS(보존 메타데이터) 상세 기술	Dublin Core 등 기술 메타데이터 중심
저장 계층	콜드/프로즌 스토리지 (Cold/Frozen Storage)	핫/웜 스토리지 (Hot/Warm Storage)
접근 정책	극도로 제한됨 (쓰기 방지, 관리자만 접근)	연구자에게 개방 (읽기 중심)
생애주기	영구(Permanent)	폐기 가능(Disposable), 재생성 가능

이처럼 이중 산출물의 원칙을 적용함으로써, 아카이브는 현재의 연구자들에게는 유용한 도구를 제공하는 동시에, 미래의 가능성을 담은 원본을 훼손 없이 보존하는 두 가지 과제를 성공적으로 수행할 수 있다.

5.6. 실천 방법론 2: 분리 가능한 분석의 원칙

이중 산출물의 원칙이 데이터의 물리적 형태를 규정한다면, '분리 가능한 분석의 원칙(The Principle of Detachable Analysis)'은 데이터와 그에 대한 해석을 개념적으로 분리하는 방법을 말한다. 이 원칙의 핵심은 모든 주석과 분석 결과를 원본 데이터와 분리된 독립적인 레이어(layer)로 관리해야 한다는 것이다. 이는 보존용 마스터 파일의 불변성을 보장하는 동시에, 해석의 다원성과 미래 연구의 유연성을 극대화하기 위한 설계 원칙이다.

이 원칙의 기술적 구현체는 스탠드오프 주석(standoff annotation)이라는 개념에 기반한다. 스탠드오프 주석은 주석 정보를 원본 미디어 파일 내부에 삽입하는 인라인 주석(inline annotation)과 달리, 주석을 별도의 파일에 저장하고 시간 코드나 문자열 인덱스와 같은 포인터를 통해 원본 데이터와 연결하는 방식이다. 이 방식은 여러 중요한 장점을 가진다. 첫째, 원본 파일의 무결성을 보존할 수 있다. 주석 작 업으로 인해 원본 미디어 파일이 단 한 비트도 변경되지 않으므로, 보존용 마스터의 진본성이 훼손될 위험이 없다. 둘째, 여러 계층의 주석이 서로 겹치는 문제를 효율적으로 해결한다. 예를 들어, 한 발화에 대해 음소 단위의 전사와 제스처 단위를 동시에 주석할 때, 인라인 방식으로는 태그가 겹쳐 XML 구조가 깨지기 쉽지만, 스탠드오프 방식에서는 각 주석을 독립적인 레이어로 관리하므로 문제가 발생하지 않는다.

멀티모달 연구 분야에서 이 원칙을 가장 성공적으로 구현한 사례는 단연 ELAN(EUDICO Linguistic Annotator)과 그 파일 포맷인 EAF(ELAN Annotation Format)이다. EAF 파일은 본질적으로 XML 기반의 텍스트 문서로, 하나 이상의 미디어 파일(비디오, 오디오)에 대한 링크와 함께 다수의 층렬(tier)이라고 불리는 주석 레이어를 포함한다. 각 층렬은 특정 시간 구간에 연결된 주석들의 집합이다. 중요한 것은 EAF 파일이 미디어 데이터 자체를 포함하지 않고 단지 참조만 한다는 점이다. 이 구조적 분리 덕분에 연구자들은 원본 비디오나 오디오 파일을 전혀 건드리지 않고도 무한히 많은 분석 레이어를 추가, 수정, 공유할 수 있다.

이 개념을 더 직관적으로 이해하기 위해 디지털 사진 편집이나 영상 제작 분야의 '비파괴적 워크플로우(non-destructive workflow)'와 유비시켜 볼 수 있다. 포토샵과 같은 현대의 이미지 편집 소프트웨어에서 전문가는 원본 이미지 레이어 위에 '조정 레이어(adjustment layer)'를 추가하여 색 보정, 밝기 조절 등의 작업을 수행한다. 이 조정 레이어는 원본 이미지의 픽셀 정보를 영구적으로 변경하는 것이 아니라, 실시간으로 적용되는 필터나 명령어의 집합이다. 사용자는 언제든지 이 조정 레이어의 설정을 바꾸거나, 순서를 변경하거나, 켜고 끌 수 있으며, 이 모든 과정에서 원본 이미지는 완벽하게 보존된다.

이 유비 관계에서, 보존용 마스터 파일은 '원본 이미지'에, 각각의 ELAN 층렬은 '조정 레이어'에 해당한다. 전사 층렬은 하나의 해석 레이어이고, 제스처 분석 층렬은 또 다른 해석 레이어이며, 화행 분석 층렬은 세 번째 해석 레이어다. 이 모든 해석들은 원본 데이터에 대한 잠정적이고 가역적인 관점일 뿐, 원본 자체와 동일시되지 않는다.

이 원칙이 미래 연구에 미치는 함의는 지대하다. 이는 아카이브를 완성된 결과물의 집합이 아니라, 끊임없는 재분석과 재해석이 가능한 동적인 '실험실'로 변화시킨다. 10년 후의 연구자는 2025년에 만들어진 전사 레이어를 비판적으로 검토하고, 완전히 새로운 이론적 틀에 기반한 자신만의 제스처 분석 레이어를 추가할 수 있다. 50년 후의 연구자는 당시의 인공지능을 이용해 인간이 감지하지 못했던 미세 표정(micro-expression) 레이어를 자동으로 생성하고, 이를 기존의 주석들과 비교 분석할 수 있다. 이처럼 분리 가능한 분석의 원칙은 과거의 분석을 미래의 데이터로 만들고, 여러 세대에 걸친 학문적 대화와 누적적 지식 생성을 가능하게 하는 핵심적인 장치이다. 또한, 이는 각 주석 레이어를 독립적인 학술적 기여로 인정하고 개별적으로 인용할 수 있는 길을 열어, 지적 작업에 대한 보다 공정하고 세분화된 인정 체계를 구축하는 데 기여할 수 있다.

5.7. 실천 방법론 3: 최대 해상능의 원칙

최대 해상능의 원칙(The Principle of Maximum Resolving Power)은 이중 트랙 전략의 두 번째 트랙, 즉 미래를 위한 보존을 위한 지침이다. 이 원칙은 보존용 마스터를 생성할 때 기술적으로 실현 가능하고 재정적으로 감당할 수 있는 범위 내에서 최상의 해상도와 충실도(fidelity)로 데이터를 수집하고 보존해야 한다는 것이다. 이는 저장 공간의 효율성이나 현재의 처리 능력과 같은 실용적 제약을 넘어서, 미래의 불확실성에 대한 대비책이라는 인식에 기반한다. 우리는 미래의 분석 기술이 얼마나 발전할지, 미래의 연구자들이 어떤 미세한 단서에 주목할지 결코 예측할 수 없으므로, 현재 시점에서 최대한 많은 정보를 보존하는 것이 필요하다.

이 원칙의 기반은 상호작용의 고고학(Archaeology of Interaction)이라는 새로운 관점에서 찾을 수 있다. 고고학에서 현장 발굴이 유적지를 파괴하는 비가역적 행위이듯, 인간 상호작용의 기록 역시 그 순간이 살아 있는 현상을 대체하는 행위이며, 한번 기록된 데이터가 그 순간에 대한 유일한 증거가 된다. 미디어 고고학(media archaeology)은 과거의 미디어를 현재의 관점에서 재해석하고, 잊혀진 기술과 실천 속에 담긴 의미의 층위를 발굴하는 연구 방법론이다[36]. 이와 마찬가지로, 미래의 상호작용 고고학 연구자는 우리가 남긴 고해상도 멀티모달 데이터에 기초하여 지금에서는 보이지 않는 미세한 상호작용의 패턴, 예를 들어 동공의 미세한 떨림, 목소리의 초고주파 배음(harmonics)에 담긴 감정적 상태, 신체 움직임의 미세한 동기화를 분석할 것이다. 따라서 최대 해상능으로 데이터를 보존하는 것은 미래의 발견을 위한 가장 풍부하고 정밀한 지층을 남기는 행위이다.

이 원칙을 실현하기 위한 구체적인 기술적 가이드라인은 다음과 같이 시각적, 청각적, 공간적 차원으로 나누어 제시할 수 있다.

━ 시각적 해상능(Visual Resolving Power)

■ 해상도 및 프레임률

현재의 Full HD(1920x1080)나 4K를 넘어 8K(7680x4320) 해상도와 초당 120 프레임(fps)을 목표로 해야 한다. 이는 인간의 눈이 인지하는 것 이상의 세밀한 질감과 빠른 움직임을 포착하여 미세 표정이나 찰나의 제스처 분석에 필요한 정보를 보존한다. 이러한 고품질 표준은

36 미디어 고고학은 과거 미디어에 대한 비판적 검토를 통해 새로운 미디어를 이해하려는 연구 분야로, Thomas Elsaesser, Erkki Huhtamo, Siegfried Zielinski, Wolfgang Ernst 등이 푸코의 지식의 고고학을 미디어 연구에 적용하여 발전시켰다. 이 접근법은 '죽은 미디어(dead media)'나 잊혀진 미디어 형태들을 발굴하여 기술 진보의 선형적 서사에 도전하며, 특히 Wolfgang Ernst는 미디어를 역사적 서사가 아닌 물질적 기념물로 재사고하는 '작동적 미디어 고고학'을 제안했다. Huhtamo & Parikka(2011)는 미디어 고고학의 핵심을 "현재의 미디어 문화와 과거의 문화를 생산적인 상호작용으로 이끄는 것"으로 정의하는데, 이는 본고에서 제시하는 '상호작용의 고고학' 개념과 맥을 같이한다.

미국 연방 기관 디지털 가이드라인 이니셔티브(Federal Agencies Digital Guidelines Initiative, FADGI)가 문화유산의 디지털화에 적용하는 품질 관리 원칙과 동일한 맥락에 있다. FADGI는 원본의 정보를 최대한 충실하게 재현하는 것을 목표로 하며, 이는 상호작용 기록에도 동일하게 적용되어야 한다.

■ 미래 기술, 볼류메트릭 비디오

시각적 해상능의 궁극적인 지향점은 평면적인 비디오를 넘어선 볼류메트릭 비디오이다. 이는 수십, 수백 대의 카메라를 이용해 특정 공간과 그 안의 인물, 사물을 3차원으로 온전하게 캡처하여 3D 데이터로 재구성하는 기술이다. 결과물은 단순한 영상이 아니라 사용자가 6자유도(6-DoF: x, y, z축 이동 및 회전)를 가지고 자유롭게 시점을 이동하며 탐색할 수 있는 가상 공간 그 자체가 된다. 볼류메트릭 비디오는 상호작용 참여자들의 공간적 배치, 자세, 시선의 방향과 깊이 등 기존의 2D 비디오가 놓쳤던 결정적인 공간 정보를 완벽하게 보존한다. 이는 교육, 의료, 사회과학 등 다양한 학술 연구 분야에 상당한 잠재력을 지닌다.

▬ 청각적 해상능(Auditory Resolving Power)

■ 샘플링률 및 비트 심도

CD 음질(16-bit/44.1kHz)을 훨씬 뛰어넘는 24-bit/96kHz, 혹은 그 이상의 스튜디오 마스터링급 표준을 채택해야 한다. 24비트의 심도는 더 넓은 동적 범위(dynamic range)를 제공하여 아주 작은 속삭임부터 큰 소리까지 왜곡 없이 담아내며, 96kHz 이상의 샘플링률은 인간의 가청 범위를 넘어서는 초음파 영역의 정보까지 기록하여 목소리의 미묘한 질감과 음색을 보존한다.

■ 미래 기술, 공간 음향(Spatial Audio)

청각적 해상능의 정점은 공간 음향 기술, 특히 앰비소닉스(Ambisonics)를 통한 3차원 음장(soundfield) 기록이다. 이는 단순히 여러 개의 마이크로 각기 다른 소리를 녹음하는 것을 넘어, 특정 지점을 중심으로 사방에서 들어오는 소리의 방향과 강도를 수학적으로 포착하는 기술이다. 이렇게 기록된 데이터는 후처리 과정을 통해 청취자의 머리 움직임에 따라 실시간으로 변화하는 몰입적인 3D 오디오 환경을 재현할 수 있다. 이는 대화 참여자들의 위치, 발화 방향, 그리고 공간의 울림(reverberation)과 같은 음향적 맥락 정보를 온전히 보존함으로써, 누가 누구에게 말하는지, 대화가 어떤 환경에서 이루어지는지에 대한 중요한 단서를 미래 연구자들에게 제공한다.

▬ 공간적 해상능(Spatial Resolving Power)

공간적 해상능은 시각적 해상능과 청각적 해상능의 궁극적인 융합이다. 볼류메트릭 비디오를 통해 상호작용의 3차원 시각 정보를, 공간 음향을 통해 3차원 청각 정보를 포착함으로써, 우리는 상호작용이 일어난 '시공간 그 자체'를 데이터화할 수 있다. 이는 아카이브의 패러다임을 '기록된 텍스트의 모음'에서 '재현 가능한 사건의 모음'으로 근본적으로 전환시킨다. 미래의 연구자는 더 이상 스크린 속 영상을 분석하는 관찰자에 머무르지 않고, 가상현실(VR)이나 증강현실(AR) 기기를 통해 기록된 사건 속으로 직접 들어가 참여자들 사이를 거닐고, 다양한 위치에서 대화를 들어 보며, 고정된 카메라 앵글이 결코 포착할 수 없었던 상호작용의 총체적 역학을 경험적으로 탐구할 수 있게 될 것이다. 이는 상호작용의 고고학이라는 비전을 기술적으로 완성하는 것이며, 우리가 미래 세대에게 남겨줄 수 있는 가장 풍부하고 완전한 형태의 디지털 유산이 될 것이다.

5.8. 소결: 변화의 파도 속에서 길을 찾는 전략

본 5장에서는 멀티모달 대화 연구가 마주한 기술 변화의 흐름을 전망하고, 이에 대응하기 위한 구체적인 전략을 제시하고자 하였다.

Part 1에서는 기술 발전의 두 축인 포착 기술과 분석 기술의 미래를 조망하였다. 포착 기술은 통제된 실험실을 벗어나 현실을 있는 그대로 복제하는 방향으로 진화하며, 궁극적으로 볼류메트릭 비디오를 통해 상호작용의 디지털 쌍둥이를 생성하는 단계로 나아가고 있다. 분석 기술 역시 HPE 분야에서 OpenPose를 압도하는 MMPose로의 패러다임 전환이 이루어졌고, MIA 분야에서는 시간적 정렬과 행동 분류의 정밀도가 향상되었다. 이러한 기술적 진보는 단순히 무엇이 일어났는가를 넘어 왜 일어났는가라는 의미 추론의 가능성을 열고 있으나, 여러 난제를 해결해야 하는 과제를 동시에 안고 있다.

Part 2에서는 이러한 기술 변화 속에서 현재와 미래의 가치를 모두 보존하기 위한 실천적 방법론을 제안하고자 하였다. 현재의 실용 성과 미래의 잠재력 사이의 딜레마를 해결하기 위한 핵심 패러다임으로 시간을 가로지르는 아카이브를 제시하고, 이를 구현하기 위한 구체적인 운영 프레임워크로 이중 트랙 전략을 논했다. 이 전략은 다음 세 가지 실천 원칙을 통해 구체화된다.

- 이중 산출물의 원칙: 모든 데이터 처리 과정에서 보존용 마스터와 분석용 프록시를 동시에 생산한다.
- 분리 가능한 분석의 원칙: ELAN과 같이 데이터와 주석을 독립적인 레이어로 관리하여 원본의 불변성과 해석의 유연성을 확보한다.
- 최대 해상능의 원칙: 미래의 발견을 위해 가능한 최고 품질로 원본 데이터를 보존한다.

결론적으로, 이 장에서 제시된 전략들은 연구자가 기술 변화의 수동적 관찰자를 넘어, 현재와 미래 세대를 모두 고려하여 지식의 미래를 적극적으로 설계하는 시간의 설계자가 될 것을 제안한다. 이 전략적 틀을 통해 우리는 빠르게 변화하는 기술의 파도를 효과적으로 탐색하고, 시간의 시험을 견뎌내는 멀티모달 아카이브를 구축할 수 있을 것으로 보인다.

제6장

결론 및 제언

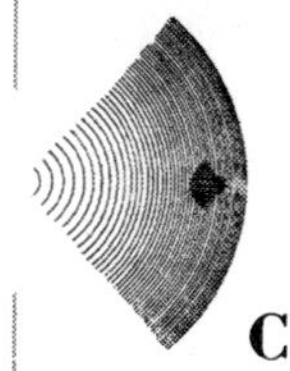

Chapter 06
결론 및 제언

6.1. 연구의 종합과 성찰

본 연구는 1990년대부터 현재까지 구축된 주요 멀티모달 말뭉치들을 체계적으로 분석함으로써, 한국어 멀티모달 일상대화 말뭉치 구축을 위한 이론적, 방법론적 토대를 마련하고자 하였다. 지난 30년간 전 세계에서 축적된 멀티모달 연구의 궤적을 추적한 결과, 우리는 이 분야가 M2VTS의 통제된 실험실에서 출발하여 기술적 가능성을 증명하고, AMI와 IEMOCAP을 거치며 복잡한 사회적 상호작용과 미묘한 감정을 포착하려 시도했으며, FOLK와 CEJC를 통해 생태학적 타당성을 갖춘 '현실세계'의 데이터를 지향하고, 마침내 MISP(2021년부터)와 CANDOR(2023년)에 이르러 극한의 공학적 도전과 대규모 사회과학적 탐구를 동시에 수행하는 성숙한 학문 분야로 발전해왔음을 확인하였다.

멀티모달 말뭉치의 발전 양상과 현황

제2장에서는 멀티모달 말뭉치 연구의 역사를 다섯 개의 세대로 구분하여 각 시대의 특징적 성취와 한계를 분석했다.

제1세대 태동기(1990년대 후반)는 M2VTS와 XM2VTSDB 프로젝트로 대표되며, 음성과 얼굴 정보의 융합을 통한 생체인식 시스템의 성능 향상이라는 명확한 공학적 목표에서 출발했다. M2VTS에서 XM2VTSDB로 참가자를 확대하며 극도로 통제된 환경에서 멀티모달 융합의 기술적 가능성을 입증했지만, 자연스러운 상호작용은 완전히 배제되었다.

제2세대 확장기(2000년대 중반)는 AMI 회의 말뭉치(§2.1.3)를 통해 단순한 개인 인식을 넘어 복잡한 다자간 상호작용 분석으로 패러다임이 전환되었다. '계측화된 회의실'이라는 혁신적 개념과 '시나리오 기반 유도' 방법론을 통해 회의 데이터를 체계적으로 수집했으며, 저수준 신호 처리에서 고수준 의미 분석까지 계층적 접근법을 확립했다.

제3세대 심화기(2000년대 후반-2010년대 초)는 IEMOCAP과 SEMAINE를 통해 감정이라는 주관적 현상의 정밀한 측정과 정량화를 추구했다. 특히 IEMOCAP은 VICON 모션 캡처 시스템을 통해 얼굴, 머리, 손의 미세한 비언어적 신호를 정량화했고, SEMAINE는 SAL(Sensitive Artificial Listener) 패러다임을 통해 인간-기계 감정적 상호작용의 새로운 가능성을 제시했다.

제4세대 자연성 추구기(2010년대)는 FOLK와 CEJC를 통해 실험실을 벗어나 '현실 세계(in the wild)'로 나아가는 근본적 전환을 보여주었다. FOLK는 독일어 구어의 지역적, 사회적, 상황적 다양성을 체계적으로 포착했고, CEJC는 개인 기반 수집과 특정 상황 수집을 결합한 혁신적 방법론으로 일본어 일상대화의 200시간 규모 데이터를 구축했다.

제5세대 대규모화 및 극한 도전기(2020년대)는 CANDOR와 MISP를 통해 두 가지 상반된 방향으로 한계를 확장했다. CANDOR(§2.1.5)는 전례 없는 규모로 심리측정 데이터와 대화 행동의 대규모 통합을 이루었지만, 온라인 초면 대화라는 특수성의 한계를 보였다. MISP는 중국 가정의 TV 시청 환경이라는 극한의 노이즈 상황에서 실시간 처리를 요구하며 기술적 강건성의 새로운 기준을 제시했다.

▬ 연구 분야별 접근법의 특성과 한계(제3장)

제3장에서는 전산학, 심리학, 언어학 각 분야가 고유한 인식론적 전제와 방법론적 전통에 따라 발전시켜온 독특한 접근법들을 비판적으로 분석했다.

전산학 분야는 명확한 기술적 목표와 정량적 평가를 특징으로 하며, M2VTS의 생체인식에서 출발하여 AMI의 복잡한 상호작용 분석, CANDOR의 대규모 자동화, MISP의 실세계 강건성 추구로 진화해왔다. 대규모 자동화 처리와 실시간 분석 능력에서 탁월한 성과를 보였지만, 대화의 사회적, 문화적 맥락을 간과하고 기술적 성능 지표에만 집중하는 한계를 보였다.

심리학 분야는 인간 행동과 내적 상태의 과학적 이해를 추구하며, Belfast의 자연적 감정 유도, IEMOCAP의 정밀한 측정, SEMAINE의 연속적 감정 모델링을 통해 감정 현상의 체계적 분석 방법론을 발전시켰다. 개인차와 맥락 효과의 체계적 고려라는 중요한 기여를 했지만, 실험적 통제에 대한 과도한 강조로 일상대화의 자연성을 희생하는 경향을 보였다.

언어학 분야는 언어 현상의 정밀한 기술과 이론적 체계화를 추구하며, CID의 다층적 주석 체계, FOLK의 사회언어학적 변이 포착, CEJC의 문화특수적 상호작용 패턴 발견, GUM의 투명한 버전 관리 시스템을 통해 방법론적 엄밀성을 확립했다. 특히 CEJC가 발견한 일본어의 맞장구 패턴은 보편적 이론으로 설명되지 않는 문화적 차원의 중요성을 실증적으로 입증했다.

지역별 특성으로는 유럽에서는 CLARIN 인프라를 통한 표준화와 장기 보존을, 북미에서는 기업-학계 협력을 통한 대규모 데이터와 기술 혁신을, 아시아에서는 언어적 다양성과 문화적 맥락의 반영을 각각 추구해 왔다. 특히 한국의 경우 AI 우선 패러다임에 치중하여 양적인 면에서 괄목할 성과를 달성했으나, 일상대화 특성의 포착에는 구조적 한계를 다소 보였다는 점을 지적하였다.

비판적 성찰: 30년의 교훈(제4장)

제4장에서는 13가지 구축 원칙을 준거틀로 삼아 과거의 성취와 한계를 비판적으로 평가했다. 이 과정에서 다음 네 가지를 살펴보았다.

첫째, '기초의 딜레마'는 모든 말뭉치에서 부딪치는 본질적 제약이다. 대표성, 균형성, 자연성 사이의 삼각관계는 기술이 발전해도 해소되지 않는 구조적 딜레마로, M2VTS의 통제, FOLK/CEJC의 자연성, CANDOR의 규모는 각각 다른 해법을 제시했지만 완전한 조화는 불가능한 것으로 보인다.

둘째, '기술적 성취와 한계'는 동기화와 일관성에서는 비약적 발전을 이루었으나, '기술적 품질'의 정의가 현재의 분석 가능성에 매몰되어 미래의 잠재력을 제약했다는 점을 지적하였다. M2VTS의 다운샘플링 결정은 당시에는 합리적이었지만 영구적인 정보 손실이라는 '기술적 부채'를 남겼다.

셋째, '지속가능성의 실패'는 개인의 부주의가 아닌 학계의 구조적 문제였다. 수많은 말뭉치가 '디지털 유물'로 전락한 것은 데이터 생산을 중시하고 보존과 관리를 경시하는 인센티브 시스템의 필연적 결과였다. CLARIN의 성공은 지속가능성이 기술이 아닌 제도와 정책의 문제임을 보여주었다.

넷째, '목적과 윤리의 재검토'는 말뭉치의 목적이 '과학적 발견을 위한 도구'와 '공학적 검증을 위한 시험대'라는 두 패러다임으로 분화했으며, 연구 참여자를 대하는 윤리 의식이 '데이터 소스'에서 '연구 협력자'로 성숙했음을 보여주었다.

결론적으로, 제4장은 과거의 모든 패러다임이 "미래를 위해 데이터를 구축하면서도 역설적으로 현재의 기술과 패러다임에 종속되어 미래의 가능성을 제약하는" 한계가 있음을 밝혔다.

미래 전망과 전략(제5장)

제5장에서는 이러한 한계를 극복하기 위한 새로운 패러다임과 실천 전략을 제안했다.

Part 1에서는 기술 변화의 전망을 제시했다. 포착 기술은 현실을 그대로 복제하는 '디지털 쌍둥이' 생성을 향해 진화하고 있으며, 볼류메트릭 비디오와 공간 음향 기술이 상호작용의 시공간 자체를 데이터화하는 단계에 도달했다. 분석 기술은 '무엇이 일어났는가'를 넘어 '왜 일어났는가'

를 추론하는 단계로 발전했으며, 특히 인간 포즈 추정 분야에서 OpenPose에서 MMPose와 같은 통합 프레임워크로 발전하면서 다양한 포즈 분석 작업을 효율적으로 처리할 수 있게 되었다. 또한 멀티모달 상호작용 분석에서 시간적 정렬 기술과 행동 분류의 정밀도가 향상되면서, HPE 데이터와 제스처, 음성 등 다른 모달리티를 통합하여 보다 정교한 상호작용 분석이 가능해졌다

Part 2에서는 '시간을 가로지르는 아카이브'라는 새로운 패러다임을 제시했다. 이는 아카이브를 과거의 정적 저장소가 아닌, 현재와 미래의 연구를 모두 지원하는 동적 과정으로 재개념화하는 것이다. 이를 실현하기 위한 '이중 트랙 전략'은 이중 산출물의 원칙, 분리 가능한 분석의 원칙, 최대 해상능의 원칙으로 실천된다.

이러한 전략은 연구자를 수동적 기록 보관인에서 '시간의 설계자'로 격상시키며, 현재의 요구를 충족하면서도 미래의 발견을 위한 문을 열어둔다.

6.2. 한국어 멀티모달 일상대화 말뭉치 구축

제5장에서 제시한 '시간을 가로지르는 아카이브' 패러다임과 '이중 트랙 전략'을 한국어 맥락에 구체적으로 적용하는 방안을 제시한다. 이는 현재 한국어 말뭉치가 직면한 구조적 문제를 해결하면서도 미래의 연구 가능성을 확보하기 위한 실천적 전략이다.

과도한 분절화와 대화 연속성의 제약

현재 구축된 한국어 말뭉치의 주요한 문제점 중 하나는 대화를 작은 단위로 분절화한다는 점이다. 국립국어원의 말뭉치는 IP(억양구) 단위로 세분화되어 있고, AI Hub의 데이터는 말차례나 인접쌍 단위로 분절되어 있다. 이러한 접근은 언어학적 분석의 정밀성을 높이거나 AI 모델의 훈련을 용이하게 한다는 장점이 있지만, 대화의 본실적 특성인 시간적 연속성과 맥락적 전개를 충분히 반영하지 못하는 한계가 있다.

실제 대화에서 의미는 단일 억양구나 개별 말차례에만 국한되지 않는다. 화제가 도입되고 참여자들 사이에서 협상되며 점진적으로 발전하거나 전환되는 양상은 최소한 수 분에서 수십 분에 걸친 연속된 상호작용을 통해서 관찰할 수 있다. 농담이 시작되어 웃음으로 이어지고 다시 진지한 대화로 돌아오는 과정, 의견 차이로 갈등이 고조되다가 해소되는 과정, 상호작용을 통해 친밀도가 변화하는 과정 등은 시간의 흐름 속에서만 포착 가능한 현상이다.

이러한 분절화는 특히 멀티모달 분석의 관점에서 중요한 한계를 갖는다. 제스처는 해당 발화보다 앞서 시작되거나 발화가 끝난 후에도 지속되는 경우가 많다. 표정의 변화는 여러 말차례에 걸쳐 점진적으로 나타나며, 자세의 변화는 대화의 전체적인 분위기 변화를 반영하기도 한다. 그러나 IP 단위나 말차례 단위로 분절된 데이터에서는 이러한 비언어적 행동의 시간적 궤적이 단절되어, 그 의미를 온전히 해석하기 어렵게 된다.

시간 단위 편집의 필요성과 한계

물론, 녹화된 전체 대화를 편집 없이 그대로 공개하는 데는 현실적인 어려움이 따른다. 일상대화에는 제3자의 실명, 구체적인 장소와 시간, 개인적 일화, 민감한 개인 정보 등이 포함될 수 있다. 이러한 정보를 모두 마스킹하거나 삭제하는 과정에서 대화의 자연스러움이 크게 저해될 수 있으며, 맥락 정보가 손실되어 연구 자료로서의 가치가 저하될 수 있다. 따라서 공개 가능한 부분만을 시간 단위로 편집하여 추출하는 것은 현실적인 방안이 될 수 있다.

그러나 이러한 시간 단위 편집은 몇 가지 한계를 지닌다. 첫째, 대화의 자연스러운 시작과 끝이 아닌 인위적인 시작과 종료 지점이 설정된다. 실제 대화는 만남의 인사나 특정 활동의 시작과 끝과 함께 이루어지는 등 자연스러운 경계를 갖는 경우가 많다. 하지만 편집된 대화는 중간 지점에서 시작하거나 종료되는 경우가 많다. 둘째, 이전 대화나 공유된 경험을 참조하는 발화의 맥락 파악이 어려워진다. "아까 말한 그거"나 "지난번에 우리가 얘기했던 것처럼" 같은 참조 표현은 편집된 구간 내에서는 그 지시 대상을 파악하기 어렵다. 셋째, 참여자 간 관계의 누적적 발전 과정을 추적하기 어렵다. 대화를 통해 서로에 대한 이해가 깊어지고 친밀도가 변화하며 상호작용 패턴이 조정되는 과정은 장기적 관찰을 통해 파악할 수 있는데, 편집된 자료만으로는 이를 추적하기 어렵다.

▬ 음성-텍스트 중심의 현실과 영상 데이터의 필수성

현재 한국의 말뭉치 구축이 음성-텍스트 중심에 머무르는 경향은 기술적 제약이나 비용 문제 외에도, 언어를 '음성 기호와 의미의 결합'으로 보는 전통적 관점의 영향을 반영하는 것으로 볼 수 있다. 그러나 실제 대화에서 의미는 언어적 내용(what is said)뿐만 아니라 표현 방식(how it is said), 준언어적 요소 그리고 비언어적 요소(what is not said)를 통해서도 전달된다.

AI Hub에서 최근 영상 데이터를 포함한 말뭉치를 제공하기 시작한 것은 긍정적인 변화이지만, 상당수가 시나리오에 따라 연기된 데이터라는 점에서 다소 문제가 있다. 연기된 감정 표현은 명확하고 전형적이어서 분류 작업에는 용이할 수 있으나, 실제 일상에서 나타나는 미묘하고 복합적이며 때로는 모순적인 감정 표현과는 차이가 있다. 특히 현실에서 나타날 수 있는 억제된 감정 표현, 간접적 불만 표시, 복합적인 표정 등은 연기 상황에서 포착하기 어렵다. 이는 데이터의 자연성 부족 문제를 넘어, 자발적이고 예측 불가능한 일상대화를 포착하려는 연구 목표와 계획된 상호작용을 수집하는 방법론 사이에 차이가 있음을 시사한다. 따라서 이러한 말뭉치는 명확한 감정 분류 학습에는 유용할 수 있으나, 자연 발생적 상호작용 연구데이터로서의 활용에는 제약이 있을 수 있다.

영상 데이터의 부재는 한국어 대화 연구의 여러 중요한 영역에 제약을 가한다. 시선과 말차례 교대의 미묘한 조율, 제스처와 발화의 시간적 동기화 및 의미적 관계, 표정을 통한 피드백의 역할, 공간 배치와 몸의 방향이 형성하는 참여 구조 등은 영상 없이는 연구하기 어려운 주제들이다. 더욱이 한국어의 복잡한 경어 체계가 시선 회피, 고개 숙임, 제스처 크기 조절 등과 어떻게 체계적으로 연동되는지는 영상 데이터 없이는 관찰하기 어렵다.

이중 트랙 전략의 한국어 말뭉치 적용

제5장에서 제시한 이중 트랙 전략을 한국어 멀티모달 일상대화 말뭉치

구축에 적용하면, 현실적 제약과 미래의 연구 가능성을 동시에 확보하는 방안이 될 수 있다. 이는 현재 한국어 말뭉치가 직면한 딜레마를 해결하기 위한 실천적 방법론이다.

■ 트랙 1: 보존용 마스터의 구축

보존용 마스터(Archive Master)의 구축과 관리는 미래 연구를 위한 기반 마련에 해당한다. 이 트랙에서는 모든 녹화와 녹음의 원본을 편집하거나 압축하지 않은 상태로 완전하게 보존하는 것을 목표로 한다. 개인정보나 민감한 내용이 포함되어 있더라도 원본 그대로의 형태로 아카이빙한다. 이러한 원본 데이터에는 접근 제한과 보안 절차를 적용하여, 승인된 연구자만이 특정 연구 목적으로 접근할 수 있도록 한다.

이러한 접근 제한은 영구적인 것이 아닐 수 있다. 향후 자동 익명화 기술이 발전하면, 현재 공개하기 어려운 데이터도 재처리를 통해 활용 가능해질 수 있다. 예를 들어, 음성 변조 기술이 더욱 정교해지면 화자의 정체성을 보호하면서도 언어적 특성은 보존할 수 있게 될 것이다. 얼굴 인식과 재구성 기술이 발전하면, 개인을 식별할 수 없는 합성 얼굴로 대체하면서도 표정과 시선 정보는 유지할 수 있을 것이다. 이러한 미래 기술의 가능성을 고려하여, 현재 시점에서는 최대한의 정보를 보존하는 것이 중요하다.

■ 트랙 2: 분석용 프록시 생성 및 활용

분석용 프록시(Analysis Proxy)는 현재 연구자들이 즉시 활용할 수 있도록 실용적으로 가공된 데이터를 제공한다. 이 트랙에서는 개인정보를 마스킹하거나 민감한 부분을 편집하여 공개 가능한 버전을 생성한다.

현재 국립국어원이나 AI Hub에서 제공하는 IP 단위나 말차례 단위 데이터도 이러한 분석용 데이터의 한 형태로 볼 수 있다.

그러나 이중 트랙 전략에서의 중요한 차이점은, 이러한 편집과 분절이 원본 데이터를 대체하는 것이 아니라 원본과 병존한다는 점이다. 연구자들은 우선 필요한 분석을 프록시 데이터로 수행하면서도, 필요시 적절한 절차를 거쳐 원본 데이터에 접근할 수 있는 가능성을 확보한다. 또한 프록시 데이터는 고정된 형태가 아니라, 연구 목적과 기술 발전에 따라 다양한 버전으로 재생성될 수 있다. 예를 들어, 음성학 연구를 위한 고품질 음성 프록시, 대화 분석을 위한 상세 전사 프록시, 감정 연구를 위한 표정 중심 프록시 등 목적에 최적화된 다양한 파생 데이터를 생성할 수 있다.

메타데이터와 주석의 체계적 관리

제5장에서 제시한 '분리 가능한 분석의 원칙'은 한국어 말뭉치 구축에 중요하게 적용될 수 있다. 원본 데이터를 변경하지 않으면서 모든 주석과 분석 결과를 독립적인 레이어로 관리하는 것은, 미래의 재해석 가능성을 확보하기 위한 전략적 접근이다.

편집 정보 자체도 하나의 주석 레이어로 관리하는 것이 바람직하다. 어느 부분이 왜 편집되었는지, 편집된 구간의 길이, 제거된 내용의 대략적인 유형 등을 상세히 기록한다. 이러한 편집 메타데이터는 미래 연구자들이 대화의 전체 구조를 재구성하는 데 필요한 정보를 제공한다. 예를 들어, '3분 27초부터 4분 15초까지 제3자 실명 언급으로 삭제'라는 정보는 해당 내용이 부재하더라도 대화의 흐름과 구조를 이해하는 데 도움을 줄 수 있다.

맥락 정보 역시 독립적인 레이어로 풍부하게 기록할 필요가 있다. 참여자들의 관계(관계 기간, 유형 등), 대화 상황(시간, 장소, 활동), 대화 전후 맥락(선행 사건, 후속 계획 등)을 체계적으로 수집하고 기록한다. 이러한 맥락 정보는 편집 과정에서 손실될 수 있는 정보를 부분적으로 보완하고, 대화의 의미를 더 깊이 이해하는 데 기여한다.

▬ 접근성 높은 집단을 활용한 현실적 구현 방안

대학생 집단은 이중 트랙 전략을 실제로 구현하는 데 유리한 조건을 제공할 수 있다. 대학생들은 일반적으로 연구 참여에 개방적이며, 영상 녹화에 대한 거부감이 비교적 적고, 자신들의 데이터가 학술 연구에 기여한다는 점에 긍정적으로 반응하는 경향이 있다. 또한 동년배 집단이라는 특성상 위계적 관계의 부담이 상대적으로 적어, 보다 자연스러운 상호작용이 나타날 가능성이 있다.

그런데 구축 과정에서 참여자를 단순한 데이터 제공자가 아닌 '연구 협력자'로 인식하고 존중하는 것이 중요하다. 참여자에게 데이터 사용 방식, 보존 계획, 접근 권한 등을 충분히 설명하고, 원본 보존과 편집본 공개라는 이중 트랙 전략의 의미를 이해시키는 과정이 필요하다. 또한 참여자가 자신의 데이터에 대한 통제권을 일정 부분 유지할 수 있도록 하여 윤리적 우려를 완화하는 노력이 필요하다.

물론 대학생 집단을 초기 대상으로 삼는 것은 연령, 학력, 사회적 배경 등에서 표본 편향이 발생할 수 있다는 한계를 내포한다. 따라서 이는 방법론을 검증하고 최소 기능 요건을 갖춘 초기 말뭉치(Minimum Viable Product, MVP)를 구축하기 위한 현실적인 초기 전략으로 간주될 수 있다. 이 단계에서 확보된 경험과 자원을 바탕으로, 향후에는 다양한 연령대, 직업군, 지역 배경을 포괄하는 단계적 확장 계획을 수립하여 대표성을 확보해 나가는 방안도 있다.

결론적으로, 한국어 멀티모달 일상대화 말뭉치 구축은 현실적 제약을 인정하면서도 제5장에서 제시된 비전을 추구하는 균형 잡힌 접근이 요구된다. 이중 트랙 전략은 이러한 균형을 실현할 수 있는 구체적이고 실천 가능한 방법론이며, 한국어 대화 연구의 현재 활용성과 미래 확장성을 동시에 고려하는 전략적 선택이 될 수 있다.

6.3. 맺음말

본 연구는 지난 30년간 축적된 멀티모달 말뭉치 연구의 성과와 한계를 종합적으로 분석함으로써, 한국어 멀티모달 일상대화 말뭉치 구축을 위한 이론적, 방법론적 토대를 제시하고자 하였다. 이를 위해 전산학이 발전시켜온 자동화 기술과 실시간 처리 능력, 심리학이 확립한 실험적 엄밀성과 통계적 검증 방법, 그리고 언어학이 축적한 미시적 분석의 정교함과 이론적 통찰을 선택적으로 융합할 필요가 있다. 동시에 일상대화의 본질적 특성인 자연성, 맥락 의존성, 관계적 역동성을 충실히 보존하는 새로운 접근법의 개발이 요구된다.

물론 이러한 비전의 실현에는 현실적 도전 과제가 존재한다. 개인정보 보호로 인한 편집의 필요성, 과도한 분절화로 인한 대화 연속성의 제약, 영상 데이터 수집의 윤리적 문제 등은 단기간에 해결하기 어려운 구조적 문제들이다. 그러나 본서에서 제안한 '시간을 가로지르는 아카이브' 패러다임과 '이중 트랙 전략'은 이러한 현실적 제약과 미래의 가능성 사이에서 균형을 찾는 실천적 방안이 될 수 있다. 보존용 마스터 트랙은 미래의 기술 발전과 연구 패러다임 변화에 대비하고, 분석용 프록시 트랙은 현재의 연구 요구를 충족시키는 역할을 한다.

이러한 비전의 실현을 위해서는 구체적인 실천이 필요하다. 연구자들은 단기 성과를 넘어 장기적 가치를 추구하는 아카이브 구축 원칙을 고려해야 한다. 정책 입안자들은 데이터 생산뿐만 아니라 보존과 관리에도 자원을 배분하는 제도적 기반 마련을 검토할 필요가 있다. 국립국어원, 대학, 연구소 등 관련 기관들은 협력을 통해 지속가능한 말뭉치 생태계를 구축하는 방안을 모색해야 한다. 또한 말뭉치를 단순한 연구 자료를 넘어, 한국인의 의사소통 문화를 기록한 문화유산으로 인식하는 관점의 전환도 요구된다.

본서에서 제안하는 패러다임과 전략들은 기술적 가이드라인을 넘어, 디지털 시대 한국인의 의사소통 방식을 기록하고 미래 세대를 위해 보존하는 문화적 과제의 주요 원칙이 될 수 있다. 최대 해상능으로 보존된 아카이브는 미래의 상호작용 연구자들에게 풍부한 분석 자료를 제공할 것이며, 분리 가능한 분석 레이어들은 여러 세대에 걸친 학문적 대화와 누적적 지식 생성을 가능하게 할 것이다.

성공적인 한국어 멀티모달 일상대화 말뭉치의 구축은 한국어 연구의 국제적 위상을 높이고, 인공지능 시대의 자연스러운 인간-기계 상호작용 개발에 기여하며, 인간 의사소통의 보편성과 특수성을 탐구하는 학문적 도전에 기여할 것으로 보인다. 이는 기술적 과제를 넘어 인간 상호작용의 본질에 대한 이해를 심화하는 문화적 과제이며, 미래 세대를 위한 지식 유산 구축의 일환이 될 수 있다.

마지막으로, 본 연구에서 제안하는 한국어 멀티모달 일상대화 말뭉치 구축의 구체적인 실행 방안을 파이프라인으로 제시한다(그림 6.1). 이 파이프라인은 데이터 수집의 단계별 확장과 다양한 모달리티의 점진적 통합을 통해, 현실적 제약 속에서도 체계적이고 지속가능한 말뭉치 구축을 가능하게 한다.

이 파이프라인은 단계별로 데이터 수집(장비 설정, 동의 확보, 세션 녹화), 자동 전사 및 분석(음성-텍스트 변환, 영상 기반 자세 추정, 동기화), 1차 인간 검수 및 수정(텍스트 정확성 검토, 타임스탬프 확인, 화자 식별, 노이즈 제거), 다층 모달 주석(제스처, 시선, 표정, 자세, 기타 행동 주석), 메타데이터 작성 및 익명화(참여자 정보 비식별화, 상황 및 위치 메타데이터 태깅), 그리고 최종 패키징 및 배포(버전 관리, 품질 검사, DOI 발급, 공개 배포)의 과정으로 구성된다.

〈그림 6.1〉 한국어 멀티모달 일상대화 말뭉치 구축 파이프라인

각 단계는 피드백을 통해 지속적으로 개선될 수 있으며, 본서에서 강조한 이중 트랙 전략이 전 과정에 적용되어 현재의 활용성과 미래의 보존성을 동시에 확보하는 것을 목표로 한다. 이러한 체계적 파이프라인 구현을 통해, 한국어 멀티모달 일상대화 말뭉치는 단순한 데이터 집합을 넘어 연구 인프라로서 지속적으로 발전하며 현재와 미래의 연구자들에게 기여할 수 있을 것이다.

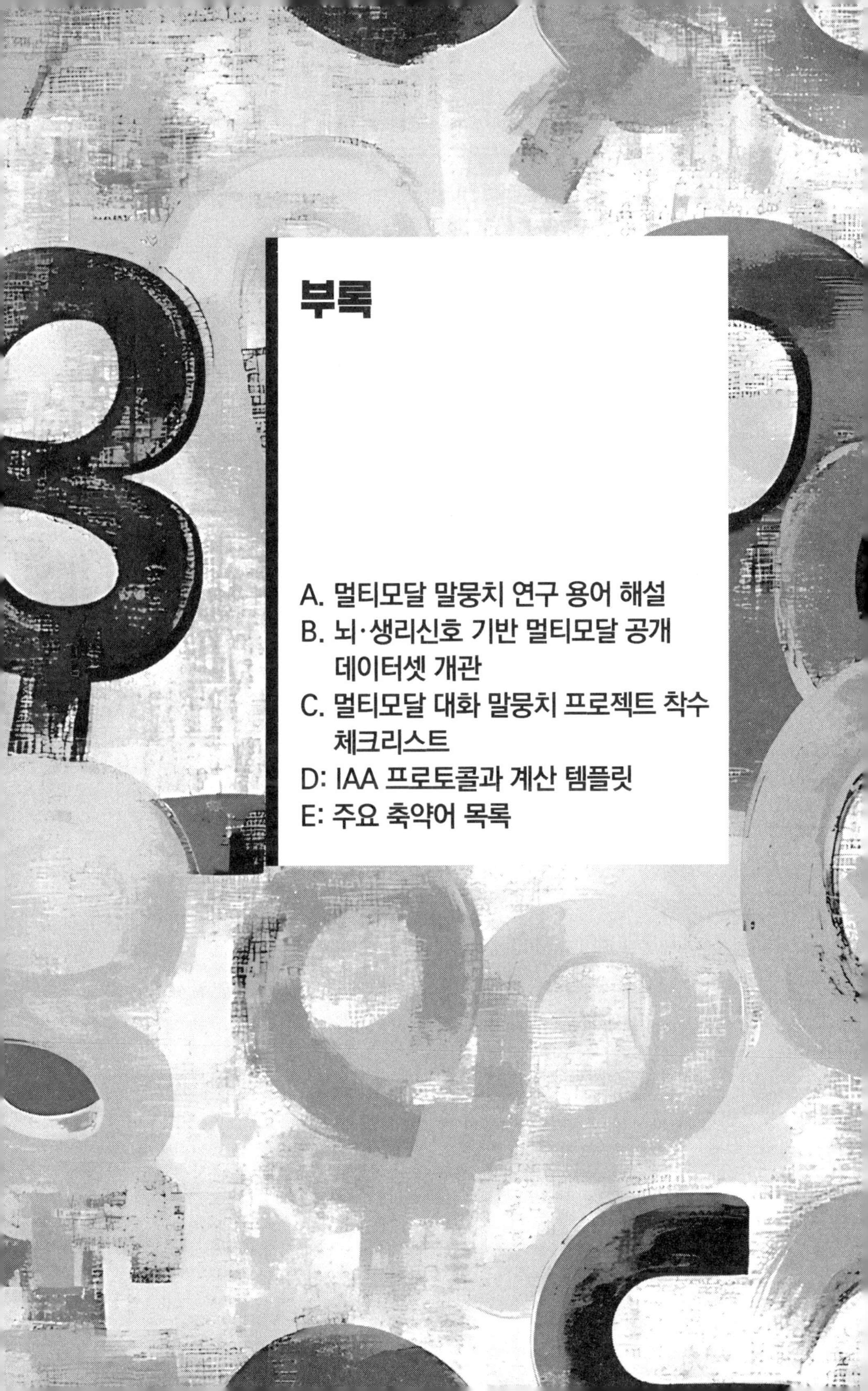

부록

부록 A. 멀티모달 말뭉치 연구 용어 해설

이 부록은 멀티모달 말뭉치 연구에서 반복적으로 등장하지만, 연구 전통이나 구축 주체에 따라 다르게 쓰여 온 주요 용어들을 정리한 것이다. 정의만 나열하기보다, 이 용어들이 지난 30여 년간 어떤 연구 맥락에서 사용되었는지, 그리고 왜 한국어 말뭉치 논의에서는 약간 다른 의미로 '번역'되었는지를 드러내는 데 초점을 두었다. 따라서 아래 정의들은 사전식 최소 정의라기보다, 본문의 논의를 따라 읽을 때 기준점이 될 수 있는 설명으로 넣도록 하였다.

1. 멀티모달 말뭉치 연구의 기초 개념

- **멀티모달 데이터(Multimodal Data)**

  하나의 사건, 행위, 대화를 여러 기호 양식(모달리티)로 동시에 기록한 데이터를 말한다. 여기에는 음성(발화), 문자(전사), 영상(시선·몸짓), 이미지, 제스처 드래깅, 심지어 생체 신호까지 포함될 수 있다. 인간의 실제 상호작용이 음성 하나로 이루어지지 않고, 시선, 머리 끄덕임, 손동작, 억양, 말차례 기다림 등이 함께 조직된다는 점을 고려하면, 멀티모달 데이터는 대화를 '있는 그대로' 기술하기 위한 전제 자료라고 할 수 있다. 본문의 맥락에서는, 단순히 여러 데이터를 한 폴더에 모아둔 것을 뜻하는 것이 아니라, 서로 다른 채널들이 동일한 시간축 위에서 비교·분석 가능하도록 정렬(synchronization)돼 있다는 점이 핵심 속성으로 간주된다.

- **멀티모달 말뭉치(Multimodal Corpus)**

  멀티모달 데이터를 연구, 교육, 기술 개발을 위해 재사용할 수 있도록 설계 원칙을 부여해 조직한 자원이다. 다시 말해, '수집된 원 데이터'가 아니라 '분석과 재활용을 염두에 두고 구조화된 데이터'를 가리킨다. 여기에는 (1) 어떤 장비와 환경에서 수집했는지에 대한 메타데이터, (2) 발화·행동·시선·제스처 등에 대한 전사·주석 계층, (3) 관련 연구자들이 공유하는 전사 규칙(예: GAT 2, ELAN 템플릿, 프로젝트별 JSON 스키마), (4) 장기 보존·배포를 위한 포맷 결정이 포함된다. 심리학에서는 감정·태도 연구를 위한 실험 자극/반응 집합으로, 공학에서는 알고리즘 성능을 시험하는 벤치마크로, 대화분석에서는 미시적 상호작용 증거의 아카이브로 쓰이며, 바로 이 '목적의 차이' 때문에 같은 '멀티모달 말뭉치'라도 구성과 해상도가 달라진다.

- **단일 모달리티(Unimodality)**

  이미지, 음성, 텍스트 가운데 하나만을 사용해 모델을 만들거나 분석을 수행하는 전통적 접근을 말한다. 1990-2000년대의 음성인식 말뭉치나, 2010년대 중반까지의 대다수 기계번역·감성분석 데이터가 여기에 속한다. 멀티모달 연구는 이 단일 모달 접근이 갖는 두 가지 한계를 문제 삼았다. 첫째, 단일 모달만으로는 대화의 미묘한 사회적 의미(예: 합의/비합의, 거리 조절, 참여 프레이밍)를 구분하기 어렵다. 둘째, 실제 인간-인간 상호작용이 여러 기호 자원이 얽힌 다중채널 구조인데, 이를 단일 채널만으로 모델링하면 생태학적 타당성을 놓치게 된다. 본문의 논지는 '단일 모달리티가 틀렸다'가 아니라, '단일 모달리티로 구축된 말뭉치가 이후의 멀티모달 연구를 제약하는 식으로 규범화되었다'는 점을 비판적으로 보려는 데 있다.

- **전사(Transcription)**

  음성·영상으로 존재하는 상호작용을 문자와 기호로 옮기는 작업이다. 그러나 멀티모달 말뭉치에서의 전사는 단순한 받아쓰기가 아니라, (1) 시간 정보(어느 시점에 무슨 일이 일어났는가), (2) 운율 정보(억양구, 말 속도, 휴지), (3) 상호작용 표지(말겹침, 맞장구, 끼어들기), (4) 비언어·준언어 행동의 동시 표기가 한 묶음으로 들어가 있는 확장된 개념이다. GAT 2는 음운, 운율, 상호작용 정보를 1차 표기로 끌어올렸다(Schmidt, 2016).

- **말차례 취하기(Turn-taking)**

  '말차례 교대'로 알려져 있기도 하다. 대화 참여자들이 누가 언제 말하기를 시작하고, 언제 멈추며, 상대의 발화가 아직 계속되는지를 어떻게 알아차리는가를 가리키는 대화의 핵심 조직 원리다. 이 원리는 음성 신호만으로 설명되지 않고, 시선 돌림, 몸의 전방위성, 손의 준비 제스처, 맞장구 표현, 아주 짧은 침묵의 길이 등 여러 모달리티가 함께 작동할 때 비로소 온전히 기술된다. 멀티모달 말뭉치가 필요한 이유는 바로 여기에 있다. 말차례 교대를 텍스트로만 전사하면 '누가 말했는가'는 남지만, '어떻게 교대가 성사되었는가'는 사라진다. FOLK나 CEJC가 비디오 동시 제공과 말겹침, 휴지의 1차 표기를 한 것은, 말차례 조직이 대화분석의 기본 관찰 단위라는 공통 이해가 충분히 축적돼 있었기 때문이다.

2. 멀티모달 말뭉치 연구의 시대별 패러다임과 핵심 용어

1세대: 태동기(1990년대 후반)

이 시기는 고도로 통제된 실험실 환경에서 멀티모달 융합의 가능성을 시험한, 일종의 '개념 증명' 단계였다. 연구자들은 자연성을 일부 희생하더라도 측정 가능하고 반복 가능한 데이터를 확보하는 데 방점을 두었으며, 그 목적 역시 비교적 명확한 공학적 과제에 맞추어 설정되었다. 이를 대표하는 M2VTS 프로젝트는 '생체인식' 기술의 한계를 넘어서기 위해 음성과 얼굴이라는 서로 다른 모달리티를 결합했을 때 인식 성능이 실제로 향상되는지를 보여주고자 했다(Pigeon & Vandendorpe, 1997).

- **생체인식(Biometrics)**

  개별 화자나 화상처럼 사람마다 고유한 생물학적·행동적 신호를 측정, 분석해 신원을 자동으로 확인하는 기술을 말한다. 초기 멀티모달 말뭉치들은 이 생체인식 문제를 해결하기 위해 음성과 얼굴이라는 두 모달리티를 동시에 수집해, 단일 모달리티만으로는 얻기 어려운 강건성을 확보하려 했다. M2VTS가 가진 의의는 여기서 멀티모달 접근이 '이론적으로는 가능하다'는 것을 실제 동시 수집 데이터로 보여주었다는 점에 있다.

2세대: 확장기(2000년대 중반)

이 시기에는 단일 화자나 단순 장면을 넘어서, 여러 명이 동시에 말하고 주의를 나누는 상호작용을 어떻게 기록할 것인가가 핵심 과제가 되었다. 저장 장치 비용 하락, 영상·음향 처리 성능의 향상, 그리고 인간-컴퓨터 상호작용(HCI)과 CSCW 분야의 부상이라는 기술·학문적 요인이 결합해, '현실에 가까운 다자간 상호작용을 연구실로 끌어들인다'는 목표가 등장했다. AMI 회의 말뭉치는 바로 이런 요구를 반영해, 참여자에게 역할과 과제를 부여하는 시나리오를 설정하고, 이를 계측화된 공간에서 멀티채널로 동시 기록하는 방식을 취했다(Carletta, 2007).

- **계측화된 회의실(Instrumented Meeting Room)**
  회의실 전체에 다각도 카메라, 참가자별 근접 마이크, 원거리 마이크 어레이, 공동 작업물 기록 장치를 배치하고, 이 모든 스트림을 하나의 시간축으로 묶어낼 수 있도록 설계된 수집 환경을 가리킨다. 중요한 점은 단순히 '카메라가 많다'가 아니라, 각 스트림이 프레임 단위까지 시간적으로 정렬되도록 중앙 타임코드로 관리된다는 데 있다. 이 개념은 이후 멀티모달 말뭉치에서 동기화 및 정렬을 논의할 때 사실상의 기술 기준으로 자리 잡았다(Carletta et al., 2005: 32).

- **시나리오 기반 유도(Scenario-based Elicitation)**

  완전히 자발적인 일상 대화를 수집하는 대신, 연구자가 미리 설계한 과제, 역할, 그리고 목표를 참가자에게 부여해 '어느 정도 예측 가능한' 상호작용을 확보하는 방법이다. AMI의 리모콘 개발 회의 시나리오는 이 방식을 잘 보여준다. 이 방법은 1세대의 지나치게 인위적인 데이터와, 4세대의 전적으로 자연발생적인 데이터 사이에서 현실적인 타협지로 작동했다.

3세대: 심화기(2000년대 후반)

다자간 상호작용의 기술적 틀이 어느 정도 갖춰지자, 관심은 '무엇을 정밀하게 기록할 것인가'로 이동했다. 이때 부각된 연구 축이 바로 감정, 태도, 미세표현과 같은 비언어적 요소의 정량화였다. IEMOCAP, SEMAINE과 같은 말뭉치는 표정, 머리 움직임, 운율을 높은 해상도로 수집하고, 이를 일관된 라벨링으로 정리해, 감정 컴퓨팅과 표현 행동 연구를 위한 사실상의 준거 자료로 기능했다.

- **FACS(Facial Action Coding System)**

  얼굴 근육의 움직임을 해부학적으로 세분화해 각각에 번호를 부여한 표기 체계로, 감정처럼 주관적으로 보이는 현상을 재현 가능한 코드로 환원해 준다는 점에서 멀티모달 주석의 토대가 되었다.

이후의 많은 감정·표정 말뭉치는 FACS를 직접 사용하거나, FACS의 AU 체계를 참고해 표정을 주석했다.

- **AU(Action Unit, 행위단위)**

  FACS에서 정의하는 하나의 기본 얼굴 움직임 단위다. 입꼬리 당기기, 눈썹 올리기처럼 실제 근육 움직임에 대응하며, 여러 AU를 조합해 복합표정을 기술할 수 있다. AU는 이후 자동 표정 인식, 미세표정 검출 같은 컴퓨터 비전 과제의 '라벨 단위'로도 널리 채택되었다.

4세대: 자연성 추구(2010년대)

기술적으로 '잘 정렬된 데이터'가 가능해지자, 이번에는 '실제로 사람들이 이렇게 말하나?'라는 질문이 전면에 나왔다. 독일 IDS의 FOLK, 일본 NINJAL의 CEJC는 연구자가 개입해 만든 상호작용이 아니라, 참여자가 자신의 생활 공간 안에서, 비교적 장기적으로 남겨 놓은 일상 대화를 수집하는 방식을 취했다(Schmidt, 2016; Koiso et al., 2022). 이때 자연성은 단지 '대본이 없다'는 뜻이 아니라, 비디오 동시 수집, 말겹침·휴지·시선의 1차 표기, 세션 단위의 연속성까지 묶어서 확보하는 것을 의미했다.

- **생활 매락 중심 수집(Life-context-based Collection)**

  가정, 직장, 교통수단, 식사 자리처럼 일상생활의 시간·공간 안에서 발생하는 상호작용을 연구자가 직접 통제하지 않은 상태로 수집하는 방법이다. CEJC의 자기기록(self-recording) 설계의 원칙이며, 이 방식은 언어 사용의 사회문화적 변이, 연속적인 비언어 행동, 참여자의 역할 변화를 함께 포착할 수 있다.

5세대: 대규모화 및 현실 세계 문제 해결(2020년대 이후)

2020년대에 들어 멀티모달 말뭉치는 두 갈래로 분화한다. 하나는 CANDOR처럼 온라인·원격 환경에서 수백~수천 시간 단위의 대화 데이터를 모아 전산 사회과학의 질문(대화 만족도, 성격, 친밀감, 젠더, 세대 등)과 연결하려는 흐름이고, 다른 하나는 MISP처럼 현실의 까다로운 청각·시각 환경에서 실제로 작동하는 강건한 AI를 만들기 위해 '시험대' 성격의 데이터를 만드는 흐름이다. 전자는 멀티모달 데이터를 '도구'로, 후자는 시험대로 본다는 점에서 성격이 뚜렷이 갈린다.

- **전산 사회과학(Computational Social Science)**
  대규모 디지털 자료를 이용해 사회·심리 변인과 실제 상호작용 패턴의 관계를 탐색하는 연구 방향이다. CANDOR가 대화 영상에 성격 요인, 인상 평가, 대화 후 설문을 결합한 것은 멀티모달 말뭉치를 이 영역의 1차 자료로 끌어들였다는 점에서 의미가 있다. 여기서 요구되는 데이터는 '얼마나 깨끗한가'보다 '얼마나 풍부하게 맥락이 붙어 있는가'에 가깝다.

- **강건한 AI(Robust AI)**
  소음, 동시발화, TV 사운드 등 통제되지 않은 실제 환경에서도 성능이 급락하지 않는 AI를 목표로 한다. MISP는 바로 이런 환경을 의도적으로 만들어 음성·영상 처리를 시험하게 한 사례다. 이 경우 멀티모달 데이터는 인간 상호작용을 '기술'하는 것보다, 알고리즘을 '시험'하는 쪽에 더 무게가 실린다. 그래서 대표성·자연성보다는 과제의 명확성, 레이블의 일관성, 재현 가능한 조건이 핵심 품질 기준이 된다.

3. 언어학적 분석 및 주석 용어

- **켄돈의 연속체(Kendon's continuum)**

  제스처를 언어와의 관계에 따라 연속적 스펙트럼 위에 배치해 이해하려는 이론적 틀이다. Adam Kendon은 제스처를 말을 '돕는' 부수적 요소로 보던 입장에서 벗어나, 제스처와 언어를 하나의 상호작용적 체계 속에서 파악해야 한다고 보았다. 이 연속체는 말과 거의 동시에 발생하는 제스처(gesticulation)에서 시작해, 점차 상징성이 높아지는 의도적 제스처, 일종의 의례화된 제스처, 그리고 최종적으로는 수어와 같은 완전한 시각-공간적 언어까지 포함하는 폭넓은 연속체로 이해된다(Kendon, 2004). 멀티모달 말뭉치에서 제스처를 '포함할 것인가 혹은 말 것인가'가 아니라 '어디까지를 언어적 행위로 볼 것인가'의 문제로 전환하게 만든 개념이라는 점에서 중요하다.

- **성장점 이론(Growth Point Theory)**

  David McNeill이 제안한 이론으로, 사고의 최소 단위를 '성장점(growth point)'이라 부르고, 이 단위는 처음부터 심상적(imagistic) 구성요소와 언어적 구성요소를 동시에 포함한다고 본다(McNeill, 1992). 다시 말해 말과 제스처는 서로를 보충하는 별도 채널이 아니라, 동일한 기저 표상에서 시간적으로 분기된 표현 양식이라는 것이다. 이 관점에서 보면 멀티모달 주석에서 밀리초 단위의 시간 정렬을 유지하는 것은 단순한 기술적 완성도가 아니라, '동일한 인지 원천에서 파생된 두 표현 양식이 어떻게 분포하는가'를 관찰하기 위한 이론적 조건이 된다. 그래서 성장점 이론은 왜 제스처-발화 동시 정렬, 왜 세부 구간화, 왜 모달리티 간 선후관계를 기록해야 하는지를 설명해 주는 이론적 뒷받침이 된다.

- **ELAN(EUDICO Linguistic Annotator)**

  Max Planck Institute for Psycholinguistics에서 개발한 다층렬(multitier) 주석 소프트웨어로, 오디오와 비디오를 시간 코드에 맞춰 재생하면서 발화, 제스처, 시선, 표정, 행위 등의 주석을 '분리된 층렬'로 추가할 수 있게 한다. ELAN의 핵심 강점은 주석을 원본 미디어에 직접 부착하지 않고, 별도 XML 구조로 관리해 나중에 다른 연구자가 새로운 층렬을 추가할 수 있도록 해준다는 점이다. 이는 이 책에서 말하는 '분리 가능한 분석의 원칙'과 정확히 맞닿아 있으며, 하나의 멀티모달 말뭉치를 대화분석, 제스처 연구, 시선 연구, 감정 연구 등 서로 다른 연구 프로그램이 동시에 사용할 수 있게 해주는 실질적 기술 토대다.

- **GAT 2(Gesprächsanalytisches Transkriptionssystem 2)**
  독일어권 대화연구 전통에서 발전한 정밀 전사 체계로, 단순히 '무엇을 말했다'가 아니라 '어떤 억양, 어떤 강세, 어느 지점에서 말이 겹쳤는가'를 1차 표기 대상으로 삼는다(Selting et al., 2009; Schmidt, 2016). 말겹침, 웃음, 호흡, 발화 속도, 음높이 변화 등 상호작용을 구성하는 미세한 운율 요소를 일관된 기호로 표기할 수 있기 때문에, FOLK와 같은 대규모 구어 말뭉치에서도 상호작용 조직을 손실 없이 보존할 수 있었다.

4. 한국어 말뭉치 관련 용어 및 미래 전략

- **AI 우선 구축 패러다임(AI-First Paradigm)**
  인공지능 학습과 공학적 성능 평가를 말뭉치 설계의 1차 목표로 두고, 그 목표에 맞춰 수집 환경, 발화 길이, 파일 포맷, 메타데이터 구조를 결정하는 방식이다. 이 패러다임에서는 '깨끗한 음성', '명확한 화자 구분', '주제별·업무별로 잘 정리된 JSON 메타파일', '16kHz/16bit PCM'과 같은 사양이 분석을 위한 조건이 아니라 인공지능 학습을 위한 필요 요건으로 제시된다. 국립국어원 일상 대화 말뭉치, NIA AI Hub의 여러 멀티모달 데이터들은 바로 이 패러다임의 장점을 잘 보여준다. 다만 이와 같은 설계는 'AI가 쓰기 좋은 자연성'은 확보해 주지만, CEJC나 FOLK가 보여주는 '현장성 있는 자연발생 대화'나 '멀티모달 상호작용의 연속성'은 상대적으로 약화시킨다.

- **생태학적 일상성(Ecological Everydayness)**
  시나리오나 과업으로 유도된 발화가 아니라, 실제 생활 맥락 속에서 자연스럽게 발생한 발화를 가능한 한 손대지 않은 상태로, 오디오, 비디오, 그리고 맥락 정보와 함께 수집하려는 접근을 가리킨다. 일본 CEJC가 보여주듯, 이 관점의 '자연성'은 '사람들이 평소 하듯이 했다'는 뜻만이 아니라, '그 상황이 어떤 관계였는지, 누가 어느 위치에 있었는지, 제스처와 시선이 어떻게 얽혀 있었는지'까지 살아 있는 상태로 남겨 두는 것을 포함한다(Koiso et al., 2022). 한국어 멀티모달 말뭉치가 앞으로 이 방향으로 확대되려면, 음성·문장 단위 전사에서 세션 단위·멀티모달 동시 제공으로의 전환이 함께 일어나야 한다.

- **이중 트랙 전략(Dual-track Strategy)**
  '지금 당장 쓰기 좋은 데이터'와 '미래에 무엇이든 할 수 있게 남겨두는 데이터'를 분리해 관리하자는 관점에서 제안된 운영 원칙이다. 하나는 최고 해상도, 무손실, 원본에 가까운 '보존용 마스터'로 남기고, 다른 하나는 코덱을 바꾸고, 발화를 분절하고, 자동 전사를 얹어서 연구자가 바로 돌려볼 수 있는 '분석용 프록시'로 만든다. 이렇게 해두면 현재 분석 환경에 맞춰 데이터를 여러 번 변환하더라도, 원판이 훼손되거나 정보가 영구히 손실되는 일을 막을 수 있다. 1990년대 말 멀티모달 데이터가 다운샘플링된 채만 남아서 지금은 다시는 원본

품질을 복원하지 못하는 사례를 생각하면, 이것은 단순한 기술 팁이 아니라 지속가능성을 위한 제도적 장치에 가깝다.

- **보존용 마스터(Archive Master)**
  이중 트랙 전략에서 '남겨야 하는 쪽'의 데이터다. 가능한 한 원본 장비가 내보낸 해상도와 비트레이트를 유지하고, 컨테이너는 장기 보존이 가능한 것을 쓰며, 시간 정보는 최대한 정확하게 기록하는 것을 목표로 한다. 여기서 중요한 점은 '지금 쓰기 편한가'가 아니라 '10년 뒤에 전혀 다른 질문을 던질 연구자가 이 데이터를 이해하고 다시 정렬할 수 있는가'다.

- **분석용 프록시(Analysis Proxy)**
  현재 연구자가 실제로 다루게 되는 작업본이다. 이쪽은 파일 크기를 줄이고, 접근 권한을 단순화하고, 자동 전사·기계주석을 얹어두어 실험, 수업, 시연에 곧바로 돌릴 수 있게 만든다. 중요한 것은 이 프록시가 '언제든 다시 만들 수 있는 것'으로 설계돼야 한다는 점이다. 그래야 도구가 바뀌거나 주석 표준이 갱신될 때마다, 원본을 덮어쓰지 않고 새 버전을 뽑아낼 수 있다. ELAN이나 EXMARaLDA와 같은 멀티모달 전사 도구가 장기적으로 함께 쓰이려면 이 구조가 필수적이다.

- **분리 가능한 분석의 원칙(Principle of Detachable Analysis)**
  모든 해석과 주석을 원본 미디어와 분리된 파일로 관리하자는 원칙이다. 다시 말해 주석은 원본 안에 '심지' 않고, 시간 코드로만 연결한다. 이렇게 하면 원본은 바뀌지 않고, 서로 다른 연구자가 서로 다른 분석 층위를 올려도 충돌하지 않으며, 새 표준이 나와도 원본을 재인코딩할 필요가 없다. ELAN이 채택한 스탠드오프(standoff) 방식은 이 원칙을 가장 잘 구현한 사례다.

- **최대 해상능의 원칙(Principle of Maximum Resolving Power)**
  아카이브용 데이터를 만들 때는 그 시점에서 '합리적으로 가능한 최고 해상도'를 선택하라는 지침이다. 여기에는 두 가지 전제가 있다. 첫째, 앞으로의 분석 도구가 지금보다 정밀할 가능성이 높다. 둘째, 그때 가서 다시 촬영하거나 다시 녹음할 수는 없다. 따라서 오늘의 제약 때문에 내일의 분석 가능성을 영구히 지우지 않도록, 저장과 촬영, 그리고 인코딩에서 한 번 더 높은 사양을 택하자는 것이다. 1990년대 말과 2000년대 초의 멀티모달 말뭉치가 오늘날의 딥러닝 기반 표정·시선 분석에는 충분하지 않은 이유가 여기에 있다.

- **데이터 기반 인간 상호작용 과학(Data-as-Instrument) vs. 공학적 검증을 위한 시험대(Data-as-Testbed)**
  이 책 전체를 관통하는 구분으로, 같은 멀티모달 데이터라도 어떤 질문을 던질 것인가에 따라 설계가 근본적으로 달라진다는 점을 밝히기 위한 개념이다. 전자는 '사람들이 왜 이렇게 상호작용하는가'라는 이론적, 설명적 질문을 중심에 두고, 가능한 한 풍부한 맥락과 연속성을 남기려 한다. 후자는 '이 조건에서 이 모델이 실제로 돌아가는가'라는 성능 검증의 질문을 중심에 두고, 가능한 한 명확한 과제 정의와 균일한 라벨을 추구한다. CANDOR는 앞쪽에, MISP는 뒤쪽에 더 가깝다. 한국의 AI 우선 구축 패러다임은 후자 쪽에서 빠른 성취를 거두었지만, 전자가 요구하는 생태학적 일상성은 아직 남아 있는 과제라고 말할 수 있다.

부록 B: 뇌·생리신호 기반 멀티모달 공개 데이터셋 개관

이 부록은 뇌파(EEG), 심전도(ECG) 등 뇌·생리신호와 비디오·음성 등 외현적 행동 모달리티를 결합하여 인간의 내적 상태를 추론하려 한 대표적 공개 데이터셋들을 서술식으로 정리한 것이다. 여기서 다루는 자료들은 대체로 '감정 인식'이라는 비교적 잘 정의된 공학적 과제를 목표로 하지만, 동시에 정서 유발 방식, 주석 체계, 모달리티 동기화 수준에서 서로 다른 연구 전통을 반영하고 있다.

1) 감정 인식 중심 데이터셋

감정 인식(emotion recognition) 계열 데이터셋은 대체로 세 가지 공통 구조를 갖는다. 첫째, 음악·영상·이미지 같은 정서 유발 자극을 사전에 선별해 제시한다. 둘째, 뇌파(EEG)를 포함한 생리 신호(ECG, GSR, 호흡, 피부 온도 등)를 자극과 정밀하게 동기화해 기록한다. 셋째, 참가자에게 유인가(valence)·각성(arousal)·지배성(dominance) 같은 차원적 척도 또는 기쁨·분노·슬픔 같은 범주형 레이블을 자기보고하게 함으로써 '내적 상태'와 '외현적 신호'를 연결해 둔다. 이 세 축이 확보돼야 이후 기계학습 모델이 자극 없이도 EEG·ECG 패턴만으로 감정을 추론하는 실험을 설계할 수 있다.

- **DEAP**

DEAP은 멀티모달 감정 인식 연구에서 가장 널리 참조되는 초기 공개 데이터셋 가운데 하나다(Koelstra et al., 2012). 32명의 참가자가 40개의 1분짜리 음악 영상 클립을 시청하는 동안 32채널 EEG를 기록했고, 동시에 EOG, EMG, GSR, ECG, 호흡, 피부 온도 등 주변 생리신호를 수집했다. 시청 직후 참가자들은 유인가·각성·지배성 등을 9점 척도로 평가해 자기보고 데이터와 생리신호가 1:1로 대응되도록 했다. 32명 중 22명에 대해서는 얼굴 비디오까지 함께 제공되기 때문에, 표정·시선 기반의 멀티모달 감정 인식 모델을 설계하려는 연구자에게도 기본 코퍼스로 기능한다. DEAP의 의의는 고가 장비를 사용한 '정교한 실험실 환경'과 비교적 단순한 감정 차원 주석을 결합해, 이후 데이터셋들이 따르게 되는 사실상의 표준 구도를 제시했다는 데 있다.

- **MAHNOB-HCI**

MAHNOB-HCI는 같은 2012년 무렵에 공개되었으나, DEAP보다 모달리티 구성이 더 두텁다(Soleymani et al., 2012). 27명의 참가자에게 영화 클립과 이미지 자극을 보여 주면서 32채널 EEG, ECG, GSR, 호흡, 체온을 기록했고, 여기에 6대의 카메라를 통한 다각도 얼굴 비디오, 시선 추적, 오디오를 정밀 동기화했다. 또 하나의 특징은 '암시적 태깅(implicit tagging)'을 도입해 사용자의 실제 반응과 시스템이 추정한 태깅을 함께 수집했다는 점이다. 원시 신호와 메타데이터는 신청 기반으로 제공되지만, 공개 문서가 잘 정리돼 있어 HCI·감성 컴퓨팅·멀티모달 융합 실험의 교재 데이터로 자주 인용된다. DEAP보다 '현실적 상호작용'에 한 발 더 다가간 구성이라고 볼 수 있다.

- **DREAMER**

DREAMER는 고밀도 EEG가 아닌 저가형 무선 헤드셋(Emotiv)과 휴대형 ECG를 사용해, '현실적인 연구 환경'에서 감정 인식을 어떻게 할 것인가를 보여주는 데이터셋이다(Katsigiannis & Ramzan, 2018). 23명의 참가자가 18개의 감정 유발 영상 자극을 시청했고, 각 자극에 대해 유인가(valence)·각성(arousal)·지배성(dominance)을 5점 척도로 평가했다. 신호는 14채널 EEG와 2채널 ECG를 동기 수집했으며, 연구자는 Zenodo를 통해 .mat 단일 파일 형식으로 접근할 수 있다. 장비가 단순하므로 DEAP처럼 미세한 공간 분해능을 기대하기는 어렵지만, '경량 장비로도 유의미한 감정 분류를 할 수 있다'는 것을 보여준 점에서 실제 서비스·HCI 실험과의 접점이 크다.

- **AMIGOS**

AMIGOS는 개인 시청과 그룹 시청을 모두 포함하고, 감정뿐 아니라 성격(Big-5)과 기분(PANAS)까지 함께 수집한 확장형 데이터셋이다(Miranda-Correa et al., 2021). 40명의 참가자가 짧은 영상과 긴 영상을 시청하는 동안 14채널 EEG, ECG, GSR, 얼굴 및 전신 비디오(일부는 깊이 정보 포함)를 기록했다. 즉, '자극에 대한 즉각 반응'

뿐 아니라 '참가자 특성에 따라 왜 이런 반응이 나왔는가'까지 추적할 수 있도록 설계된 데이터다. 연구용 사용자 동의(EULA) 후 내려받을 수 있으며, 개별-집단 조건을 모두 제공하기 때문에 사회적 맥락이 감정 신호에 미치는 영향을 실험하려는 연구자에게 특히 유용하다.

- **SEED**

  SEED는 중국어 영화 클립을 사용해 긍정·중립·부정이라는 비교적 명확한 정서 범주를 유발하도록 설계된 데이터셋이다(Zheng & Lu, 2015). 15명의 참가자가 15개 영상을 3세션에 걸쳐 반복 시청했고, 62채널 고밀도 EEG(1000Hz)로 기록했다. 12명에 대해서는 시선 추적도 동시 수집했다. 반복 세션이 있기 때문에 '세션 간 감정 표현의 안정성'이나 '시간에 따른 특징 이동' 같은 좀 더 이론적인 질문을 던질 수 있고, 고밀도 EEG를 사용했기 때문에 공간적 특징을 뽑아내는 최신 딥러닝 모델에도 잘 맞는다. 원시·전처리본은 연구자 신청 후 제공된다.

- **FACED**

  FACED는 비교적 최근(2023년)에 공개된 대규모 EEG 감정 데이터셋으로, 123명의 참가자에게서 32채널 EEG를 수집했다(Chen et al., 2023). 무엇보다 긍정 정서를 세분해 'Amusement, Inspiration, Joy, Tenderness' 등 9가지 정서를 다중 분류할 수 있도록 설계한 점이 특징이다. 즉, 단순한 이원적·삼원적 감정 구분이 아니라 '비슷한 쪽끼리 헷갈리는' 정서를 EEG로 얼마나 구분할 수 있는지를 실험할 수 있는 데이터다. BIDS 호환 형식과 메타데이터로 제공되며, CC BY 4.0 라이선스로 공개돼 재사용성이 높다. EEG 기반 멀티모달 연구에서 최근 표준으로 자리 잡아가는 BIDS를 채택했다는 점도 장기 보존과 호환성 측면에서 의미가 있다.

이처럼 감정 인식 중심 EEG 멀티모달 데이터셋들은 대체로 (i) 어떤 자극으로 어떤 감정을 유발했는지, (ii) 그때의 EEG·ECG·GSR 등 내부 신호를 얼마나 정밀하게 동기화했는지, (iii) 참가자에 대한 심리·성격·집단 맥락 정보가 어느 정도 포함돼 있는지에 따라 서로 다른 연구 목적에 적합하다.

2) 대화·언어 및 상호작용 맥락

이 범주의 데이터셋은 수동 시청이 아니라 실제 상호작용, 특히 화상회의·토론·대화형 시스템과의 질의응답처럼 말차례가 오가고 정서가 연속적으로 변하는 장면을 포착하려는 시도다. 언어·시각·생리 신호를 정밀 동기화해야 하므로 설계 난도가 높고, 그만큼 CA적 분석과 HCI·감성 컴퓨팅 양쪽에 모두 쓸 수 있는 '중간 지대'의 자료가 된다.

- **K-EmoCon**

  한국어 2인 토론(약 10분) 16세션에서 연속 정서를 5초 간격으로 자기(self), 상대(partner), 외부(observers) 관점에서 주석한 자료다. 이마 부착형 EEG, ECG, EDA, PPG, 3축 가속도, 비디오를 동기 수집해 상호작용 중 정서의 시간적 흐름과 참여자 간 지각 불일치를 동시에 분석할 수 있게 했다. 한국어 대화 상황에서 이 정도의 다중 주체·다중 관점 감정 레이블을 갖춘 자료는 드물기 때문에 국내 연구자가 활용하기에 현실적인 첫 출발점이 된다.(Park et al., 2020)

- **RECOLA**

  프랑스어 화자를 대상으로 한 원격 협업(화상) 데이터로, 약 15분간의 문제 해결 대화를 수행하는 동안 오디오·비디오·ECG·EDA를 23쌍에서 동기 수집했다. 감정 레이블은 각성(arousal)·유인가(valence)의 연속값이며, 복수 평가자가 시간 축을 따라 주석해 상호평정 신뢰도를 함께 다룰 수 있다. 원거리·온라인 협업이라는 2010년대 이후의 실제 대화 환경을 일찍부터 포착했다는 점에서, 한국의 화상상담·원격수업 코퍼스 설계에 참고가 된다.(Ringeval et al., 2013)

- **ETRI 장기 라이프로그·생리신호 계열**

  ETRI는 휴먼이해 AI 과제에서 스마트폰·스마트워치·수면센서로 일상 행동과 생리 지표를 함께 수집하는 장기 멀티모달 자료를 공개하고 있다(Chung et al., 2024). 이는 정규화된 EEG는 아니지만, 한국어권 연구자가 실제 생활 맥락에서 얻은 PPG·EDA·피부온도·위치·활동량 데이터를 '실세계(emic) 모달리티'로 삼아 대화·상호작용 연구에 적용할 수 있는 기회를 제공한다.

3) 인지·운동·스트레스/BCI 등

이 카테고리의 데이터셋들은 감정 연구를 넘어 뇌-컴퓨터 인터페이스(BCI), 스트레스 감지, 인지 기능 연구와 같이 특정 목적을 위해 설계되었다. 주로 실제 및 상상 운동, 또는 사회적 스트레스와 같은 특수 과제를 수행하는 동안의 뇌파 및 생리 신호를 정밀하게 측정하며, 실세계 환경에서의 기술적 강건성을 높이는 데 기여한다.

- **PhysioNet EEG Motor Movement/Imagery**
  BCI2000 시스템(Schalk et al., 2004)을 사용하여 수집된 대규모 EEG 자료이다. 109명의 참가자가 실제 및 상상 손/발 움직임 등 모터 과제에 참여하는 동안 64채널 EEG를 수집했다. BCI 및 모터 이미저리 분류 벤치마크로 널리 쓰이며, PhysioNet 계정 등록 후 연구용으로 무료 접근이 가능하다.

- **WESAD**
  2018년 공개된 웨어러블 자료이다(Schmidt et al., 2018). 가슴 밴드와 손목 밴드로 스트레스/정서 상태를 기록했다. 15명의 참가자로부터 ECG, EDA, EMG, 호흡, 체온, PPG, 가속도 등 다양한 생리 신호와 동작 데이터를 동기 수집했다.

- **OpenBMI**
  2019년 구축된 데이터셋이다(Lee et al., 2019). 모터 이미저리,

P300, SSVEP의 세 가지 BCI 패러다임을 단일 설계로 수집한 것이 특징이며, 54명의 참가자가 다회 세션 반복으로 개인 및 세션 간 변동성 분석이 가능하다. 62채널 EEG(1000Hz)를 포함하며, MAT/GDF 파일과 툴박스가 함께 제공된다.

- **AMBER**

  2023년 공개된 데이터셋이다(Awais et al., 2023). 이 데이터셋의 목표는 BCI 시스템의 강건성 향상을 위한 신호 잡음 제거 기술 개발을 지원하는 것이다. 참가자에게 눈 깜박임, 대화, 몸 움직임 등 의도적인 '잡음'을 생성하도록 통제된 프로토콜을 사용했으며, EEG와 비디오 데이터를 동시에 수집했다.

- **ETRI Real-world Multimodal Lifelog Dataset**

  ETRI가 실세계 환경에서의 인간 행동과 생리적 마커를 장기 수집하기 위해 공개한 한국어권 라이프로그형 멀티모달 데이터셋으로, 수십 명 참가자의 수백~수천 시간 생리 신호(PPG, EDA, 피부 온도 등)와 행동 데이터를 포함한다. 장기·연속 기록을 제공한다는 점이 특징이며, 공개 시점과 버전에 따라 수집 일수와 총 시간은 일부 달라질 수 있다.

부록 C: 멀티모달 대화 말뭉치 프로젝트 착수 체크리스트

1. 연구 목적 및 대상 정의

프로젝트 시작 전에 구축하려는 말뭉치의 연구 목적과 대상 범위를 명확히 설정한다. 말뭉치의 주제, 사용 언어, 참여자 특성(인원 수, 연령대, 모국어 등), 그리고 말뭉치 활용 목표(언어학 연구, AI 모델 학습 등)를 구체적으로 정의한다. 이러한 명확한 목적 설정은 말뭉치 설계의 모든 측면에 방향성을 제시하며, 말뭉치가 특정 과업에 최적화된 특수 목적형인지 또는 다양한 활용을 고려한 범용형인지에 대한 방향도 결정하게 된다.

- 예: 한국어 일상 대화에서 말차례 교대 양상을 분석하기 위해 4인이 참여하는 1시간 분량의 자유 대화 말뭉치를 구축하고, 이 말뭉치를 대화 분석 연구와 대화형 AI 개발에 활용한다는 명확한 목표와 범위를 수립한다.

2. 수집 계획 수립

수집 대상 대화의 종류와 방법을 구체적으로 계획한다. 녹음·녹화 환경(실험실 vs 자연스러운 현장), 세션 수와 1회당 지속 시간, 대화당 참여자 수 등을 결정하고, 다양한 상황을 포괄할 수 있도록 시나리오를 설계한다. 일상 대화의 자연스러움을 높이기 위해 예비 녹음·녹화를 실시하여 장비 세팅과 녹음 절차를 사전 점검하고 수정한다. 또한 필요에 따라 대화 종류(자유 대화, 과업 지향 대화 등)나 도구 사용(영상 채팅 등)별로 다른 수집 방법을 병행하여 데이터 다양성을 확보한다.

- 예: 자연스러운 대화를 확보하기 위해 참여자들에게 휴대용 녹음·녹화 장치를 지급하여 가정이나 직장 등 일상 환경에서 30분간의 자유 대화를 여러 차례 녹음·녹화하도록 계획한다. 또한 회의나 토론과 같이 특정 상황의 대화를 위해 연구진이 해당 현장에 직접 카메라와 마이크를 설치하여 녹화 세션을 진행하는 방안을 포함한다.

3. 기술 장비 사양 및 세팅 계획

멀티모달 데이터 수집에 필요한 녹음·녹화 장비의 사양을 정하고 설치 계획을 수립한다. 음성은 고음질의 녹음이 가능하도록 전문 녹음기와 마이크(예: 참가자별 라펠 마이크 + 공간 전체 녹음용 마이크 어레이)를 준비하고, 영상은 참여자별 클로즈업 카메라와 전체 공간을 담는 광각 카메라 등 다각도로 촬영이 가능하도록 설비한다. 모든 장비 간 시계를 통일하여 녹음·녹화 스트림을 프레임 단위까지 정확히 동기화하고, 녹화 공간의 음향 환경(잡음 제어)과 조명 상태도 사전에 점검한다.

- 예: 4명이 둘러앉는 대화 공간에 360도 카메라 1대와 참가자 각각을 비추는 카메라 4대를 설치하고, 음향은 각 사람의 옷깃에 무선 마이크를 부착하는 한편 천장에 8채널 마이크 어레이를 추가 배치하여 모든 발화를 선명히 포착한다. 녹화 시작 전 모든 기기의 타임코드를 동기화하고 시험 녹화를 통해 영상과 음성 스트림의 동기 정확도를 검

증한다.

4. 윤리·법제 검토(IRB, 개인정보)

사람을 대상으로 한 데이터 수집인 만큼, 연구 윤리와 법률적 요건을 사전에 철저히 검토한다. 연구 착수 전에 기관생명윤리위원회(IRB) 승인을 받아 연구 계획의 윤리적 타당성을 검증받고, 개인정보보호법 등 관련 법규를 준수할 수 있도록 수집 및 활용 방안을 마련한다. 얼굴이 식별되는 영상 데이터의 수집·공유에는 법적 제한이 있으므로, 수집 단계에서부터 익명화(얼굴 블러 처리, 이름 삭제 등) 계획이나 데이터 접근 권한 제한 등 보호 조치를 설계한다. 녹음·녹화 대상자에게는 사전에 녹음·녹화 목적과 활용 방안을 상세히 알리고 동의를 구함으로써 향후 발생할 수 있는 개인정보 분쟁을 예방한다.

- 예: 모든 참여자에게 연구 목적, 수집 데이터 종류, 활용 범위와 보관 기간, 개인정보 보호 조치(익명화 방법 등)를 명시한 서면 동의서를 받고 녹화에 동의하도록 한다. 수집된 영상 데이터는 참여자의 동의 하에 연구 목적으로 제한된 인원에게만 접근을 허용하거나, 공개 시 얼굴과 음성이 식별되지 않도록 블러 처리 등의 후속 조치를 거쳐 공유한다.

5. 참여자 관리 및 동의

말뭉치 구축에 필요한 참여자 모집과 관리를 체계적으로 수행한다. 연구 설계에 맞게 적절한 수와 특성을 지닌 참여자를 선발하는데, 연령대,

성별, 언어 배경 등 다양성을 확보하여 말뭉치가 대표성을 띠도록 한다. 참여자에게는 연구 절차와 요구사항을 사전에 충분히 안내하고, 특히 녹음·녹화 중 민감할 수 있는 사항(영상 촬영, 발화 공개 가능성 등)에 대해 명확히 설명한다. 모든 참여자로부터 서면 동의를 받고, 동의서에는 연구 목적, 데이터 활용 범위, 익명화 절차 등을 상세히 명시하여 참여자가 자신이 제공한(또는 제공하는) 데이터가 어떻게 사용되는지 이해하고 동의하도록 한다. 녹화 종료 후에도 참여자에게 간단한 설문이나 인터뷰를 실시하여 대화 내용에 대한 소감이나 특이사항을 확인하고, 이를 메타데이터로 남겨 추후 분석에 활용한다.

- 예: 다양한 화용 사례를 얻기 위해 20대부터 60대까지 연령과 직업이 서로 다른 남녀 20명을 모집한다. 각 참여자에게 실험실 방문 전 연구 개요와 유의 사항을 담은 안내문을 제공하고, 녹화 현장에서 참여자 설명문을 구두로 다시 전달한 뒤 서명 동의를 받는다. 모든 참여자는 녹음·녹화 도중 언제든지 중단을 요청할 권리가 있으며, 녹음 후 자신의 음성이나 영상 데이터에 대해 삭제를 요구할 수 있다는 점까지 안내하여 참여자의 권리를 보장한다.

6. 파일명 규칙, 폴더 구조, 백업 정책

수집한 데이터의 체계적인 관리를 위해 초기에 파일 작명 규칙과 디렉토리 구조, 백업 원칙을 수립한다. 파일명은 가능한 한 의미 있고 일관되게 정한다. 예를 들어 프로젝트명_세션ID_화자ID_데이터종류 형식으로 날짜나 세션 정보, 데이터 종류가 드러나도록 한다. 폴더 구조는 원본 데이터, 전사본, 주석 파일, 메타데이터 등 데이터 종류나 처리 단계별로 구분하여 누구나 구조만 보고도 필요한 파일을 찾을 수 있도록 설계한다. 버전 관리를 도입해 동일 데이터의 수정 이력이 남도록 하고, 주요 원본 파일에는 무결성 검사를 위한 체크섬(Hash 값)을 생성·보관하여 저장 또는 전송 과정에서 데이터 변형 여부를 확인할 수 있게 한다. 또한 정기적인 백업 일정을 정해 원본 데이터를 별도의 물리 드라이브나 안전한 클라우드에 이중으로 저장하고, 백업본의 접근 권한과 보존 기간도 관리한다.

- 예: 녹음 파일은 20250115_세션01_참가자A.wav, 영상 파일은 20250115_세션01_camera1.mp4처럼 파일명만으로 녹음 날짜와 세션, 내용 종류를 파악할 수 있게 이름을 짓는다. 프로젝트 폴더 내에 원본/, 전사/, 주석/, 메타데이터/ 등의 하위 폴더를 만들어 단계별 산출물을 분류 보관하고, 모든 원본 데이터는 주 단위로 외장 하드와 기관 서버에 이중 백업한다. 백업 시에는 각 파일의 SHA-256 체크섬을 생성하여 추후 무결성 검증이 가능하도록 관리한다.

7. 메타데이터 스키마 정의

수집한 대화 세션과 참여자에 대한 부가 정보를 체계적으로 기록하기 위해 메타데이터 스키마를 정의한다. 세션 메타데이터에는 대화 ID, 녹음·녹화 일시, 장소/환경(예: 스튜디오, 카페, 화상회의 등), 대화 종류 또는 주제, 사용 장비 정보 등을 포함하고, 참여자 메타데이터에는 각 참여자의 연령대, 성별, 언어 배경(방언 여부 등), 사회적 관계(친구/가족/초면 등) 같은 속성을 정의한다. 메타데이터 필드를 표준화하여 모든 세션에 빠

짐없이 기록하고, 가능하면 국제적 상호운용성을 고려해 Dublin Core, OLAC 등 표준 메타데이터 요소나 CLARIN의 CMDI(Component MetaData Infrastructure)와 같은 프레임워크를 참고한다. 메타데이터는 별도의 스프레드시트나 JSON/YAML 파일로 관리하되, 각 데이터 파일과의 연결을 명확히 하여 훗날 검색이나 공개 시 활용할 수 있도록 준비한다.

- 예: 각 대화 세션마다 "대화ID, 녹음·녹화 날짜, 녹음·녹화 장소(예: 가정, 카페), 대화형식(자유 대화/과업 대화 등), 참여자ID 목록"을 기록한 세션 메타데이터를 작성하고, 별도로 참여자별 프로필에 "성별, 연령(대), 출신지역, 모국어, 참여자들 간 관계" 등을 명시한다. 이러한 정보를 표 형태의 CSV 파일로 정리하거나 관계형 데이터베이스로 구축하여 관리하며, 장기적으로 데이터 공유 시 호환성을 높이기 위해 메타데이터 설명을 영어로 병기하거나 Dublin Core의 필드 명칭을 따르는 것을 검토한다.

8. 주석 계층 설계 방침

대화 말뭉치에 부착할 주석의 계층 구조와 원칙을 미리 설계한다. 우선 전사를 어떻게 수행할지 결정하고(예: 웃음, 끊어말하기, 동시발화 등의 표기 규칙 정의) 그 다음에 부착할 주석 층위를 정한다. 대화 행위 분류(발화 의도나 화행 태그), 담화 구조(대화 단위 구분, 중첩 표시), 비언어적 행위(제스처, 표정, 시선 방향), 발화 음질 정보(억양, 강세 표시) 등 필요한 주석 유형을 식별하여, 각 주석마다 적용할 태그 체계와 부착 규칙을 명문화한다. 주석은 다층적으로 관리하되 원본 데이터를 훼손하지 않는 방식으로 진행하며, 각 계층의 주석을 별도 파일 또는 레이어로 분리하여 원본 자료와 독립적으로 유지되도록 한다. 예를 들어 ELAN 등의 도구를 사용하면 음성 및 영상 스트림에 대해 전사 층, 제스처 층, 화행 층 등을 분리하여 동시에 관리할 수 있으므로 이러한 도구 활용도 고려한다.

- 예: 한 시간 분량의 대화 데이터를 대상으로 1차로 음성을 문자로 전사하고, 2차로 전사본을 보며 발화별 의도나 담화 기능에 대한 화행 태그를 단다. 이후 3차로 영상 재생을 통해 고개 끄덕임, 손짓, 시선 이동 등 제스처를 시간 구간에 맞춰 주석으로 기록하고, 중요한 상호작용이나 특이 사항은 별도의 메모 주석으로 남긴다. 이처럼 전사 → 화행 태그 → 제스처 주석 등의 여러 계층을 거쳐 주석을 추가하되, 모든 주석은 원본 영상이나 음성 파일을 수정하지 않고 별도의 레이어에 저장되어 원본 데이터와 분리되도록 한다. 주석자들이 일관된 기준으로 작업할 수 있도록 계층별 주석 지침서를 마련해 교육하고 질의응답 과정을 거친 후 본격적인 주석 작업을 시작한다.

9. 품질관리(QA) 절차 및 샘플링 기준

말뭉치 품질을 유지하기 위해 단계별 검수(QA) 절차와 표본 검토 기준을 마련한다. 데이터 수집 단계에서는 녹음/녹화가 제대로 이루어졌는지 즉시 확인하고, 음성이나 영상에 큰 결함이 있으면 동일 조건으로 재녹음·재녹화한다. 전사 단계에서는 전사문의 정확성을 검증하기 위해 일부 데이터에 대해 이중 전사하거나, 전사 결과의 일정 비율을 무작위 추출하여 원음과 대조 검수한다. 주석 단계에서도 전체 데이터 중 일정 샘플을 두 명 이상의 주석자가 각각 작업하여 주석 일치도를 계산하고, 불일치가 큰 경우 주석 지침을 개선하거나 추가 교육을 실시한다. 이러한 검수는 일반적으로 전체의 5~10% 내 데이터를 표본으로 실시하며, 품질 기준(예: 오류율 5% 이내, 주석자 간 Kappa 값 0.8 이상 등)을 정해 미달 시 해당 부분을 재작업한다. 최종 말뭉치가 완성되면 배포 전에 자동 스크립트로 형식 오류 검사, 메타데이터 누락 여부 점검, 개인정보 비식별 처리 확인 등 종합 품질 점검을 수행한다.

- 예: 전사본의 경우 각 화자당 몇 분씩 무작위 추출하여 다른 검수자가 원음을 듣고 전사 내용의 정확성을 교차 검증한다. 또한 두 명의 주석자가 동일한 10% 분량을 각각 주석한 뒤 Cohen's Kappa와 같은 지표로 일치도를 평가하고, 기준치를 밑돌면 전체 주석 결과를 검토하며 지침을 수정한다. 이와 같은 품질관리 절차와 오류 수정 이력은 모두 기록으로 남겨, 말뭉치를 공개할 때 함께 제공함으로써 데이터에 대한 신뢰성과 투명성을 높인다.

10. 향후 공개 및 활용 계획(DMP 등)

구축한 말뭉치의 향후 공개 및 활용 계획을 미리 수립하여 데이터관리계획(Data Management Plan, DMP)에 반영한다. 연구 종료 후 말뭉치를 공개할지 여부와 시기, 공개 범위(전면 공개 또는 제한적 제공), 라이선스 조건(예: CC BY 라이선스, 기관 협약) 등을 결정하고, 이에 따라 사전 준비를 한다. 데이터 공유를 염두에 두고 말뭉치에 영구 식별자(DOI 등)를 부여하거나 국립국어원 말뭉치 공개 시스템, AI Hub 등의 신뢰할 수 있는 저장소에 업로드하는 절차를 마련한다. 또한 말뭉치의 장기 보존을 위해 별도의 보존용 매체 확보, 정기 무결성 점검, 데이터 포맷

갱신 등의 계획을 세우고 이에 필요한 예산을 연구비에 반영한다. 이러한 DMP 요소는 연구 초기에 문서화해 두고, 참여자 동의 절차에서도 장기 보존 및 공개 여부를 명시하여 법적·윤리적 문제가 없도록 한다.

- 예: DMP에 따라 말뭉치 익명화 작업 완료 후 2년 이내에 공개 저장소에 업로드하고 DOI를 발급받아 배포하는 것을 목표로 삼는다. 공개 범위는 음성 녹음과 전사본은 누구나 접근 가능하도록 하되, 영상 데이터는 얼굴 블러 등 조치를 거쳐 신청을 받은 연구자에게만 제공하는 식으로 정하고 이에 대한 세부 절차를 마련한다. 또한 말뭉치 활용도를 높이기 위해 말뭉치와 함께 상세한 사용 설명서와 주석 가이드라인을 작성하고, 향후 커뮤니티에서의 재사용 시 연구 윤리를 준수하도록 데이터 인용 방법과 크레딧 표기 방식까지 계획해 둔다.

부록 D: IAA 프로토콜과 계산 템플릿

A. 적용 범위와 원칙

- 목적: 주석 지침이 재현 가능하게 작동하는지 합치도(Inter-Annotator Agreement, IAA)로 보증하고, 낮은 합치의 원인(정의·경계·도구·훈련)을 진단·개선한다(Artstein & Poesio, 2008; Krippendorff, 2013).
- 전제: 라벨 척도 수준(명목/서열/연속)과 과업 단위(토큰·발화·세그먼트·이벤트)를 먼저 고정한다.
- 샘플링: 전체의 5-10%를 최소 표본으로 하되, 화자·장르·모달리티 층화 표본을 만든다. 희귀 라벨은 과표집한다.
- 평가 루프: 파일럿→합치 산출→합의(adjudication)→지침 갱신→재평가를 주기적으로 반복한다.

B. 지표 선택(서술 매트릭스)

- 명목형 라벨(다중 범주): 2인에는 Cohen's κ(우연합치 보정), 3인 이상에는 Fleiss' κ를 쓴다(Cohen, 1960; Fleiss, 1971).
- 서열형 라벨(강도·척도): 가중 κ(선형/제곱) 또는 Krippendorff's α(ordinal)가 권장된다(Krippendorff, 2013).

- 연속치(평정값): ICC(two-way random, absolute agreement; ICC(2,1) 등) 또는 CCC를 쓴다(Shrout & Fleiss, 1979).
- 시간 정렬 세그먼트/이벤트:
  - □ Krippendorff's α_u(unitizing)로 분절/경계 합치를 평가한다.
  - □ 세그먼트 매칭 기반 F1/IoU도 실용적이다(임계 IoU≥0.5 또는 온셋 허용오차 ±Δt로 매칭→Precision/Recall/F1).

C. 프로토콜(10단계)

- 목표·지표 사전 확정: 라벨 목록, 척도, 과업 단위, 지표·신뢰구간·보고 항목을 문서화한다.
- 샘플링 설계: 층화 표본과 희귀 라벨 과표집, 세션/화자 중복 최소화 원칙을 정한다.
- 지침 초안·예시·반례 세트: 긍정·경계·금지 사례를 영상·파형 스냅샷과 함께 제시한다.
- 주석자 훈련: 합의 시연→개별 연습→즉시 피드백.
- 파일럿 이중 주석(블라인드): 최소 1-2 세션, 전 층렬(tier) 포함.
- 합치 산출: 지표·CI와 함께 라벨 분포/혼동행렬을 병기한다(유병률 패러독스 완화).
- 화해회의: 불일치 유형(정의/경계/도구/피로)을 코딩하여 지침·도구를 수정한다.
- 본 주석 전환 기준: κ 또는 $\alpha \geq .80$를 권장(.67-.80은 보완 후 재평가).
- 드리프트 감시: 본 주석 중 감시 샘플(예: 매주 5%) 이중 주석→추세 감시.

- 골든 세트 확정: 주석자 간 불일치를 조정하는 합의(adjudication)를 거쳐 기준 정답을 확정하고 버전·변경 로그를 남긴다.

D. 시간·세그먼트 과업 규칙(권고)

- 온셋/오프셋 허용오차: 음성-기반 발화는 ±40 ms 내외, 제스처 온셋은 ±120 ms 내외를 출발점으로 삼되, 프레임레이트/샘플링에 맞게 조정한다.
- IoU 임계: 기본 0.5(보수적 평가는 0.6–0.7). IoU = 교집합/합집합으로 산출한다.
- 겹침 처리: 다중 매칭 금지. 최고 IoU 또는 최소 시간차로 일대일 최적 매칭을 우선한다.
- 레벨 간 링크: 발화–제스처–시선의 동시성은 주석 간 링크 규칙으로 별도 평가(동시율, 리드/래그 분포 등).

E. 계산 템플릿(스프레드시트 스키마)

E-1. 입력 시트

- annotations_A / annotations_B

  session_id, tier, item_id, start_ms, end_ms, label
- label_map

  label, description, order_weight(서열형이면 순서 가중치 정의)
- match_rules

  tier, iou_threshold, onset_tolerance_ms

E-2. 매칭 산출 시트(자동)

- matches

  pair_id, A_id, B_id, iou, onset_diff_ms, matched(TRUE/FALSE), label_A, label_B
- confusion

  label_ref, label_hyp, count(매칭된 쌍만 집계; 미매칭은 FP/FN로 별도 집계)

E-3. 지표 산출 시트(요약)

- nominal_metrics: Po, Pe, kappa, kappa_CI_low, kappa_CI_high
- ordinal_metrics: weighted_kappa_linear, weighted_kappa_quadratic 또는 alpha_ordinal
- continuous_metrics: ICC_type, ICC, CI_low, CI_high
- segment_metrics: precision, recall, F1, IoU_mean, IoU_p25/p50/p75

E-4. 산식 요약(문서화용)

Cohen's κ:

$$P_o = \frac{\text{정합수}}{N}, P_e = \sum^{c} P_c^A P_c^B, \kappa = \frac{P_o - P_e}{1 - P_e}.$$

Krippendorff's α(개념): $\alpha = 1 - \frac{D_o}{D_e}$

(여기서 *Do*는 관찰된 불일치, *De*는 우연에 의한 기대 불일치이다.)

F1/IoU: 매칭 규칙으로 TP/FP/FN을 정한 뒤

$$P = TP/(TP+FP), R = TP/(TP+FN), F1 = \frac{2PR}{P+R}, IoU = \left|\frac{S_A \cap S_B}{S_A \cup S_B}\right|.$$

F. 보고 양식(부록 표준)

① 자료·샘플링: 세션/화자/모달리티 층화, 표본 비율, 희귀 라벨 처리.

② 과업·지표: 층렬, 라벨 척도, 지표·CI, 시간 허용오차/IoU.

③ 분포·혼동: 라벨 분포, 혼동행렬(상위 10 혼동), 클래스 불균형 논의.

④ 합치 결과: 지표 표와 신뢰구간, 층화별(화자/장르/모달) IAA.

⑤ 원인·개선: 불일치 유형 분석, 지침 개정·도구 개선·훈련 계획.

⑥ 골든·버전관리: 합의(adjudication) 로그, 골든셋 버전, 재평가 일정.

G. 품질 기준과 의사결정 트리

- 목표: κ 또는 $\alpha \geq .80$(통과) / .67–.80(보완 후 재평가) / 〈 .67(지침 재설계).
- 트리:

  ① 분포 치우침? → 가중 $\kappa \cdot \alpha$ 사용, 소수 클래스 과표집.

  ② 경계 불일치? → Δt·IoU 재설정, 훈련에 경계 예시 추가.

  ③ 도구 문제? → 스냅·자막 격자·단축키·재생 속도 개선.

  ④ 정의 모호? → 사례·반례 확충, 규칙 문장 간소화.

  ⑤ 피로·시간 압박? → 세션 길이 축소, 더블-체킹 일정 조정.

H. 용어 요약

κ(kappa): 우연합치 보정 합치도(명목/서열).

α(alpha): 척도 전반에 적용 가능한 범용 합치도; α_u는 분절/경계 합치.

ICC: 주석자 간 연속치 일치(정확 일치형 권장: absolute agreement).

F1/IoU: 세그먼트 매칭 기반 합치(이벤트/휴지/겹침 등 시간 과업).

부록 E: 주요 축약어 목록

6DoF: Six Degrees of Freedom

AI: Artificial Intelligence(인공지능)

AMI: Augmented Multi-party Interaction

AMIGOS: A Multimodal Database for Groups of Individuals and long-term emotion analysis

AR: Augmented Reality(증강현실)

ASL: American Sign Language(미국 수화)

ASR: Automatic Speech Recognition(자동 음성 인식)

AU: Action Units(행위단위)

AVEC: Audio-Visual Emotion Challenge

AVDR: Audio-Visual Diarization and Recognition(화자 분할 및 인식)

AVSD: Audio-Visual Speaker Diarization(화자 분할)

BCI: Brain-Computer Interface(뇌-컴퓨터 인터페이스)

CANDOR: Conversation: A Naturalistic Dataset of Online Recordings

CEJC: Corpus of Everyday Japanese Conversation(일본어 일상대화 말뭉치)

CID: Corpus of Interactional Data

CLARIN: Common Language Resources and Technology Infrastructure

CMDI: Component MetaData Infrastructure

CSCW: Computer-Supported Cooperative Work(컴퓨터 지원 협력 작업)

CSL: Chinese Sign Language(중국어 수어)

CSS: Computational Social Science(전산 사회과학)

DARPA: Defense Advanced Research Projects Agency

DER: Diarization Error Rate

DMP: Data Management Plan(데이터 관리 계획)

DOI: Digital Object Identifier(영구 식별자)

ECG: Electrocardiography(심전도)

EEG: Electroencephalography(뇌파)

EER: Equal Error Rate(동일오류율)

ELAN: EUDICO Linguistic Annotator

FACS: Facial Action Coding System(안면행동코딩체계)

FAR: False Acceptance Rate(오인수락률)

FOLK: Forschungs- und Lehrkorpus Gesprochenes Deutsch(독일어 구어 연구·교육 말뭉치)

FRR: False Rejection Rate(오인거부율)

GAT 2: Gesprächsanalytisches Transkriptionssystem 2

GDPR: General Data Protection Regulation(유럽 개인정보보호규정)

GEHM: Gesture, Emotion, Head Movement

GSR: Galvanic Skin Response(피부전도)

GUM: Georgetown University Multilayer Corpus

HCI: Human-Computer Interaction(인간-컴퓨터 상호작용)

HPE: Human Pose Estimation(인체 포즈 추정)

IAA: Inter-Annotator Agreement(주석자 간 합치도)

IEMOCAP: Interactive Emotional Dyadic Motion Capture Database

IP: Intonation Phrase(억양구)

IRB: Institutional Review Board(기관생명윤리위원회)

KSL: Korean Sign Language(한국 수어)

LIWC: Linguistic Inquiry and Word Count

M2VTS: Multi Modal Verification for Teleservices and Security Applications

MIA: Multimodal Interaction Analysis(멀티모달 상호작용 분석)

MISP: Multi-modal Information based Speech Processing

MMD: Multimodal Dialogue

MMPose: A toolbox for pose estimation based on PyTorch

MR: Mixed Reality(혼합현실)

MVP: Minimum Viable Product(최소 기능 제품)

NIA: National Information Society Agency(한국지능정보사회진흥원)

NINJAL: National Institute for Japanese Language and Linguistics(일본 국립국어연구소)

NIST: National Institute of Standards and Technology

OAIS: Open Archival Information System(개방형 아카이브 정보 시스템)

PAD: Pleasure-Arousal-Dominance

QA: Quality Assurance(품질관리)

RECOLA: Remote COLlaborative and Affective interactions

RST: Rhetorical Structure Theory(수사 구조 이론)

SAL: Sensitive Artificial Listener

SSP: Social Signal Processing(사회적 신호 처리)

STT: Speech to Text(음성 자동 인식)

SVM: Support Vector Machine(서포트 벡터 머신)

UD: Universal Dependencies(보편 의존 구조)

UX: User Experience(사용자 경험)

VQA: Visual Question Answering(시각적 질의응답)

VR: Virtual Reality(가상현실)

WER: Word Error Rate

XR: Extended Reality(확장 현실)

XM2VTSDB: Extended M2VTS Database

참고문헌

국립국어원(2020). 한국어 일상 대화 말뭉치 2020. 국립국어원.

국립국어원(2021a). 한국어 일상 대화 말뭉치 2021. 국립국어원.

국립국어원(2021b). 서울말 낭독체 발화 말뭉치. 국립국어원.

국립국어원(2022a). 한국어 일상 대화 말뭉치 2022. 국립국어원.

국립국어원(2022b). 그래프 기반 문장 생성 말뭉치. 국립국어원.

국립국어원(2024). 한국어 일상 대화 말뭉치 2023. 국립국어원.

국립국어원(2024). 한국어 수어 말뭉치. 국립국어원.

국립국어원(2024). 한국어 일상 대화 말뭉치 2024. 국립국어원.

조용준·안희돈(2025). 한국어 멀티모달 일상대화 말뭉치 구축. (주)글로벌콘텐츠출판그룹.

한국정보화진흥원(2018), AI Hub, https://aihub.or.kr

한국지능정보사회진흥원(2020), 감성 대화 말뭉치 [데이터셋], AI Hub.

한국지능정보사회진흥원(2021), 음성 및 모션 합성 데이터 [데이터셋], AI Hub.

한국지능정보사회진흥원(2022), 외부 지식 기반 멀티모달 질의응답 데이터 [데이터셋], AI Hub.

한국지능정보사회진흥원(2023). 한국어 텍스트-비디오-사운드 데이터 [데이터셋]. AI Hub.

Adolphs, S., & Carter, R. (2013). *Spoken Corpus Linguistics: From Monomodal to Multimodal.* Routledge.

Allport, G. W.(1937). *Personality: A psychological interpretation.* Holt, Rinehart & Winston.

Allwood, J., Cerrato, L., Jokinen, K., Navarretta, C., & Paggio, P. (2007). The MUMIN coding scheme for the annotation of feedback, turn management and sequencing phenomena. *Language Resources and Evaluation, 41*(3-4), 273-287.

Altman, I., & Taylor, D. A. (1973). *Social penetration: The development of interpersonal relationships.* New York: Holt, Rinehart & Winston.

Antol, S., Agrawal, A., Lu, J., Mitchell, M., Batra, D., Zitnick, C. L., & Parikh, D. (2015). VQA: Visual question answering. In *Proceedings of the IEEE International Conference on Computer Vision (ICCV 2015)*(pp. 2425–2433).

Artstein, R., & Poesio, M. (2008). Inter-coder agreement for computational linguistics. *Computational Linguistics, 34*(4), 555–596.

Austin, J. L. (1962). *How to do things with words.* Oxford: Clarendon Press.

Averill, J. R. (1980). A constructivist view of emotion. In R. Plutchik & H. Kellerman (Eds.), *Emotion: Theory, research, and experience: Vol. 1. Theories of emotion* (pp. 305–339). Academic Press. https://doi.org/10.1016/B978-0-12-558701-3.50018-1

Awais, M. A., Redmond, P., Ward, T. E., & Healy, G. (2023). AMBER: Advancing multimodal brain-computer interfaces for enhanced robustness—A dataset for naturalistic settings. Frontiers in Neuroergonomics, 4, Article 1216440. https://doi.org/10.3389/fnrgo.2023.1216440

Bahdanau, D., Cho, K., & Bengio, Y.(2015). Neural machine translation by jointly learning to align and translate. In *Proceedings of the 3rd International Conference on Learning Representations (ICLR 2015).*

Bailenson, J. N.(2021). Nonverbal overload: A theoretical argument for the causes of Zoom fatigue. *Technology, Mind, and Behavior, 2*(1). https://doi.org/10.1037/tmb0000030

Bailly-Baillière, E., Bengio, S., Bimbot, F., Hamouz, M., Kittler, J., Mariéthoz, J., Matas, J., Messer, K., Popovici, V., Porée, F., Ruiz, B., & Thiran, J.-P. (2003). The BANCA database and evaluation protocol. In J. Kittler & M. S. Nixon (Eds.), *Audio- and video-based biometric person authentication* (AVBPA 2003) (pp. 625–638). Springer.

Bales, R. F.(1950). *Interaction process analysis: A method for the study of small groups.* Addison-Wesley.

Baltrušaitis, T., Ahuja, C., & Morency, L.-P.(2019). Multimodal machine learning: A survey and taxonomy. IEEE Transactions on Pattern Analysis and Machine Intelligence, 41(2), 423–443.

Baltrušaitis, T., Zadeh, A., Lim, Y. C., & Morency, L.-P. (2018). *OpenFace 2.0: Facial behavior analysis toolkit. 2018 13th IEEE International Conference on Automatic Face & Gesture Recognition (FG 2018),* 59-66. https://doi.org/10.1109/FG.2018.00019

Bang, J.-U., Yun, S., Kim, S.-H., Choi, M.-Y., Lee, M.-K., Kim, Y.-J., Kim, D.-H., Park, J., Lee, Y.-J., & Kim, S.-H. (2020). *KsponSpeech: Korean spontaneous speech corpus for automatic speech recognition. Applied Sciences, 10*(19), 6936. https://doi.org/10.3390/app10196936

Barker, R. G.(1968). *Ecological psychology: Concepts and methods for studying the environment of human behavior.* Stanford University Press.

Barrett, L. F. (2006). *Are emotions natural kinds? Perspectives on Psychological Science, 1*(1), 28-58.

Bartko, J. J.(1976). *On various intraclass correlation reliability coefficients. Psychological Bulletin, 83*(5), 762-765.

Bartlett, M. S., Littlewort, G., Frank, M. G., Lainscsek, C., Fasel, I., & Movellan, J. R. (2006). Fully automatic facial action recognition in spontaneous behavior. In *7th IEEE International Conference on Automatic Face and Gesture Recognition* (pp. 223-228). IEEE.

Bengio, Y., Courville, A., & Vincent, P.(2013). *Representation learning: A review and new perspectives. IEEE Transactions on Pattern Analysis and Machine Intelligence, 35*(8), 1798-1828.

Berger, C. R., & Calabrese, R. J.(1975). *Some explorations in initial interaction and beyond: Toward a developmental theory of interpersonal communication. Human Communication Research, 1*(2), 99-112.

Bertrand, R., Blache, P., Espesser, R., Ferré, G., Meunier, C., Priego-Valverde, B., & Rauzy, S.(2008). *Le CID—Corpus of interactional data: Annotation et exploitation multimodale de parole conversationnelle. Traitement Automatique des Langues, 49*(3), 105-134.

Bhattacharya, A., Cardoso, L. F. de S., Schleising, A., Rendle, G., Kreskowski, A., Immohr, F., Broll, W., Ramachandra Rao, R. R., & Raake, A. (2025). *AMIS: An audiovisual dataset for multimodal XR research. In Proceedings of the 16th ACM Multimedia Systems Conference (MMSys '25)* (pp. 291-297). ACM. https://doi.org/10.1145/3712676.3718344

Bießmann, F., Meinecke, F. C., Gretton, A., Rauch, A., Rainer, G., Logothetis, N. K., & Müller, K.-R. (2010). *Temporal kernel CCA and its application in multimodal neuronal data analysis. Machine Learning, 79*(1-2), 5-27.

Borgman, C. L.(2007). *Scholarship in the digital age: Information, infrastructure, and the internet.* MIT Press.

Boschee, E., Barry, J., Bonial, C., Conger, M., & Mansouri, A. (2022). *The IARPA BETTER program abstract task four new semantically annotated multilingual datasets*. In *Proceedings of the Thirteenth Language Resources and Evaluation Conference* (pp. 3615-3623). European Language Resources Association.

Bredin, H., Yin, R., Coria, J. M., Gelly, G., Korshunov, P., Lavechin, M., Fustes, D., Titeux, H., Bouaziz, W., & Gill, M. P.(2020). pyannote.audio: Neural building blocks for speaker diarization. In *ICASSP 2020—IEEE International Conference on Acoustics, Speech and Signal Processing* (pp. 7124-7128).

Bregman, A. S.(1990). *Auditory scene analysis: The perceptual organization of sound.* MIT Press.

Broeder, D., Windhouwer, M., Van Uytvanck, D., & Trippel, T.(2012). CMDI: A component metadata infrastructure. In *Proceedings of LREC 2012* (pp. 1387-1392).

Bronfenbrenner, U.(1977). Toward an experimental ecology of human development. *American Psychologist, 32*(7), 513-531.

Bronfenbrenner, U.(1979). *The ecology of human development: Experiments by nature and design.* Harvard University Press.

Brunswik, E. (1952). The conceptual framework of psychology. In *International encyclopedia of unified science* (Vol. 1, No. 10). University of Chicago Press.

Brunswik, E.(1956). *Perception and the representative design of psychological experiments.* University of California Press.

Busso, C., Bulut, M., Lee, C. C., Kazemzadeh, A., Mower, E., Kim, S., Chang, J., Lee, S., & Narayanan, S. S.(2008). IEMOCAP: Interactive emotional dyadic motion capture database. *Language Resources and Evaluation, 42*(4), 335-359.

Caba Heilbron, F., Escorcia, V., Ghanem, B., & Niebles, J. C. (2015). ActivityNet: A large-scale video benchmark for human activity understanding. In *Proceedings of the IEEE Conference on Computer Vision and Pattern Recognition (CVPR)*(pp. 961-970). IEEE. https://doi.org/10.1109/CVPR.2015.7298698

Campbell, D. T., & Stanley, J. C.(1963). *Experimental and quasi-experimental designs for research.* Houghton Mifflin.

Cao, Z., Hidalgo, G., Simon, T., Wei, S. E., & Sheikh, Y. (2019). OpenPose: Realtime multi-person 2D pose estimation using Part Affinity Fields. *IEEE Transactions on Pattern Analysis and Machine Intelligence, 43*(1), 172-186.

Cao, Z., Simon, T., Wei, S.-E., & Sheikh, Y. (2017). Realtime multi-person 2D pose estimation using part affinity fields. In *2017 IEEE Conference on Computer Vision and Pattern Recognition (CVPR)* (pp. 1302–1310). IEEE. https://doi.org/10.1109/CVPR.2017.143

Carletta, J.(2007). Unleashing the killer corpus: Experiences in creating the AMI Meeting Corpus. *Language Resources and Evaluation, 41*(2), 181–190.

Carletta, J., Ashby, S., Bourban, S., Flynn, M., Guillemot, M., Hain, T., Kadlec, J., Karaiskos, V., Kraaij, W., Kronenthal, M., Lathoud, G., Lincoln, M., Lisowska, A., McCowan, I., Post, W., Reidsma, D., & Wellner, P.(2005). The AMI meeting corpus: A pre-announcement. In S. Renals & S. Bengio (Eds.), *Machine learning for multimodal interaction: First International Workshop, MLMI 2004, Martigny, Switzerland, June 21–23, 2004, revised selected papers* (pp. 28–39). Springer-Verlag.

Chang, K. K., Cramer, M. H., Ho, A., Nguyen, T. T., Yuan, Y., & Bamman, D. (2025). Multimodal conversation structure understanding. *arXiv preprint* arXiv:2505.17536. https://arxiv.org/abs/2505.17536

Chao, Y. R.(1968). *A grammar of spoken Chinese.* University of California Press.

Chartrand, T. L., & Bargh, J. A.(1999). The chameleon effect: The perception–behavior link and social interaction. *Journal of Personality and Social Psychology, 76*(6), 893–910.

Chen, H., Yang, C.-H. H., Gu, J.-C., Siniscalchi, S. M., & Du, J. (2025). MISP-Meeting: A real-world dataset with multimodal cues for long-form meeting transcription and summarization. In *Proceedings of the 63rd Annual Meeting of the Association for Computational Linguistics* (Volume 1: Long Papers) (pp. 15479–15492). Association for Computational Linguistics. https://aclanthology.org/2025.acl-long.753/

Chen, J., Hu, X., Liu, J., Shen, X., Song, S., & Zhang, D. (2023). A large finer-grained affective computing EEG dataset. *Scientific Data, 10*, 740. https://doi.org/10.1038/s41597-023-02650-w

Chen, M. Y. (2000). *Tone sandhi: Patterns across Chinese dialects.* Cambridge University Press.

Chen, M. Y.(1987). The syntax of Xiamen tone sandhi. *Phonology Yearbook, 4,* 109–149.

Chen, P. (1993). Modern written Chinese in development. *Language in Society, 22*(4), 505–537.

Cherry, E. C.(1953). Some experiments on the recognition of speech, with one and with two ears. *The Journal of the Acoustical Society of America, 25*(5), 975-979.

Chesbrough, H. W. (2003). Open innovation: The new imperative for creating and profiting from technology. Boston, MA: Harvard Business School Press.

Chung, S., Lim, J., Noh, K. J., Kim, G., & Jeong, H.-T. (2024). Human Understanding AI Paper Challenge 2024 -- Dataset design. *arXiv.* https://arxiv.org/abs/2403.16509

CLARIN. (n.d.). *ELAN annotation format.CLARIN Standards and Specification.* Retrieved 2025-11-01, from https://standards.clarin.eu/sis/views/view-spec.xq?id=SpecEAF

Clark, H. H. (1996). *Using language.* Cambridge University Press.

Cockburn, I. M., Henderson, R., & Stern, S.(2017). *The impact of artificial intelligence on innovation* (NBER Working Paper No. 24449). National Bureau of Economic Research.

Cohen, J. (1960). A coefficient of agreement for nominal scales. *Educational and Psychological Measurement, 20*(1), 37-46.

Cohen, J.(1988). *Statistical power analysis for the behavioral sciences* (2nd ed.). Lawrence Erlbaum Associates.

Cohn, J. F., & Schmidt, K. L. (2004). The timing of facial motion in posed and spontaneous smiles. *International Journal of Wavelets, Multiresolution and Information Processing, 2*(2), 121-132.

Condon, W. S., & Ogston, W. D.(1966). Sound film analysis of normal and pathological behavior patterns. *The Journal of Nervous and Mental Disease, 143*(4), 338-347.

Costa, P. T., Jr., & McCrae, R. R.(1992). *Revised NEO Personality Inventory (NEO-PI-R) and NEO Five-Factor Inventory (NEO-FFI) professional manual.* Psychological Assessment Resources.

Cowie, R., Douglas-Cowie, E., & Cox, C.(2000). FEELTRACE: An instrument for recording perceived emotion in real time. In *Proceedings of the ISCA Workshop on Speech and Emotion* (pp. 19-24).

Cronbach, L. J., & Meehl, P. E.(1955). Construct validity in psychological tests. *Psychological Bulletin, 52*(4), 281-302.

Darwin, C.(1872). *The expression of the emotions in man and animals.* John Murray.

Dielmann, A., & Renals, S. (2008). Recognition of dialogue acts in multiparty meetings using a switching DBN. *IEEE Transactions on Audio, Speech and Language Processing, 16*(7), 1303-1314.

Douglas-Cowie, E., Cowie, R., Sneddon, I., Cox, C., Lowry, O., McRorie, M., Martin, J.-C., Devillers, L., Abrilian, S., Batliner, A., Amir, N., & Karpouzis, K. (2007). The HUMAINE database: Addressing the collection and annotation of naturalistic and induced emotional data. In A. Paiva, R. Prada, & R. W. Picard (Eds.), *Affective Computing and Intelligent Interaction* (pp. 488-500). Springer.

Duchenne, G. B.(1862). *Mécanisme de la physionomie humaine.* Renouard.

Ekman, P., & Friesen, W. V.(1969). The repertoire of nonverbal behavior: Categories, origins, usage, and coding. *Semiotica, 1*(1), 49-98.

Ekman, P., & Friesen, W. V.(1971). Constants across cultures in the face and emotion. *Journal of Personality and Social Psychology, 17*(2), 124-129.

Ekman, P., & Friesen, W. V.(1978). *Facial action coding system: A technique for the measurement of facial movement.* Consulting Psychologists Press.

Ekman, P., Friesen, W. V., & Hager, J. C. (2002). *Facial action coding system: Investigator's guide*. Research Nexus.

Ekman, P., Friesen, W. V., & O'Sullivan, M. (1988). Smiles when lying. *Journal of Personality and Social Psychology, 54*(3), 414-420.

Eysenck, H. J.(1967). *The biological basis of personality.* Charles C Thomas.

Fanelli, G., Gall, J., & Van Gool, L. (2011). Real time head pose estimation with random regression forests. In *2011 IEEE Conference on Computer Vision and Pattern Recognition (CVPR)* (pp. 617-624). IEEE. https://doi.org/10.1109/CVPR.2011.5995458

Feldman Barrett, L., & Russell, J. A.(1999). The structure of current affect: Controversies and emerging consensus. *Current Directions in Psychological Science, 8*(1), 10-14.

Friedman, D. D. (2008). *Future imperfect: Technology and freedom in an uncertain world.* Cambridge University Press. https://doi.org/10.1017/CBO9780511511516

Ferguson, C. A.(1959). *Diglossia. Word, 15*(2), 325-340.

Fleeson, W.(2001). Toward a structure and process-integrated view of personality: Traits as density distributions of states. *Journal of Personality and Social Psychology, 80*(6), 1011-1027.

Fleiss, J. L. (1971). Measuring nominal scale agreement among many raters.

Psychological Bulletin, 76(5), 378-382.

Fridlund, A. J.(1994). *Human facial expression: An evolutionary view*. Academic Press.

Friedman, D. D. (2008). *Future imperfect: Technology and freedom in an uncertain world.* Cambridge University Press. https://doi.org/10.1017/CBO9780511511516

Gao, M., Wu, S., Chen, H., Du, J., Lee, C.-H., Watanabe, S., Chen, J., Siniscalchi, S. M., & Scharenborg, O. (2025). The Multimodal Information Based Speech Processing (MISP) 2025 challenge: Audio-visual diarization and recognition. *arXiv preprint,* arXiv:2505.13971. https://arxiv.org/abs/2505.13971

Garfinkel, H.(1967). *Studies in ethnomethodology.* Prentice-Hall.

Gemmeke, J. F., Ellis, D. P., Freedman, D., Jansen, A., Lawrence, W., Moore, R. C., Plakal, M., & Ritter, M.(2017). Audio Set: An ontology and human-labeled dataset for audio events. In *ICASSP 2017—IEEE International Conference on Acoustics, Speech and Signal Processing* (pp. 776-780).

Gibson, J. J.(1979). *The ecological approach to visual perception.* Houghton Mifflin.

Goffman, E.(1956). *The nature of deference and demeanor. American Anthropologist, 58*(3), 473-502.

Goffman, E.(1959). *The presentation of self in everyday life.* Doubleday.

Goffman, E.(1963). *Behavior in public places: Notes on the social organization of gatherings*. Free Press.

Goldberg, A. E.(2006). *Constructions at work: The nature of generalization in language.* Oxford University Press.

Goodwin, C.(1981). *Conversational organization: Interaction between speakers and hearers.* Academic Press.

Goodwin, C.(2000). Action and embodiment within situated human interaction. *Journal of Pragmatics, 32*(10), 1489-1522.

Grice, H. P.(1975). Logic and conversation. In P. Cole & J. L. Morgan (Eds.), *Syntax and semantics,* Vol. 3: Speech acts(pp. 41-58). Academic Press.

Gross, J. J., & Levenson, R. W. (1995). Emotion elicitation using films. *Cognition & Emotion, 9*(1), 87-108. https://doi.org/10.1080/02699939508408966

Gu, Y.(2006). Multimodal text analysis: A corpus linguistic approach to situated discourse. *Text & Talk, 26*(2), 127-167.

Hall, E. T.(1966). *The hidden dimension.* Doubleday.

Hall, E. T.(1976). *Beyond culture.* Anchor Books.

Hall, J. A., Gunnery, S. D., & Horgan, T. G. (2016). Gender differences in interpersonal accuracy. In J. A. Hall, M. Schmid Mast, & T. V. West (Eds.), *The social psychology of perceiving others accurately* (pp. 309-327). Cambridge University Press.

Hall, J. A., Horgan, T. G., & Murphy, N. A. (2019). Nonverbal communication. *Annual Review of Psychology, 70,* 271-294.

Hassemer, J., & Winter, B.(2018). Decoding gestural iconicity. *Cognitive Science, 42*(8), 3034-3049.

Hatfield, E., Cacioppo, J. T., & Rapson, R. L.(1994). *Emotional contagion.* Cambridge University Press.

Heaps, H. S.(1978). *Information retrieval: Computational and theoretical aspects.* Academic Press.

hen, J., Hu, X., Liu, J., Shen, X., Song, S., & Zhang, D. (2023). A large finer-grained affective computing EEG dataset. *Scientific Data, 10,* 740. https://doi.org/10.1038/s41597-023-02650-w

Hinrichs, E., & Krauwer, S.(2014). The CLARIN research infrastructure: Resources and tools for eHumanities scholars. In *Proceedings of LREC 2014* (pp. 1525-1531). European Language Resources Association (ELRA).

Hochschild, A. R.(1983). *The managed heart: Commercialization of human feeling.* University of California Press.

Hofstede, G.(1980). *Culture's consequences: International differences in work-related values.* Sage Publications.

Hsueh, P. Y., & Moore, J. D. (2006). Automatic topic segmentation and labeling in multiparty dialogue. In *Proceedings of IEEE/ACL SLT '06.*

Hsueh, P.-Y., & Moore, J. D. (2007). What decisions have you made?: Automatic decision detection in meeting conversations. In C. Sidner, T. Schultz, M. Stone, & C. Zhai (Eds.), *Human Language Technologies 2007: The Conference of the North American Chapter of the Association for Computational Linguistics; Proceedings of the Main Conference* (pp. 25-32). Association for Computational Linguistics.

Huhtamo, E., & Parikka, J.(Eds.). (2011). *Media archaeology: Approaches, applications, and implications.* University of California Press.

Hung, H., & Gatica-Perez, D. (2010). Estimating cohesion in small groups using audio-visual nonverbal behavior. *IEEE Transactions on Multimedia, 12*(6),

563-575.

Hymes, D.(1974). *Foundations in sociolinguistics: An ethnographic approach.* University of Pennsylvania Press.

Ireland, M. E., Slatcher, R. B., Eastwick, P. W., Scissors, L. E., Finkel, E. J., & Pennebaker, J. W.(2011). Language style matching predicts relationship initiation and stability. *Psychological Science, 22*(1), 39–44.

James, W.(1890). *The principles of psychology.* Henry Holt and Company.

Jayagopi, D. B., Hung, H., Yeo, C., & Gatica-Perez, D. (2009). Modeling dominance in group conversations using nonverbal activity cues. *IEEE Transactions on Audio, Speech, and Language Processing, 17*(3), 501-513.

Jefferson, G. (1979). A technique for inviting laughter and its subsequent acceptance/declination. In G. Psathas (Ed.), *Everyday language: Studies in ethnomethodology* (pp. 79–96). Irvington.

Jefferson, G. (1984). On the organization of laughter in talk about troubles. In J. M. Atkinson & J. Heritage (Eds.), *Structures of social action: Studies in conversation analysis* (pp. 346–369). Cambridge University Press.

Jefferson, G.(2004). Glossary of transcript symbols with an introduction. In G. H. Lerner (Ed.), *Conversation analysis: Studies from the first generation* (pp. 13–31). John Benjamins.

Jelinek, F.(1997). Statistical methods for speech recognition. MIT Press.

Juang, B. H., & Rabiner, L. R. (2006). Automatic speech recognition: A brief history of the technology development. In *Elsevier Encyclopedia of Language and Linguistics* (2nd ed., pp. 1-10). Elsevier.

Kamocki, P., Mapelli, V., & Choukri, K. (2018). Data Management Plan (DMP) for Language Data under the New General Data Protection Regulation (GDPR). In *Proceedings of LREC 2018.*

Kanade, T., Cohn, J. F., & Tian, Y. (2000). Comprehensive database for facial expression analysis. In *Proceedings of the Fourth IEEE International Conference on Automatic Face and Gesture Recognition* (pp. 46–53). IEEE.

Katsigiannis, S., & Ramzan, N. (2018). DREAMER: A database for emotion recognition through EEG and ECG signals from wireless low-cost off-the-shelf devices. *IEEE Journal of Biomedical and Health Informatics, 22*(1), 98–107. https://doi.org/10.1109/JBHI.2017.2688239

Kelli, A., Lindén, K., Vider, K., Labropoulou, P., Ketzan, E., Kamocki, P., & Straňák, P.

(2018). Implementation of an open science policy in the context of management of CLARIN language resources: A need for changes? In I. Skadina & M. Eskevich (Eds.), *Selected papers from the CLARIN Annual Conference 2017* (pp. 102-111). Linköping University Electronic Press. https://ep.liu.se/konferensartikel.aspx?issue=147&Article_No=9

Keltner, D., & Haidt, J.(1999). Social functions of emotions at four levels of analysis. *Cognition & Emotion, 13*(5), 505-521.

Kendon, A. (1982). The study of gesture: Some remarks on its history. *Recherches Sémiotiques/Semiotic Inquiry, 2,* 45-62.

Kendon, A. (1988). How gestures can become like words. In F. Poyatos (Ed.), *Crosscultural perspectives in nonverbal communication* (pp. 131-141). C. J. Hogrefe.

Kendon, A.(1967). Some functions of gaze-direction in social interaction. *Acta Psychologica, 26,* 22-63.

Kendon, A.(1990). *Conducting interaction: Patterns of behavior in focused encounters.* Cambridge University Press.

Kendon, A.(2004). *Gesture: Visible action as utterance.* Cambridge University Press.

Kibrik, A.A., & Fedorova, O.V. (2018). An empirical study of multichannel communication: Russian pear chats and stories. *Psychology. Journal of the Higher School of Economics, 15*(2), 191-200.

Kita, S., van Gijn, I., & van der Hulst, H.(1998). Movement phases in signs and co-speech gestures, and their transcription. In *International Gesture Workshop* (pp. 23-35). Springer.

Knapp, M. L., & Vangelisti, A. L.(2005). *Interpersonal communication and human relationships* (5th ed.). Allyn & Bacon.

Knight, D. (2011). *The future of multimodal corpora. Revista Brasileira de Linguística Aplicada, 11*(2), 391-415.

Koelstra, S., Muhl, C., Soleymani, M., Lee, J.-S., Yazdani, A., Ebrahimi, T., Pun, T., Nijholt, A., & Patras, I. (2012). DEAP: A database for emotion analysis using physiological signals. *IEEE Transactions on Affective Computing, 3*(1), 18-31. https://doi.org/10.1109/T-AFFC.2011.15

Koiso, H., Amatani, H., Den, Y., Iseki, Y., Ishimoto, Y., Kashino, W., Kawabata, Y., Nishikawa, K., Tanaka, Y., & Usuda, Y. (2022). Design and evaluation of the Corpus of Everyday Japanese Conversation. In N. Calzolari et al. (Eds.),

Proceedings of the Thirteenth Language Resources and Evaluation Conference (pp. 5587–5594). European Language Resources Association (ELRA).

Koiso, H., Den, Y., Iseki, Y., Kashino, W., Kawabata, Y., Nishikawa, K., Tanaka, Y., & Usuda, Y. (2018). Construction of the Corpus of Everyday Japanese Conversation: An interim report. In N. Calzolari et al. (Eds.), *Proceedings of LREC 2018* (pp. 469–476). European Language Resources Association (ELRA).

Krippendorff, K. (2004). *Content analysis: An introduction to its methodology* (2nd ed.). Sage Publications.

Krippendorff, K. (2013). *Content Analysis: An Introduction to Its Methodology* (3rd ed.). Sage.

Krizhevsky, A., Sutskever, I., & Hinton, G. E.(2012). ImageNet classification with deep convolutional neural networks. In *Advances in Neural Information Processing Systems, 25*(pp. 1097–1105).

Lakatos, I.(1970). Falsification and the methodology of scientific research programmes. In I. Lakatos & A. Musgrave (Eds.), *Criticism and the growth of knowledge* (pp. 91–196). Cambridge University Press.

Larsen, R. J., & Diener, E.(1987). Affect intensity as an individual difference characteristic: A review. *Journal of Research in Personality, 21*(1), 1–39.

Larsen, R. J., & Diener, E.(1992). Promises and problems with the circumplex model of emotion. In M. S. Clark (Ed.), *Review of personality and social psychology, Vol. 13: Emotion* (pp. 25–59). Sage Publications.

Lazer, D., Hargittai, E., Freelon, D., Gonzalez-Bailon, S., Munger, K., Ognyanova, K., & Radford, J.(2020). Computational social science: Obstacles and opportunities. Science, 369(6507), 1060–1062.

Lazer, D., Pentland, A., Adamic, L., Aral, S., Barabási, A. L., Brewer, D., Christakis, N., Contractor, N., Fowler, J., Gutmann, M., Jebara, T., King, G., Macy, M., Roy, D., & Van Alstyne, M.(2009). *Computational social science. Science, 323*(5915), 721–723.

Lee, M.-H., Kwon, O.-Y., Kim, Y.-J., Kim, H.-K., Lee, Y.-E., Williamson, J., Fazli, S., & Lee, S.-W. (2019). EEG dataset and OpenBMI toolbox for three BCI paradigms: An investigation into BCI illiteracy. *GigaScience, 8*(5), giz002. https://doi.org/10.1093/gigascience/giz002

Li, D. C. S. (2006). Chinese as a lingua franca in Greater China. *Annual Review of*

Applied Linguistics, 26, 149–176.

Li, S., Zhang, Z., Zhang, H., Zhao, J., Xu, F., Xu, R., & Ma, L. (2024). A Survey on Benchmarks of Multimodal Large Language Models. *arXiv preprint arXiv:2408.08632.*

Lin, T.-Y., Maire, M., Belongie, S., Hays, J., Perona, P., Ramanan, D., Dollár, P., & Zitnick, C. L. (2014). *Microsoft COCO: Common objects in context. In Computer Vision – ECCV 2014* (pp. 740–755). Springer.

Lovenia, H., Mahendra, R., Maulana, S., Purwarianti, A., & Arawjo, I. (2024). *SEACrowd: A multilingual multimodal data hub and benchmark suite for Southeast Asian languages.* arXiv preprint arXiv:2406.10118.

Lugaresi, C., Tang, J., Nash, H., McClanahan, C., Uboweja, E., Hays, M., … Grundmann, M.(2019). *MediaPipe: A framework for building perception pipelines.* arXiv:1906.08172.

Lugaresi, C., Tang, J., Nash, H., McClanahan, C., Uboweja, E., Hays, M., Zhang, F., Chang, C.-L., Yong, M. G., Lee, J., Chang, W.-T., Hua, W., Georg, M., & Grundmann, M. (2019). MediaPipe: A Framework for Perceiving and Processing Reality. *Third Workshop on Computer Vision for AR/VR at IEEE CVPR 2019.*

Lyons, M. J., Akamatsu, S., Kamachi, M., & Gyoba, J. (1998). Coding facial expressions with Gabor wavelets. In *Proceedings of the Third IEEE International Conference on Automatic Face and Gesture Recognition* (pp. 200–205). IEEE.

Maji, A., Kumar, R., Ghosh, A., Anushka, Shah, N., Borah, A., Shah, V., Mishra, N., & Saha, S. (2025). DRISHTIKON: A multimodal multilingual benchmark for testing language models' understanding on Indian culture. *arXiv preprint* arXiv:2509.19274. https://arxiv.org/abs/2509.19274

Malinowski, B. (1923). The problem of meaning in primitive languages. In C. K. Ogden & I. A. Richards (Eds.), *The meaning of meaning* (pp. 296–336). London: Kegan Paul, Trench, Trubner & Co. / New York: Harcourt, Brace.

Matsumoto, D., & Willingham, B.(2009). Spontaneous facial expressions of emotion of congenitally and noncongenitally blind individuals. *Journal of Personality and Social Psychology, 96*(1), 1–10.

Maynard, S. K. (1993). *Discourse modality: Subjectivity, emotion and voice in the Japanese language.* John Benjamins Publishing.

McGurk, H., & MacDonald, J.(1976). Hearing lips and seeing voices. *Nature, 264*(5588), 746–748.

McKemmish, S. (2001). Placing records continuum theory and practice. *Archival Science, 1*(4), 333–359. https://doi.org/10.1007/BF02438901

McKeown, G., Valstar, M. F., Cowie, R., Pantic, M., & Schröder, M. (2012). The SEMAINE database: Annotated multimodal records of emotionally colored conversations between a person and a limited agent. *IEEE Transactions on Affective Computing, 3*(1), 5–17. https://doi.org/10.1109/T-AFFC.2011.20

McKeown, G., Valstar, M., Cowie, R., Pantic, M., & Schroder, M. (2012). The SEMAINE database: Annotated multimodal records of emotionally colored conversations between a person and a limited agent. *IEEE Transactions on Affective Computing, 3*(1), 5–17.

McNeill, D.(1992). *Hand and mind: What gestures reveal about thought.* University of Chicago Press.

McNeill, D.(2000). *Language and gesture.* Cambridge University Press.

McNeill, D.(2005). *Gesture and thought.* University of Chicago Press.

Mehrabian, A.(1971). *Silent messages*. Wadsworth.

Mehrabian, A., & Russell, J. A.(1974). *An approach to environmental psychology.* MIT Press.

Messer, K., Matas, J., Kittler, J., Luettin, J., & Maitre, G.(1999). XM2VTSDB: The extended M2VTS database. In *Second International Conference on Audio- and Video-Based Biometric Person Authentication* (AVBPA'99).

Miech, A., Zhukov, D., Alayrac, J. B., Tapaswi, M., Laptev, I., & Sivic, J.(2019). HowTo100M: Learning a text-video embedding by watching hundred million narrated video clips. In *Proceedings of the IEEE/CVF International Conference on Computer Vision* (pp. 2630–2640).

Milgram, P., & Kishino, F. (1994). A taxonomy of mixed reality visual displays. *IEICE Transactions on Information and Systems, E77-D*(12), 1321–1329.

Minsky, M. (1980, June). Telepresence. *Omni*, 45–51.

Miranda-Correa, J. A., Abadi, M. K., Sebe, N., & Patras, I. (2021). AMIGOS: A dataset for affect, personality and mood research on individuals and groups. *IEEE Transactions on Affective Computing, 12*(2), 479–493. https://doi.org/10.1109/TAFFC.2018.2884461

Mischel, W.(1968). *Personality and assessment.* Wiley.

MISP Challenge Committee. (2022). *The Multimodal Information based Speech Processing (MISP) 2022 challenge: Audio-visual diarization and recognition.* arXiv:2303.06326. (공식 웹페이지: mispchallenge.github.io)

MISP Challenge Committee. (2023). T*he Multimodal Information based Speech Processing (MISP) 2023 challenge: Audio-visual target speaker extraction.* arXiv:2309.08348. (공식 웹페이지: mispchallenge.github.io/mispchallenge 2023)

Mondada, L.(2007). Multimodal resources for turn-taking: Pointing and the emergence of possible next speakers. *Discourse Studies, 9*(2), 194-225.

Mondada, L.(2018). Multiple temporalities of language and body in interaction: Challenges for transcribing multimodality. *Research on Language and Social Interaction, 51*(1), 85-106.

Muthu, S., Subramanian, M., & Muthiah, R. (2023). Multimodal sentiment analysis of Tamil and Malayalam. In *Proceedings of the DravidianLangTech Workshop* (pp. 1-8). Association for Computational Linguistics.

Nguyen, D., Doğruöz, A. S., Rosé, C. P., & de Jong, F.(2016). Computational sociolinguistics: A survey. *Computational Linguistics, 42*(3), 537-593.

Nicolle, J., Rapp, V., Bailly, K., Prevost, L., & Chetouani, M. (2012). Robust continuous prediction of human emotions using multiscale dynamic cues. In *Proceedings of the 14th ACM International Conference on Multimodal Interaction* (pp. 501-508). Association for Computing Machinery.

Nishida, T.(2007). *Conversational informatics: An engineering approach*. Wiley.

Norman, D. A.(1988). *The design of everyday things.* Basic Books.

Norman, J. (1988). *Chinese.* Cambridge: Cambridge University Press.

Oertel, C., Cummins, F., Edlund, J., Wagner, P., & Campbell, N. (2013). *D64: a corpus of richly recorded conversational interaction. Journal on Multimodal User Interfaces, 7*(1-2), 19-28.

Olive, J., Christianson, C., & McCary, J.(2011). *Handbook of natural language processing and machine translation: DARPA global autonomous language exploitation.* Springer.

Omura, M., Matsuda, H., Asahara, M., & Wakasa, A. (2023). UD_Japanese-CEJC: Dependency Relation Annotation on Corpus of Everyday Japanese Conversation. In *Proceedings of the 24th Annual Meeting of the Special Interest Group on Discourse and Dialogue* (pp. 324-335). https://aclanthology.

org/2023.sigdial-1.29

Paggio, P., Agirrezabal, M., Navarretta, C., & Vitasovic, L. (2024). *Multimodal behaviour in an online environment: The GEHM Zoom corpus collection.* In N. Calzolari, M.-Y. Kan, V. Hoste, A. Lenci, S. Sakti, & N. Xue (Eds.), *Proceedings of the 2024 Joint International Conference on Computational Linguistics, Language Resources and Evaluation (LREC-COLING 2024)* (pp. 11890-11900). ELRA and ICCL. https://aclanthology.org/2024.lrec-main.1038/

Pantic, M., Cowie, R., D'Errico, F., Heylen, D., Mehu, M., Pelachaud, C., Poggi, I., Schroeder, M., & Vinciarelli, A. (2011). *Social Signal Processing: The Research Agenda.* In T. Moeslund et al. (Eds.), *Visual Analysis of Humans* (pp. 511-538). Springer.

Pantic, M., Valstar, M., Rademaker, R., & Maat, L.(2005). Web-based database for facial expression analysis. In *2005 IEEE International Conference on Multimedia and Expo* (pp. 317-321).

Park, C. Y., Cha, N., Kang, S., Kim, A., Khandoker, A. H., Hadjileontiadis, L., Oh, A., Jeong, Y., & Lee, U. (2020). K-EmoCon, a multimodal sensor dataset for continuous emotion recognition in naturalistic conversations. Scientific Data, 7, Article 293. https://doi.org/10.1038/s41597-020-00630-y

Parkinson, B.(1996). Emotions are social. *British Journal of Psychology, 87*(4), 663-683.

Paxton, A., & Roche, J. M.(2022). Multimodal coordination and pragmatic modes in conversation. *Discourse Processes, 59*(9), 661-667. https://doi.org/10.1080/0163853X.2022.2074071

Pennebaker, J. W., & Stone, L. D. (2003). Words of wisdom: Language use over the life span. *Journal of Personality and Social Psychology, 85*(2), 291-301.

Pentland, A. (2007). Social signal processing. *IEEE Signal Processing Magazine, 24*(4), 108-111.

Picard, R. W.(2000). *Affective computing.* MIT Press.

Pigeon, S., & Vandendorpe, L.(1997). The M2VTS multimodal face database. In J. Bigün, G. Chollet, & G. Borgefors (Eds.), *Audio- and Video-Based Biometric Person Authentication: First International Conference, AVBPA'97, Crans-Montana, Switzerland, March 12-14, 1997, proceedings* (pp. 403-409). Springer.

Post, W. M., Cremers, A. H., & Henkemans, O. B. (2004). A research environment for meeting behavior. In *Proceedings of the 3rd Workshop on Social Intelligence Design.*

Purver, M., Dowding, J., Niekrasz, J., Ehlen, P., Noorbaloochi, S., & Peters, S. (2007). *Detecting and summarizing action items in multi-party dialogue.* In *Proceedings of the 8th SIGdial Workshop on Discourse and Dialogue.*

Qin, Z., Luo, Q., Zang, Z., & Fu, H. (2025). *Multimodal GRU with directed pairwise cross-modal attention for sentiment analysis. Scientific Reports, 15*, Article 10112. https://doi.org/10.1038/s41598-025-93023-3

Radford, A., Kim, J. W., Hallacy, C., Ramesh, A., Goh, G., Agarwal, S., Sastry, G., Askell, A., Mishkin, P., Clark, J., Krueger, G., & Sutskever, I. (2021). Learning transferable visual models from natural language supervision. In *Proceedings of the 38th International Conference on Machine Learning*(pp. 8748-8763).

Radford, A., Kim, J. W., Xu, T., Brockman, G., McLeavey, C., & Sutskever, I. (2023). Robust speech recognition via large-scale weak supervision. In *Proceedings of the 40th International Conference on Machine Learning*(pp. 28492-28518). PMLR.

Rakkolainen, I., Farooq, A., Kangas, J., Hakulinen, J., Rantala, J., Turunen, M., & Raisamo, R. (2021). Technologies for multimodal interaction in extended reality—A scoping review. *Multimodal Technologies and Interaction, 5*(12), 81. https://doi.org/10.3390/mti5120081

Ramseyer, F., & Tschacher, W. (2011). Nonverbal synchrony in psychotherapy: Coordinated body movement reflects relationship quality and outcome. *Journal of Consulting and Clinical Psychology, 79*(3), 284-295. https://doi.org/10.1037/a0023419

Reece, A., Cooney, G., Bull, P., Chung, C., Dawson, B., Fitzpatrick, C., Glazer, T., Knox, D., Liebscher, A., & Marin, S. (2023). The CANDOR corpus: Insights from a large multimodal dataset of naturalistic conversation. *Science Advances, 9*(13), eadf3197. https://doi.org/10.1126/sciadv.adf3197

Reeves, B., & Nass, C.(1996). *The media equation: How people treat computers, television, and new media like real people and places.* Cambridge University Press.

Reis, H. T., & Shaver, P.(1988). *Intimacy as an interpersonal process.* In S. Duck (Ed.), *Handbook of personal relationships* (pp. 367-389). Wiley.

Renals, S., Hain, T., & Bourlard, H.(2007). *Recognition and understanding of meetings: The AMI and AMIDA projects.* In *2007 IEEE Workshop on Automatic Speech Recognition & Understanding (ASRU)*(pp. 238–247). IEEE.

Reynolds, D. A., & Rose, R. C.(1995). *Robust text-independent speaker identification using Gaussian mixture speaker models. IEEE Transactions on Speech and Audio Processing, 3*(1), 72–83.

Richardt, C., Hedman, P., Overbeck, R. S., Cabral, B., Konrad, R., & Sullivan, S. (2019). Capture4VR: From VR photography to VR video. In ACM SIGGRAPH 2019 Courses (Article 4, pp. 1–319). Association for Computing Machinery. https://doi.org/10.1145/3305366.3328028

Ringeval, F., Schuller, B., Valstar, M., Cummins, N., Cowie, R., Tavabi, L., Schmitt, M., Alisamir, S., Amiriparian, S., Messner, E.-M., Song, S., Liu, S., Zhao, Z., Mallol-Ragolta, A., Ren, Z., Soleymani, M., & Pantic, M. (2019). AVEC 2019 workshop and challenge: State-of-mind, detecting depression with AI, and cross-cultural affect recognition. In Proceedings of the 9th International on Audio/Visual Emotion Challenge and Workshop (pp. 3–12). ACM. https://doi.org/10.1145/3347320.3357688

Ringeval, F., Schuller, B., Valstar, M., Gratch, J., Cowie, R., Scherer, S., Mozgai, S., Cummins, N., Schmitt, M., & Pantic, M. (2017). *AVEC 2017 – Real-life depression, and affect recognition workshop and challenge.* In *Proceedings of the 7th Annual Workshop on Audio/Visual Emotion Challenge* (pp. 3–9).

Ringeval, F., Sonderegger, A., Sauer, J., & Lalanne, D. (2013). Introducing the RECOLA multimodal corpus of remote collaborative and affective interactions. In *2013 10th IEEE International Conference and Workshops on Automatic Face and Gesture Recognition (FG)* (pp. 1–8). IEEE. https://doi.org/10.1109/FG.2013.6553805

Ringeval, F., Sonderegger, A., Sauer, J., & Lalanne, D.(2013). *Introducing the RECOLA multimodal corpus of remote collaborative and affective interactions.* In *2013 10th IEEE International Conference and Workshops on Automatic Face and Gesture Recognition (FG)* (pp. 1–8).

Rogers, E. M.(2003). *Diffusion of innovations* (5th ed.). Free Press.

Rosenthal, R., & Rosnow, R. L.(1975). *The volunteer subject.* Wiley.

Russell, J. A. (1994). *Is there universal recognition of emotion from facial expression? A review of the cross-cultural studies. Psychological Bulletin, 115*(1), 102–141.

Russell, J. A.(1980). *A circumplex model of affect. Journal of Personality and Social Psychology, 39*(6), 1161-1178.

Russell, J. A.(2003). *Core affect and the psychological construction of emotion. Psychological Review, 110*(1), 145-172.

Sacks, H., Schegloff, E. A., & Jefferson, G.(1974). A simplest systematics for the organization of turn-taking for conversation. *Language, 50*(4), 696-735.

Sanchez-Cortes, D., Aran, O., Mast, M. S., & Gatica-Perez, D.(2012). A nonverbal behavior approach to identify emergent leaders in small groups. *IEEE Transactions on Multimedia, 14*(3), 816-832.

Schalk, G., McFarland, D. J., Hinterberger, T., Birbaumer, N., & Wolpaw, J. R. (2004). BCI2000: A general-purpose brain-computer interface (BCI) system. IEEE Transactions on Biomedical Engineering, 51(6), 1034-1043. https://doi.org/10.1109/TBME.2004.827072

Scherer, K. R. (2001). Appraisal considered as a process of multilevel sequential checking. In K. R. Scherer, A. Schorr, & T. Johnstone (Eds.), *Appraisal processes in emotion: Theory, methods, research* (pp. 92-120). Oxford University Press.

Scherer, K. R.(2005). What are emotions? And how can they be measured? *Social Science Information, 44*(4), 695-729.

Schmid Mast, M.(2010). Interpersonal behaviour and social perception in a hierarchy: The interpersonal power and behaviour model. *European Review of Social Psychology, 21*(1), 1-33.

Schmidt, P., Reiss, A., Duerichen, R., Marberger, C., & Van Laerhoven, K. (2018). Introducing WESAD, a multimodal dataset for wearable stress and affect detection. In *Proceedings of the 20th ACM International Conference on Multimodal Interaction* (pp. 400-408). ACM. https://doi.org/10.1145/3242969.3242985

Schmidt, T. (2016). Good practices in the compilation of FOLK, the Research and Teaching Corpus of Spoken German. *International Journal of Corpus Linguistics, 21*(3), 396-418. https://doi.org/10.1075/ijcl.21.3.05sch

Schmidt, T. (2023). FOLK - The Research and Teaching Corpus of Spoken German. *Korpora Deutsch als Fremdsprache, 3*(1), 166-169.

Schmidt, T.(2014). The research and teaching corpus of spoken German—FOLK. In *Proceedings of LREC 2014* (pp. 383-387). European Language Resources

Association (ELRA).

Schmidt, T.(2016). Good practices in the compilation of FOLK, the research and teaching corpus of spoken German. *International Journal of Corpus Linguistics, 21*(3), 396–418.

Schreer, O., Feldmann, I., & Eisert, P.(2019). The challenge of immersive media. In O. Schreer, P. Kauff, & T. Sikora (Eds.), *3D video communication: Algorithms, concepts and real-life applications* (pp. 43–74). John Wiley & Sons.

Schreer, O., Feldmann, I., Renault, S., Zepp, M., Worchel, M., Eisert, P., & Kauff, P. (2019). Capture and 3D Video Processing of Volumetric Video. In *2019 IEEE International Conference on Image Processing (ICIP)* (pp. 4310-4314). IEEE.

Schröder, M.(2010). Dimensions of emotional speech: A review of the literature. In *Proceedings of LREC 2010* (pp. 3420–3424).

Schuller, B., Steidl, S., Batliner, A., Vinciarelli, A., Scherer, K., Ringeval, F., … Pantic, M.(2013). The INTERSPEECH 2013 computational paralinguistics challenge: Social signals, conflict, emotion, autism. In *Proceedings of Interspeech 2013* (pp. 3679–3683).

Schuller, B., Valstar, M., Eyben, F., McKeown, G., Cowie, R., & Pantic, M. (2012). AVEC 2012: The continuous audio/visual emotion challenge. In *Proceedings of the 14th ACM International Conference on Multimodal Interaction* (pp. 449–456). ACM.

Searle, J. R.(1969). *Speech acts: An essay in the philosophy of language.* Cambridge University Press.

Seifart, F., Evans, N., Hammarström, H., & Levinson, S. C. (2018). Language documentation twenty-five years on. *Language, 94*(4), e324–e345. https://doi.org/10.1353/lan.2018.0070

Selting, M., Auer, P., Barth-Weingarten, D., Bergmann, J., Bergmann, P., Birkner, K., Couper-Kuhlen, E., Deppermann, A., Gilles, P., Günthner, S., Hartung, M., Kern, F., Mertzlufft, C., Meyer, C., Morek, M., Oberzaucher, F., Peters, J., Quasthoff, U., Schütte, W., Stukenbrock, A., & Uhmann, S. (2009). Gesprächsanalytisches Transkriptionssystem 2 (GAT 2). *Gesprächsforschung – Online-Zeitschrift zur verbalen Interaktion*, 10, 353–402.

Shrout, P. E., & Fleiss, J. L. (1979). Intraclass correlations: Uses in assessing rater reliability. *Psychological Bulletin, 86*(2), 420–428.

Sirdeshmukh, V., Deshpande, K., Mols, J., Jin, L., Cardona, E.-Y., Lee, D., Kritz, J.,

Primack, W., Yue, S., & Xing, C. (2025). MultiChallenge: A realistic multi-turn conversation evaluation benchmark challenging to frontier LLMs. *arXiv:2501.17399.*

Snyder, D., Garcia-Romero, D., Sell, G., Povey, D., & Khudanpur, S.(2018). X-vectors: Robust d-vector embeddings for speaker recognition. In *ICASSP 2018—IEEE International Conference on Acoustics, Speech and Signal Processing* (pp. 5329-5333).

Soleymani, M., Lichtenauer, J., Pun, T., & Pantic, M.(2012). A multimodal database for affect recognition and implicit tagging. *IEEE Transactions on Affective Computing, 3*(1), 42-55.

Stanislavski, K.(1936). *An actor prepares.* Theatre Arts.

Stappen, L., Baird, A., Christ, L., Schumann, L., Sertolli, B., Meßner, E.-M., Cambria, E., Zhao, G., & Schuller, B. W. (2021). The MuSe 2021 multimodal sentiment analysis challenge: Sentiment, emotion, physiological-emotion, and stress. In *Proceedings of the 2nd Multimodal Sentiment Analysis Challenge and Workshop* (MuSe 2021) (pp. 5-14).

Stappen, L., Baird, A., Rizos, G., Schuller, B., & Cambria, E. (2021). The MuSe 2021 multimodal sentiment analysis challenge: Sentiment, emotion, and stress. In *Proceedings of the 2021 International Conference on Multimodal Interaction* (pp. 719-724).

Stappen, L., Baird, A., Schumann, L., & Schuller, B. (2021). The multimodal sentiment analysis in car reviews (MuSe-CaR) dataset: Collection, insights, and improvements. In *Proceedings of the 2021 International Conference on Multimodal Interaction* (pp. 653-658).

Steuer, J. (1992). Defining virtual reality: Dimensions determining telepresence. *Journal of Communication, 42*(4), 73-93. https://doi.org/10.1111/j.1460-2466.1992.tb00812.x

Strasberg, L.(1988). *A dream of passion: The development of the method.* Plume.

Sumby, W. H., & Pollack, I.(1954). Visual contribution to speech intelligibility in noise. *The Journal of the Acoustical Society of America, 26*(2), 212-215.

Tan, S., O'Halloran, K. L., & Wignell, P. (2020). Multimodality. In A. De Fina & A. Georgakopoulou (Eds.), *The Cambridge handbook of discourse studies* (pp. 263-281). Cambridge University Press.

Ting-Toomey, S. (1988). Intercultural conflict styles: A face-negotiation theory. In Y. Y.

Kim & W. B. Gudykunst (Eds.), *Theories in intercultural communication* (pp. 213-235). Newbury Park, CA: Sage.

Tomasello, M.(2003). *Constructing a language: A usage-based theory of language acquisition.* Harvard University Press.

Treisman, A. (1964). Selective attention in man. *British Medical Bulletin, 20,* 12-16.

Trujillo, J. P.(2024). Motion-tracking technology for the study of gesture. In A. Cienki (Ed.), *The Cambridge Handbook of Gesture Studies* (pp. 306-332). Cambridge University Press.

Trujillo, J. P., Simanova, I., Bekkering, H., & Özyürek, A.(2018). Communicative intent modulates production and perception of actions and gestures: A Kinect study. *Cognition, 180,* 38-51.

Trujillo, J. P., Vaitonytė, J., Simanova, I., & Özyürek, A.(2019). Toward the markerless and automatic analysis of kinematic features: A toolkit for gesture and movement research. *Behavior Research Methods, 51*(2), 769-777.

Tsuchiya, A., Ora, H., Hao, Q., Ono, Y., Sato, H., Kameda, K., & Miyake, Y. (2020). Body movement synchrony predicts degrees of information exchange in a natural conversation. *Frontiers in Psychology, 11*, 817. https://doi.org/10.3389/fpsyg.2020.00817

Turing, A. M.(1950). Computing machinery and intelligence. *Mind, 59*(236), 433-460.

Turkle, S.(2011). Alone together: *Why we expect more from technology and less from each other.* Basic Books.

Tzirakis, P., Trigeorgis, G., Nicolaou, M. A., Schuller, B. W., & Zafeiriou, S.(2017). End-to-end multimodal emotion recognition using deep neural networks. *IEEE Journal of Selected Topics in Signal Processing, 11*(8), 1301-1309.

Valstar, M., Schuller, B., Smith, K., Almaev, T., Eyben, F., Krajewski, J., Cowie, R., & Pantic, M. (2014). AVEC 2014: 3D dimensional affect and depression recognition challenge. In *Proceedings of the 4th International Workshop on Audio/Visual Emotion Challenge* (pp. 3-10). ACM.

Viertola, I., Iashin, V., & Rahtu, E. (2025). Temporally aligned audio for video with autoregression. In *Proceedings of the IEEE International Conference on Acoustics, Speech and Signal Processing (ICASSP 2025)*. IEEE.

Vinciarelli, A., & Mohammadi, G.(2014). A survey of personality computing. *IEEE Transactions on Affective Computing, 5*(3), 273-291.

Vinciarelli, A., Pantic, M., & Bourlard, H.(2009). Social signal processing: Survey of an emerging domain. *Image and Vision Computing, 27*(12), 1743–1759.

Von Hippel, E. (1988). *The sources of innovation.* New York, NY: Oxford University Press.

Wang, Z., Wu, S., Chen, H., He, M.-K., Du, J., Lee, C.-H., Chen, J., Watanabe, S., Siniscalchi, S. M., Scharenborg, O., Liu, D., Yin, B., Pan, J., Gao, J., & Liu, C. (2023). The multimodal information based speech processing (MISP) 2022 challenge: Audio-visual diarization and recognition. In *ICASSP 2023 - 2023 IEEE International Conference on Acoustics, Speech and Signal Processing* (pp. 1–5). IEEE. https://doi.org/10.1109/ICASSP49357.2023.10096295

Winograd, T., & Flores, F.(1986). *Understanding computers and cognition: A new foundation for design.* Ablex.

Wolf, T., Debut, L., Sanh, V., Chaumond, J., Delangue, C., Moi, A., Cistac, P., Rault, T., Louf, R., Funtowicz, M., Davison, J., Shleifer, S., von Platen, P., Ma, C., Jernite, Y., Plu, J., Xu, C., Le Scao, T., Gugger, S., Drame, M., Lhoest, Q., & Rush, A. M. (2020). Transformers: State-of-the-art natural language processing. In *Proceedings of the 2020 Conference on Empirical Methods in Natural Language Processing: System Demonstrations* (pp. 38–45).

Woodland, P. C., Odell, J. J., Valtchev, V., & Young, S. J. (1994). Large vocabulary continuous speech recognition using HTK. In *Proceedings of ICASSP '94: IEEE International Conference on Acoustics, Speech and Signal Processing* (Vol. 2, pp. II/125–II/128). IEEE.

Xin, D., Takamichi, S., & Saruwatari, H. (2024). JNV corpus: A corpus of Japanese nonverbal vocalizations with diverse phrases and emotions. *Speech Communication*, 156, 103004. https://doi.org/10.1016/j.specom.2023.103004

Yngve, V. H.(1970). On getting a word in edgewise. In *Papers from the Sixth Regional Meeting of the Chicago Linguistic Society* (pp. 567–578). Chicago Linguistic Society.

Yun, W., Yoon, K., Park, S., Lee, J., Cho, S., Kang, D., Byun, K., Hahn, H., & Kim, J. (2015). The Korean corpus of spontaneous speech. *Journal of the Korean Society of Speech Sciences, 7*(2), 103–109.

Zeldes, A.(2017). The GUM corpus: Creating multilayer resources in the classroom. *Language Resources and Evaluation, 51*(3), 581–612.

Zhang, W., Zhang, H., Li, X., Sun, J., Shen, Y., Lu, W., Zhao, D., Zhuang, Y., & Bing, L. (2025). 2.5 years in class: A multimodal textbook for vision-language

pretraining. *arXiv preprint arXiv:2501.00958*. https://arxiv.org/abs/2501.00958
Zheng, W.-L., & Lu, B.-L. (2015). Investigating critical frequency bands and channels for EEG-based emotion recognition with deep neural networks. IEEE Transactions on Autonomous Mental Development, 7(3), 162–175. https://doi.org/10.1109/TAMD.2015.2431497

Zhou, H., Zhou, W., Qi, W., Pu, J., & Li, H. (2021). Improving sign language translation with monolingual data by sign back-translation. In *Proceedings of the IEEE/CVF Conference on Computer Vision and Pattern Recognition* (pp. 1316–1325).

Zipf, G. K.(1949). *Human behavior and the principle of least effort.* Addison-Wesley.

찾아보기

(ㅂ)

(ㅅ)

(ㅇ)

(ㅈ)

(ㅊ)

포스트휴머니즘 언어학 03
보이는 대화, 들리는 제스처 - 멀티모달 말뭉치 30년의 여정 -

1판 1쇄 인쇄_2025년 12월 05일
1판 1쇄 발행_2025년 12월 10일

지은이_조용준·안희돈
펴낸이_홍정표
펴낸곳_글로벌콘텐츠
등록_제25100-2008-000024호

공급처_(주)글로벌콘텐츠출판그룹
대표_홍정표 **이사**_김미미 **편집**_백찬미 남혜인 홍명지 권군오 **기획·마케팅**_홍민지
주소_서울특별시 강동구 풍성로 87-6
전화_02) 488-3280 **팩스**_02) 488-3281
홈페이지_http://www.gcbook.co.kr
이메일_edit@gcbook.co.kr

값 27,000원
ISBN 979-11-5852-612-2 93700